Angelina Bach

Die kleine Parfüm-Manufaktur in der Provence

FSC
www.fsc.org
MIX
Papier aus verantwortungsvollen Quellen
Paper from responsible sources
FSC® C105338

Liebe Leserin, lieber Leser,

herzlichen Dank, dass du dich für ein Buch von beHEARTBEAT entschieden hast. Die Bücher in unserem Programm haben wir mit viel Liebe ausgewählt und mit Leidenschaft lektoriert. Denn wir möchten, dass du bei jedem beHEARTBEAT-Buch dieses unbeschreibliche Herzklopfen verspürst.

Wir freuen uns, wenn du Teil der beHEARTBEAT-Community werden möchtest und deine Liebe fürs Lesen mit uns und anderen Leserinnen und Lesern teilst. Du findest uns unter be-heartbeat.de oder auf Instagram und Facebook.

Du möchtest nie wieder neue Bücher aus unserem Programm, Gewinnspiele und Preis-Aktionen verpassen? Dann melde dich für unseren kostenlosen Newsletter an:
be-heartbeat.de/newsletter

Viel Freude beim Lesen und Verlieben!

Dein beHEARTBEAT-Team

Melde dich hier für unseren Newsletter an:

Weitere Titel der Autorin

Im Schatten der Olivenbäume

Neuanfang in der verträumten Pension in Cornwall
Herzklopfen in der zauberhaften Teestube in Cornwall
Glücksgefühle im wunderbaren Lädchen in Cornwall

Über die Autorin

Hinter dem Pseudonym Angelina Bach verbirgt sich ein Autoren-Team bestehend aus der Schriftstellerin Veronika Lackerbauer und ihrem Mann Martin Lackerbauer. Veronika schreibt schon seit ihrer Jugend und konnte sich in verschiedenen Genres einen Namen in der Kleinverlags- und Selfpublishingszene machen. Seit 2020 schreibt sie – dem realen Grauen der Pandemie geschuldet – hauptsächlich Liebesromane.

Ihr Ehemann hilft ihr, inhaltliche Lücken mit zündenden Ideen zu stopfen und davonhoppelnde Plotbunnies einzufangen. Außerdem hat er als »Chef-Recherchator« eine Antwort auf so gut wie jede noch so knifflige Recherche-Frage.

Wenn sie nicht gerade gemeinsam neue Schauplätze für ihre Romane erkunden, arbeiten und leben sie mit ihrem Sohn und einer ganzen Reihe von Haustieren in Niederbayern.

Weitere Infos zu den Büchern von Angelina Bach und Veronika Lackerbauer finden sich auf der Seite www.veronika-lackerbauer.de.

Angelina Bach

Die kleine Parfüm Manufaktur in der Provence

be HEARTBEAT

Vollständige ePub-to-Print-Ausgabe des in der Bastei Lübbe AG erschienenen eBooks »Die kleine Parfüm-Manufaktur in der Provence« von Angelina Bach

beHEARTBEAT in der Bastei Lübbe AG

Covergestaltung: Guter Punkt, München unter Verwendung von Motiven © iStock/Getty Images Plus (Beboy_ltd | Boonyachoat | Flavio Vallenari | blueenayim | Yuliya_Verovski)
Satz: 3w+p GmbH, Rimpar (www.3wplusp.de)
Gesetzt aus der Adobe Caslon Pro
Druck: Books on Demand GmbH, Norderstedt

ISBN 978-3-7413-0418-7

be-heartbeat.de
lesejury.de

Für Lucia,
die vorangegangene Bücher berührt haben,
in der Hoffnung, dass es dieses auch vermag,

und für Herbert,
durch den mein Gérard inspiriert wurde
und der mir als Ratgeber und auch sonst unverzichtbar geworden ist.

Kapitel 1

»Da bist du ja! Marielle, ma petite, wie schön, dass du wieder da bist!«

Louise Caillou breitete die Arme aus und kam auf Marielle zu. Diese stellte den Koffer ab, den sie hinter sich hergezogen hatte, und umarmte die alte Frau. Seit sie sich das letzte Mal gesehen hatten, waren ihre Bewegungen noch einen Tick langsamer geworden und die Schultern, die Marielle jetzt unter ihren Händen spürte, waren zerbrechlicher geworden.

Früher war Louise ihr wie ein Fels in der Brandung vorgekommen: unerschütterlich, stark und allen Stürmen trotzend.

Louise schob Marielle ein Stück von sich, um sie besser in Augenschein nehmen zu können.

»Gut siehst du aus«, stellte sie zufrieden fest. »Ein wenig mager vielleicht. Aber nichts, was ein wenig gute Küche nicht wieder hinkriegen würde.«

Marielle lachte. »Untersteh dich! Mein Gewicht würde ich gern halten. Sonst kann der arme Filou mich irgendwann nicht mehr tragen. Wie geht's ihm überhaupt? Habt ihr ordentlich für ihn gesorgt?«

»Was denkst du wohl, ma petite?« Louise guckte streng,

wie früher, wenn Marielle etwas ausgefressen hatte. »Natürlich haben wir uns um ihn gekümmert. Er steht gut im Futter und Léo hat ihn regelmäßig bewegt.«

Marielle brannte darauf, in den Stall hinauszulaufen und ihr Pferd zu besuchen, seit sie am Bahnhof von Grasse angekommen war. Louise erriet ihre Gedanken noch genauso gut wie früher, denn sie fügte rasch hinzu: »Untersteh dich! Erst die Menschen, dann die Tiere. Komm erst mal herein.«

Marielle nickte ergeben.

Es würde sich vermutlich nie etwas ändern. Wenn sie nach Hause kam, stand sie unter Louises Fuchtel. Sie führte das ganze Haus mit strenger Hand und hielt alles zusammen. Wie sollte das jemals werden, wenn Louise nicht mehr …

Marielle verbot sich, den Gedanken zu Ende zu denken. Es war undenkbar. Louise war ihr Leben lang da gewesen.

Jetzt griffen die runzeligen Hände, die von einem arbeitsreichen Leben zeugten, nach dem Griff des Koffers. Marielle wollte ihn ihr aus der Hand nehmen, doch Louise ließ es nicht zu. »Ich werde doch einen kleinen Koffer ziehen können«, schimpfte sie.

»Aber du musst doch nicht …«

Louise ließ den Koffer los, allerdings nur, um die Hände empört in die Hüften stemmen zu können. »Willst du sagen, dass ich langsam gebrechlich werde?«

Die Vorstellung missfiel Louise offenbar ebenso sehr wie Marielle. Deshalb schüttelte diese den Kopf. »Nein, du doch nicht, Maman Lou.«

»Eben.«

Mit gestrafftem Rücken, aber trotzdem wackeligem Gang strebte Louise mit Marielles Koffer der Hintertür zu, aus der sie beim Erblicken des Taxis gekommen war. Marielle folgte ihr langsam.

Sie ließ den Blick an der Fassade hinaufgleiten. Wilder Wein wucherte an den alten ergrauten Steinen hinauf und hing in Kaskaden von den Simsen und Ecken. Im zweiten Stock hatte ein Fenster einen hässlichen Riss in der Scheibe. Marielle überlegte. Es musste das Fenster zum Abstellraum sein. Das Vordach über dem Hintereingang hatte Moos angesetzt.

Schon als das Taxi auf die Zufahrt eingebogen und Marielles Elternhaus am Ende der alten Allee ins Blickfeld gekommen war, hatte sie es bemerkt: Mit dem Haus verhielt es sich wie mit Louise. Dass sie beide da blieben und auf sie warten würden, war für Marielle so selbstverständlich gewesen, dass sie nie darüber nachgedacht hatte, dass auch in Grasse die Zeit nicht stehen blieb. Sie hatte sich so sehr auf ihr Studium und ihr eigenes Leben fixiert, dass ihr gar nicht in den Sinn gekommen war, dass man sie vielleicht vermisste. Und wenn sie nicht aufpasste, dann würde es das alles hier vielleicht irgendwann nicht mehr geben und sie hätte die letzte Gelegenheit versäumt.

»Nun komm doch schon!« Louise hielt Marielle die Tür auf und winkte sie ungeduldig heran. Marielle hatte gar nicht bemerkt, dass sie stehen geblieben war. »Was schaust du den alten Kasten an, als sähest du ihn zum ersten Mal? Die Fassade sieht furchtbar aus! Schau lieber nicht zu genau hin.«

Marielle riss sich von der Betrachtung los und folgte Louise ins Haus.

Sie betraten das Gebäude durch den Eingang, der in früherer Zeit den Dienstboten vorbehalten gewesen war, nicht von vorn durch den breiten Aufgang und die schwere Eichentür, die in die Eingangshalle führte. Hier stand man direkt in der Küche.

Louises Reich war eine Mischung aus Tradition und Fortschritt. Ein wenig so, wie Louise selbst. Die weiß getünchten Wände, die kleinen schwarz-weißen Kacheln an der Wand, die hohen dunklen Möbel voller Geschirr und die Säulen, die das Gewölbe hielten und den großen Raum in einzelne Bereiche unterteilten, waren noch original aus dem 17. Jahrhundert. Der Elektroherd, das moderne Backrohr mit integriertem Dämpfer und verschiedene elektrische Küchengerätschaften zeugten hingegen davon, dass Louises Kochkunst in der heutigen Zeit angekommen war. Sie stellte den Koffer ab und holte den Teekessel vom Herd. Auf der Anrichte wartete bereits ein Tablett, das sie mit Tassen, Tellern und einem Kuchen bestückt hatte.

»Ich dachte, ich ziehe mich wenigstens erst um«, warf Marielle ein.

Louise drehte sich zu ihr um und prüfte ihre Erscheinung mit einem eingehenden Blick. »Das wird nicht nötig sein. Deine Maman liegt seit drei Tagen im Bett und kommt nicht herunter und der Herr Patron ist noch in der Fabrik. Er kommt aber sicher gleich.«

Marielle nickte. Also alles wie immer. Ihr Vater vergrub sich in der Arbeit und ihre Mutter versteckte sich hinter ihrer Migräne.

»Wie geht es ihm denn?«, wollte sie trotzdem von Louise wissen.

»Er tut so, als gehe es ihm gut, und wir anderen machen das auch.« Ein Schatten huschte über Louises Gesicht. Einen winzigen Augenblick nur, dann hatte sie sich wieder im Griff, doch Marielle hatte ihn registriert.

»Was sagen die Ärzte?«

Louise zuckte die Schultern. »Das musst du deinen Vater selbst fragen. Er spricht nicht darüber und mit mir schon gar nicht.«

Marielle sparte sich den Hinweis, dass er sie wohl kaum zurückbeordert hätte, wenn es tatsächlich alles so harmlos wäre. Sie würde mit ihm selbst sprechen und hören, was er ihr zu sagen hatte.

Wenig später war Raphaël de Montaux zurück und begrüßte

seine Tochter auf der Terrasse in der Sonne. Louise hatte den Tisch gedeckt und den frisch gebackenen Kuchen aufgeschnitten.

»Meine liebe Marielle, darf ich dir gleich Bastien Darrieux vorstellen? Ihr kennt euch noch nicht. Bastien ist seit Kurzem mein Assistent, er stammt aus Genf und ist ein sehr fähiger Biochemiker. Bastien, das ist meine Tochter Marielle.«

Der junge Mann, den ihr Vater zu ihrer Begrüßung mitgebracht hatte, war vielleicht fünf oder sechs Jahre älter als Marielle. Er trug einen kompletten Anzug, das Sakko über dem Arm, modische Krawatte und mit einem eng anliegenden Hemd darunter, das Muskeln erahnen ließ. Attraktiv war er mit seinem locker nach hinten geföhnten, halblangen Haar, dem nachlässigen Dreitagebart und den tiefbraunen Augen. Vielleicht einen Tick zu attraktiv. Die Sorte Mann, die sich ihrer Attraktivität durchaus bewusst war und sich etwas darauf einbildete.

Er gab Marielle die Hand. Ein fester Händedruck und ein unverbindliches Lächeln dazu. Trotzdem hatte Marielle vom ersten Moment an das Gefühl, dass Bastien Darrieux sie nicht ausstehen konnte.

»Sehr erfreut«, sagte er, als wollte er ihr Gefühl Lügen strafen.

»Freut mich auch«, beeilte Marielle sich zu erwidern. Warum nur hatte sie das Gefühl, dass er jede noch so kleine Geste von ihr genauestens beobachtete? Automatisch fühlte sie sich unwohl, als befände sie sich in einer Prüfung. Dabei war er es, der bei seinem Chef zum Tee eingeladen worden war. Sie hingegen war hier zu Hause.

»Warum setzen wir uns nicht?«, fragte Bastien prompt ganz so, als wäre es umgekehrt.

»Sie haben völlig recht«, bestätigte ihr Vater. »Im Sitzen redet es sich leichter.«

Das Gefühl, dass hier die Rollen irgendwie vertauscht worden waren, verstärkte sich. Was wollte ihr Vater besprechen, wofür er seinen Assistenten hinzugebeten hatte?

Sie nahmen auf der mit unterschiedlich großen Steinplatten belegten Terrasse unter einem strahlend gelben Sonnenschirm Platz. Es war schon nach sechzehn Uhr, aber immer noch heiß. Die grünen Fensterläden zur Südseite hinaus, deren Farbe bei näherer Betrachtung an vielen Stellen abblätterte, waren alle geschlossen. Hinter einem dieser Fenster ruhte Marielles Mutter Camille. Louise hatte ihr Tee ans Bett gebracht und sie darüber informiert, dass Marielle eingetroffen war. Doch Camille de Montaux hatte mitteilen lassen, dass sie sich nicht in der Lage fühle, ihre Tochter zu begrüßen.

Marielle war ein wenig enttäuscht. Obwohl sie insgeheim nichts anderes erwartet hatte, verletzte es sie. Die Migräne ihrer Mutter hatte ihre halbe Kindheit geprägt. Wann immer es auch nur einen Hauch Probleme am Horizont gegeben hatte, flüchtete Camille sich in ihre Krankheit. Damit ging sie jedem Konflikt aus dem Weg, jeder unangenehmen Situation, jeder Form von Anstrengung. Schon immer.

Hätte es Louise nicht gegeben in Marielles Leben …

Marielle seufzte unwillkürlich.

»… denkst du nicht auch?« Raphaël sah Marielle erwartungsvoll an.

Da erst wurde ihr bewusst, dass sie über die Gedanken zu ihrer Mutter gar nicht mehr zugehört hatte. »Was? Oh …«

»Ich sagte: Du freust dich sicher, wenn Bastien dich ein wenig unter seine Fittiche nimmt, damit du es leichter hast bei deinem Einstieg in die Manufaktur«, wiederholte ihr Vater ungeduldig.

Bastien lächelte huldvoll, doch Marielle konnte sich des Eindrucks nicht erwehren, dass er sich einige Dinge vorstellen konnte, die er lieber getan hätte, als Marielle in die Manufaktur einzuführen.

Was hat er gegen mich?, überlegte Marielle. Oder bildete sie sich das nur ein?

Sie musste sich jetzt auf das Gespräch konzentrieren. Sonst bekam er noch den Eindruck, dass sie ihre Sinne nicht alle beisammenhatte. Marielle straffte automatisch den Rücken.

»Ich denke, ich werde mich schnell wieder einfinden«, sagte sie zuversichtlich. »Immerhin bin ich hier aufgewachsen. Ich war schon im Labor dabei, da konnte ich noch nicht einmal aufschreiben, was ich dort gemacht habe!«

Ihr Vater lächelte nachsichtig. »Das stimmt. Marielle hat sich schon sehr früh für die Parfümherstellung interessiert. Darüber bin ich auch sehr froh. Wir dachten ja, dass uns noch mehr Kinder vergönnt sein würden, aber da meine Frau nie bei guter Gesundheit war …«

»Dann sind Sie ein Einzelkind, Marielle?«, fragte Bastien, und es klang ein bisschen abfällig in Marielles Ohren.

»Ja, bin ich.«

»Die unangefochtene Prinzessin …«

Nein, es war keine Einbildung. Er wirkte amüsiert, aber auf eine herablassende Art und Weise. Irgendetwas hatte diesen Bastien vom ersten Moment an gegen sie eingenommen, und er machte sich nicht einmal die Mühe, das vor ihrem Vater zu verbergen.

Er musste sich seiner Sache sehr sicher sein. Immerhin war er hier der Angestellte und sie war die Firmenerbin.

»Was haben Sie die letzten Jahre gemacht, wenn ich fragen darf? Sie waren im Ausland, richtig?« Bastien beugte sich nach vorn und nahm seine Teetasse hoch.

War sie jetzt bei einem Vorstellungsgespräch? Wollte er sie auf die Probe stellen?

»Das stimmt, ja. Ich habe Biochemie studiert und war auf dem renommierten *Institute supérieur international du parfum, de la cosmétique et de l'aromatique alimentaire*, kurz Isipca, in Versailles und danach bei verschiedenen Herstellern. Unter anderem in der Casa del Perfume Canario in Vegueta auf Gran Canaria und bei Pony-Hütchen in Berlin. Vor allem dort habe ich viel über Naturkosmetik und die Herstellung von Bio-Duftstoffen gelernt. Promoviert habe ich dann an der naturwissenschaftlichen Fakultät an der Universität von Kairo. Meine Dissertation beschäftigt sich mit der Rekonstruktion von altägyptischen Duftstoffen aus der Pharaonenzeit.« Marielle war durchaus stolz auf ihren Werdegang und fand, dass sie sich mit diesen Stationen im Lebenslauf vor keinem Parfümeur der Welt verstecken musste. Klar, sie war noch jung, gerade Ende zwanzig, aber die Erfahrung würde mit den Jahren von selbst kommen. Ihre Stärken waren ihre Begeisterungsfähigkeit, ihre Experimentierfreude und ihre Bereitschaft, immer etwas Neues zu lernen, das wusste sie. Und die Leidenschaft für das, was sie tat, hatte sie von ihrem Vater geerbt.

Bastien wirkte trotzdem wenig beeindruckt. »Altägyptische Duftstoffe … Was muss ich mir darunter vorstellen?«, fragte er eher gelangweilt.

»Ägypten war in der Antike das Zentrum der Parfümherstellung, so wie Grasse es in der Neuzeit wurde«, erklärte Marielle, jetzt in einem ebenfalls herablassenden, leicht schnippischen Tonfall. »In der ägyptischen Gesellschaft spielten Gerüche eine ganz wichtige Rolle. Mit Düften wurden auch die hierarchischen Grenzen gezogen. Dem Pharao gebührte der beste Duft, diese Parfüms wurden aus geheimen und für die Ägypter heiligen Rezepten hergestellt. Sie galten als göttlich, genau wie die Pharaonen selbst. Den übelsten Geruch hatten die Fischer, die im schlammigen Nil und den Sümpfen arbeiteten und lebten. Deshalb wird die Hieroglyphe für Fisch gleichzeitig allgemein als Gestank verstanden.«

Marielle sprach eigentlich gern über ihre Forschung und die, wie sie fand, faszinierenden Erkenntnisse aus einer längst untergegangenen Epoche, die sie dadurch gewonnen hatte.

Gewöhnlich erntete sie damit viel Interesse und Bewunderung. Bastien konnte sie auch damit nicht hinter dem Ofen hervorlocken.

»Das klingt alles ganz spannend«, sagte er, nur um dann einzuschränken: »Für einen Archäologen. Was genau die moderne Parfümherstellung davon haben soll, erschließt sich mir nicht. Aber es war sicherlich eine schöne Zeit für Sie in Kairo.«

Es klang, als habe sie dort teuren Urlaub gemacht, anstatt sich auf die Firmenübernahme vorzubereiten. Langsam stieg Wut in Marielle hoch.

Wer war denn dieser dahergelaufene Assistent? Wofür hielt er sich? Wollte er sie hier abkanzeln, dafür dass sie im Ausland gewesen war und über den Tellerrand geblickt hatte? Etwas, das ihm offenbar noch nie in den Sinn gekommen war.

Raphaël lächelte beschwichtigend. Er legte Bastien vertraulich die Hand auf den Arm, Marielle registrierte diese Geste sehr wohl.

»Meine Tochter experimentiert gern«, sagte ihr Vater, als wolle er sich für sie entschuldigen. »Das wird dem Unternehmen sicher irgendwann zugutekommen.«

Nun war Marielle endgültig verärgert. Nicht nur von Bastien und seinem großkotzigen Benehmen, sondern auch davon, dass ihr eigener Vater ihn noch in Schutz nahm.

Da hat er ja nun den Sohn gefunden, den er sich immer gewünscht hat, dachte sie bitter.

Sie hatte naiverweise angenommen, dass sie den Platz an der Seite ihres Vaters einnehmen und ihn unterstützen würde. Immerhin hatte er sie deswegen nach Hause geholt. Doch nun erkannte Marielle, dass diese Stelle bereits vergeben war. Was sollte sie dann hier?

Marielle hatte genug gehört. Sie hatte eine lange Reise hinter sich und keine Lust, sich weiter diesem seltsamen Vorstellungsgespräch zu stellen. Schon seit sie angekommen war, sehnte sie sich danach, in den Stall hinüberzugehen und ihrem Pferd Hallo zu sagen. Und genau das würde sie jetzt auch tun.

Geräuschvoll schob sie den Stuhl über die unebenen Steinplatten zurück und erhob sich. »Die Herren werden mich sicherlich entschuldigen, ich bin erschöpft von der langen Fahrt und ich möchte noch ausreiten.«

Bastien warf ihrem Vater einen fragenden Blick zu. »Ich habe Unterlagen mitgebracht, weil ich dachte …«

Raphaël winkte ab. »Ist schon in Ordnung, Marielle. Geh zu deinem Pferd. Wir sehen die Unterlagen zusammen durch, Bastien.«

Marielle nickte dem Widerling knapp zu und ging ins Haus.

Sie hatte ihn auf seinen Platz verweisen und ihm demonstrieren wollen, dass sie zur Familie gehörte und hier zu Hause war, er aber nicht. Stattdessen fühlte sie sich jetzt wie ein Schulkind, das man nachsichtig von einer weiteren Stunde befreit hatte. *Geh ruhig spielen, mein Kind, die Großen kümmern sich um die Geschäfte.*

Auf dem Kiesweg zum lang gezogenen Stallgebäude verdrückte Marielle ein paar wütende Tränen. Sie hatte gewusst, dass es nicht einfach werden würde zurückzukommen, aber damit, dass es gleich am ersten Tag losgehen würde, schwierig zu werden, hatte sie nicht gerechnet.

Kapitel 2

Ein ausgiebiger Ritt über die Ländereien, die zu ihrem Elternhaus gehörten und darüber hinaus über die Felder, auf denen die Rohstoffe für ihre Parfüms blühten, allen voran der Lavendel in langen lila Reihen, brachte wieder ein wenig Klarheit in Marielles Gedanken.

Sie sollte sich von diesem Bastien nicht einschüchtern lassen. Noch wusste sie nicht, was ihr Vater plante. Genaugenommen wusste sie auch nicht, was überhaupt los war.

Als er sie angerufen und gebeten hatte, dass sie nach Hause zurückkehren sollte, hatte Raphaël sie darauf vorbereitet, dass es mit seiner Gesundheit nicht zum Besten stand. Was genau ihm fehlte und wie schlimm es war, das hatte er am Telefon nicht sagen wollen. Marielle ging nur durch die Tatsache, dass er ihr unmissverständlich gesagt hatte, sie solle sofort nach Hause kommen, davon aus, dass es keine Kleinigkeit sein konnte. Mehr hatte er auch auf ihre Nachfrage hin am Telefon nicht sagen wollen.

Das Herz vielleicht? Er mutete sich immer noch jeden Tag sehr viel Arbeit zu. Arbeit, die er liebte, aber trotzdem wurde er nicht jünger. War es also das?

Oder womöglich Krebs? Diese heimtückische Krankheit konnte jeden zu jeder Zeit aus dem Leben reißen, das hatte sie im weiteren verwandtschaftlichen und freundschaftlichen Umfeld schon erleben müssen.

Äußerlich wirkte ihr Vater wie immer. Vielleicht war er noch eine Spur grauer geworden und vielleicht zierten noch ein paar mehr Falten sein Gesicht. Aber er war noch immer stattlich und hielt sich gerade. Seine Bewegungen waren flüssig und präzise.

Wie bei Louise konnte Marielle sich nicht vorstellen, dass man ihrem Vater etwas anhaben konnte. Die kindliche Überzeugung, dass der Vater ein unbezwingbarer und absolut unangreifbarer Beschützer war, lebte noch in ihr.

Marielle zügelte Filou, den inzwischen auch nicht mehr ganz jungen Braunen, den sie zu ihrem achtzehnten Geburtstag bekommen hatte. Das edle Vollblut schnaubte und schüttelte den Kopf mit der Trense. Marielle ließ die Zügel lang und ihn selbst den Weg zum Stall zurückfinden. Dort schwang sie sich aus dem Sattel und schlang die Zügel um einen Haken an der bröckeligen Stallwand.

Léo, der für Stall, Garten und Hausstand zuständig war, trat unbemerkt hinter sie. Marielle schrak zusammen, als er sie ansprach.

»Soll ich mich um Ihr Pferd kümmern, Mademoiselle?« Von niemand anderen hätte Marielle diese Anrede geduldet. Das altbackene Fräulein war aus gutem Grund abgeschafft worden. Marielle hatte immer gewitzelt, dass man einen unverheirateten Mann dann folgerichtig Männlein hätte nennen müssen. Aber Léo stammte noch aus einer Generation, in der die Anrede Respekt und Höflichkeit ausgedrückt hatte.

»Oh Gott, Léo, haben Sie mich erschreckt. Nein, ich mach das schon selbst. Er hat noch ein wenig Aufmerksamkeit von mir verdient. Aber vielleicht würden Sie ihm schon einmal Sattel und Trense abnehmen, ich laufe nur noch schnell in die

Küche und hole ihm ein Leckerchen. Das hat er sich verdient.«

Léo nickte. »Das hat er bestimmt. Ich leg ihm schon einmal das Halfter an und sattle ihn ab.«

Marielle lief hinüber zum Haus. Statt der Reiseklamotten, die sie schon den ganzen Tag über angehabt hatte, trug sie jetzt eine graue Reithose und hohe Stiefel darüber. Die Bluse war alt und fleckig, aber zum Reiten immer noch am bequemsten. Ihre langen kastanienbraunen Haare hatte sie zu einem schlampigen Dutt hochgewurstelt. Sie umrundete das Haus auf dem Weg zur Küche, da hörte sie plötzlich jemanden sprechen.

Einem Impuls folgend duckte Marielle sich an die Hauswand in den wilden Wein.

Nur wenige Meter von ihr entfernt, jedoch mit dem Rücken zu ihr, stand dieser Bastien und telefonierte mit seinem Handy.

»... ja, wie ich gesagt habe, völlig daneben. ... Keine Ahnung, ich denke, nicht. ... Hm, ja, hübsch irgendwie schon, allerdings eben auch noch sehr jung und unerfahren. Bildet sich aber mächtig viel auf ihre Vita ein ... Ja, ja, Kairo, hat sie natürlich gleich erzählt. ... Was weiß ich? Kleopatras Eselsmilchbad und Honig, oder so etwas. Nichts, das uns hier in irgendeiner Weise weiterhelfen würde.«

Je mehr sie hörte, umso sicherer war Marielle sich, dass er über sie sprach. Und der abfällige Tonfall sprach ebenfalls dafür.

Mit wem telefonierte der Idiot? Dass er sich nicht schämte! Da stand er hinter dem Haus ihres Vaters und lästerte über sie.

Na warte, dir werde ich es zeigen!

Entschlossen trat Marielle aus dem Schatten des wilden Weins und mit wenigen raschen Schritten direkt auf ihren Widersacher zu. Er hatte nicht mitbekommen, dass sie gekommen war. Schmerzhaft traf Marielles Ellbogen auf seine Rippen. Sie schubste ihn, sodass ihm fast sein Handy aus der Hand fiel.

Dann setzte sie ein bedauerndes Lächeln auf. »Oh mein Gott, entschuldigen Sie. Ich habe Sie überhaupt nicht gesehen. Ich dachte, sie wären bereits gefahren. Es tut mir wirklich leid. Habe ich Ihnen wehgetan?«

Bastien hielt sich die Seite, doch er biss sich auf die Lippen. »Schon in Ordnung. Nichts passiert.« Dann schlug er einen geschäftsmäßigen Ton an: »Wann sehen wir Sie denn im Büro, Mademoiselle de Montaux?«

Für einen kurzen Moment hatte ihr der Rempler eine gewisse Befriedigung verschafft, doch diese Bemerkung ließ bei Marielle gleich wieder die Galle hochkommen.

Da war es wieder gewesen, dieses Mademoiselle. Und aus Bastiens Mund klang es eben nicht mehr nach Respekt, sondern wie eine Beleidigung.

Für wen hielt er sich? War er ihr Chef, oder was?

»Sparen Sie sich das Mademoiselle. Und was Ihre Frage angeht: Das weiß ich noch nicht. Ich bin ja heute erst angekommen. Aber wir sehen uns dann sicher dort. Schönen Tag noch!« Damit ließ sie ihn stehen und verschwand im Haus.

»Marielle? Kommst du bitte zum Essen?« Raphaël rief durch die offene Tür des Salons nach ihr.

Sie sah an sich hinunter. Sie trug immer noch ihre Reitkleidung, die Stiefel waren schmutzig vom Stall. Nachdem sie Filou trocken gerieben und mit ein paar Leckerbissen aus Louises Küche versorgt hatte, war sie noch zum Ausmisten geblieben und Léo zur Hand gegangen. Erwartet hätte der Alte das sicherlich nicht von ihr, aber Marielle mochte nicht wie die Prinzessin auf das gesattelte Pferd steigen und es hinterher einfach abgeben, als ginge alles Weitere sie nichts an. Wer ein Pferd hatte, der hatte sich auch um alles zu kümmern, was damit einherging. Das hatte sie schon immer so gehalten.

»Ich komme gleich!«, rief sie in Richtung ihres Vaters. »Ich muss mich nur noch rasch umziehen.«

Louise kam mit einem Tablett zu ihr heraus. »Beeil dich. Das Essen wird kalt.« Ihr Blick wanderte an Marielle hinunter. »Und Stiefel aus! Sag mal, du läufst hier mit den schmutzigen Schuhen quer durchs Haus.«

Marielle schmunzelte. »Ich bin noch nicht einmal vierundzwanzig Stunden hier und schon schimpfst du mich aus. Es ist, als wäre ich nie weggewesen.«

Mit dem Tablett in der Hand stieß Louise Marielle spielerisch mit dem Ellbogen an. »Du bist noch keinen ganzen Tag daheim und schon gibt's hier Trubel und alles wird schmutzig.«

Artig bückte Marielle sich und zog sich die Stiefel von den Füßen. Dabei hüpfte sie auf einem Bein herum. Louise beobachtete das Spektakel kopfschüttelnd. Dann hatte Marielle es geschafft und hielt beide Stiefel in der Hand. Auf Strümpfen lief sie die Treppe hinauf zu ihrem alten Zimmer.

Es hatte sich wenig verändert, seit sie als frischgebackene Absolventin des Lycée Alexis de Tocqueville mit einem hervorragenden Baccalaureat in der Tasche ausgezogen war zu neuen Ufern. Der Lage ihres Elternhauses nach hätte sie gar nicht auf diese Schule gehen sollen. Aber das Alexis de Tocqueville hatte von allen Lycées in und um Grasse den besten Ruf, und nur das hatte für ihre Eltern gezählt. Für den erfolgreichen Parfümeur De Montaux war es ein Leichtes gewesen, seine Tochter dort unterzubringen, wo er sie haben wollte, und so hatte sie eben den längeren Schulweg in Kauf nehmen müssen.

Ihr Zimmer lag im ersten Stock des nahezu quadratischen Gebäudes mit den großen Fenstern hinaus zur Terrasse und zum dahinterliegenden Park. Die Wände waren in einem hellen Blau gehalten, das sich in den geblümten Vorhängen und in dem drapierten Himmel über dem Bett wiederholte. Louise hatte dafür gesorgt, dass frische Blumen auf dem kleinen Schreibtisch standen. Das Bett bedeckte eine blütenweiße Tagesdecke, etliche Kissen lagen darauf drapiert und ein aufgeschlagenes Buch. Marielle nahm das Buch in die Hand. Sie erinnerte sich daran, dass sie es bei ihrem letzten Aufenthalt in ihrem Elternhaus angefangen hatte zu lesen, dann aber doch nicht so gefesselt gewesen war, dass sie es mitgenommen hätte. Jetzt klappte sie es zu und legte es auf den Nachttisch.

Auf der Anrichte gleich neben der Tür standen mehrere gerahmte Fotografien, darunter auch eine, die Marielle mit vielen anderen Jugendlichen in festlicher Abschlussballgarderobe zeigte. Sie strich über die Rahmen. Ein Bild aus dem Urlaub in Südafrika, den ihr ihr Vater zum bestandenen Masterstudium geschenkt hatte. Auch ein Bild aus Ägypten war dabei, wo sie vor den Pyramiden von Gizeh posierte. Dieses Foto hatte sie nicht in den Rahmen getan und aufgestellt. Das musste Louise gewesen sein. Oder womöglich ihre Mutter? Ihrem Vater traute sie es nicht zu, der hatte sich nie in ihr Refugium gewagt.

Im Sideboard standen die Bücher, die sie nicht mitgenommen hatte, ein paar Souvenirs aus verschiedenen Urlauben, daneben stand eine Kollektion Pferdchen in unterschiedlichen Größen und Formen, allesamt aus Hartgummi. Die hatte sie gesammelt, weil Pferde schon immer ihre Leidenschaft gewesen waren. Sie griff wahllos ein paar Lieblingsstücke heraus und betrachtete sie. Nichts hatte Staub angesetzt. Louise musste regelmäßig mit dem Feudel durch ihr Zimmer gegangen sein. Marielle stellte die Pferdchen wieder in die Reihe.

Es fühlte sich an, als wäre bereits ein halbes Leben vergangen, seit sie zu ihrem Studium nach Paris aufgebrochen war. Zuerst an die Sorbonne für den Bachelor in Biochemie und dann weiter an das Institut in Versailles. Ein halbes Leben voller aufregender Momente, viel Arbeit für ihr Studium, aber auch viele Partys, Ausflüge, neue Leute ...

Und jetzt? Kehrte sie jetzt in das Leben davor zurück? Oder begann hier ein ganz neuer Abschnitt?

Plötzlich erinnerte sie sich wieder daran, dass sie sich beeilen sollte. Sie schälte sich aus ihren Reitklamotten. Dann huschte sie schnell hinüber ins angrenzende Bad, um sich zu duschen. Eine Katzenwäsche musste genügen.

Wenig später fand sich Marielle frisch geduscht und noch mit feuchten, zerzausten Haaren, aber umgezogen, im großen Salon im Erdgeschoss ein. An dem langen Esstisch aus poliertem Eichenholz hätte gut und gern eine zwanzigköpfige Abendgesellschaft Platz gefunden und Marielle erinnerte sich dunkel daran, dass so etwas auch schon das eine oder andere Mal in ihrem Leben stattgefunden hatte. Jetzt hatte Louise allerdings nur für drei Personen am einen Ende der langen Tafel gedeckt. Platz genommen hatte jedoch bislang nur ihr Vater.

Er saß vor seinem leeren Teller und wartete geduldig. Als sie den Salon betrat, hob er den Kopf. »Da bist du ja. Na, dann kann Louise ja auftragen.«

»Kommt Maman nicht?«, fragte Marielle und ließ sich auf einen Stuhl fallen.

Brot, Butter und Salz hatte Louise schon bereitgestellt und eine Karaffe mit frischem Wasser. Marielle schenkte sich ein und angelte ein Brötchen aus dem Brotkorb.

Missbilligend beobachtete Raphaël sie dabei. »Nimm doch bitte die Zange und nicht die Finger!«

Marielle zuckte nur die Schultern. »Was ist denn mit Maman? Warum kommt sie nicht einmal zum Abendessen?«

»Migräne«, sagte ihr Vater, als wäre damit alles gesagt.

»Und du, Papa? Was ist bei dir los?« Marielle brach das Brötchen in der Mitte auseinander – wieder mit den Fingern, was ihr einen weiteren tadelnden Blick eintrug. Dann schmierte sie Butter auf eine Ecke, dazu nahm sie dann aber doch ein Messer.

»Lass uns das nach dem Essen besprechen.«

»Warum? Wir sind doch eh allein. Was soll diese Geheimniskrämerei? Es muss doch etwas Schlimmeres sein, wenn du mich deshalb aus Ägypten zurückholst«, beharrte Marielle. Sie wollte nun endlich Antworten haben.

»Das stimmt so nicht. Du warst doch fertig mit deiner Dissertation. Einmal musstest du ja zurückkommen, oder nicht? Ich dachte, du wolltest deinen Platz einnehmen.«

»Meine Doktorarbeit ist fertig, das stimmt. Aber die Disputation steht noch aus. Ich wäre schon gekommen, aber vielleicht noch nicht die nächsten Monate. Dass ich jetzt alles habe stehen und liegen lassen, lag an deiner Nachricht, du hättest eine besorgniserregende Diagnose bekommen. Also raus mit der Sprache!«

Nun war es Raphaël, der erst einmal nach einem Brötchen angelte und es umständlich mit dem Messer auseinander metzgerte. Er versuchte Zeit zu schinden, Marielle sah es genau.

Sie schlug einen sanfteren Ton an. »Papa, ich mache mir Sorgen um dich! Die Manufaktur, ja, das ist das eine. Aber darum geht es mir doch nicht vorrangig! Ich will wissen, was mit dir los ist, kannst du das nicht verstehen?«

Er legte sein Brötchen auf den Teller zurück, ohne davon abgebissen zu haben. Dann arrangierte er das Messer penibel neben dem Hauptgangmesser und zupfte die Serviette gerade, die Louise extra für Marielles Rückkehr zu einer Bourbon-Lilie gefaltet hatte.

»Natürlich verstehe ich das«, sagte er schließlich langsam. Er wog jedes Wort ab. »Ich habe diese Besorgnis ja selbst verursacht bei dir. Weil ich … Ich wünschte, ich könnte sagen, dass ich überreagiert habe. Dass ich dich umsonst beunruhigt habe. Allerdings …« Er brach ab und betrachtete eingehend seine Fingerspitzen.

Spätestens jetzt war Marielle endgültig in heller Aufregung. Sie kannte ihren Vater nicht anders als geradlinig und frei von der Leber weg. Er redete nicht um den heißen Brei herum, auch wenn es unangenehm wurde. Wem er sein Wort gab, der konnte darauf zählen, dass er es auch halten würde. Und Zögern gab es bei ihm nicht.

»Papa …«

Er hob den Kopf und sah seine Tochter an. Marielle erschrak. Da glitzerten Tränen in seinen Augen. Noch nie in ihrem ganzen Leben hatte sie ihren Vater weinen sehen!

»Papa! Was um Himmels willen ist los?«

Hilflos hob er die Hände und ließ sie dann wieder sinken. »Nichts ist los. Ich sterbe. Ganz einfach. Ich sterbe, das ist los. Und man kann nichts dagegen tun.« Er hatte die Unterlippe trotzig vorgeschoben wie ein Kind. Eine Träne löste sich vom Wimpernkranz und lief über seine Wange.

Marielle fand keine Worte. Sie starrte ihn einfach nur fassungslos an. Der Appetit war ihr vergangen, das Brötchen in ihrer Hand vergessen.

»Es war eine Routineuntersuchung. Ganz zufällig. Sonst hätten wir es vielleicht gar nicht erfahren. Dann wäre ich einfach irgendwann umgefallen und es wäre vorbeigewesen, ehe ich es richtig begriffen hätte. Ich weiß nicht, vielleicht wäre mir das sogar lieber gewesen. Aber jetzt weiß ich es eben. Und was tut man mit diesem Wissen? Wie soll man damit umgehen? Wie?«

Er vergrub den Kopf in den Händen. Das Beben seiner Schultern signalisierte Marielle, dass er jetzt haltlos weinte.

Marielle war völlig überfordert mit der Situation. Was um alles in der Welt war denn nur los? Was hatte er erfahren? Was hatten die Ärzte per Zufall gefunden?

Louise platzte in den Salon. Sie registrierte die Stimmung

sofort und blieb in der Tür stehen. Auf einem Tablett brachte sie den ersten Gang unter Silberhauben. Sie hatte nur zwei Teller angerichtet. Dass die Dame des Hauses nicht zum Abendessen erscheinen würde, hatte sie schon erfahren oder geahnt.

Marielle warf ihr einen Hilfe suchenden Blick zu.

Louise räusperte sich. Augenblicklich hatte Raphaël sich wieder im Griff. Er schnäuzte sich und wischte sich verstohlen über die Augen. Dann griff er nach der Serviette und schüttelte sie aus. Die kunstvoll gelegte Lilie löste sich in einem Quadrat auf.

»Lass uns essen«, sagte er. Seine Stimme klang noch ein wenig belegt.

»Papa!«, empörte Marielle sich. »Ich kann doch jetzt nichts essen!«

»Musst du aber. Louise hat sich so eine Mühe gegeben. Es gibt nur Leibgerichte von dir.« Er schaffte es sogar, sich ein Lächeln abzuringen.

Louise positionierte einen Teller auf dem Platzteller vor Raphaël, nachdem er das Brötchen zur Seite gelegt hatte. Dann kam sie um den Tisch herum und stellte den zweiten vor Marielle ab. Louise packte die runden Griffe in Form einer Eichel auf den Hauben und hob sie mit einem Ruck hoch.

Zum Vorschein kam ein liebevoll angerichtetes Steak Tartar mit Kapern.

Marielle liebte Louises Tartar. Aber gerade fehlte ihr jeglicher Appetit dafür. Ihrem Vater schien es ähnlich zu gehen. Er hatte die Gabel zur Hand genommen, doch sie schwebte orientierungslos über dem Teller.

»Was ist es denn?«, versuchte Marielle einen neuen Vorstoß. Vielleicht würde es besser werden, wenn man den Namen des Feindes kannte. Momentan war das Problem für sie noch völlig im Nebel.

Raphaël seufzte und legte die Gabel wieder hin.

Es schien ihn eine unendliche Kraft zu kosten. »Die Bauchspeicheldrüse.«

»Diabetes?«, fragte Marielle sofort. Das konnte doch unmöglich so schlimm sein.

Ihr Vater schüttelte den Kopf.

»Krebs?« Das Wort kam Marielle nur noch gehaucht über die Lippen.

Er nickte. »Adenokarzinom«, präzisierte er.

»Und was heißt das?«

Wieder seufzte ihr Vater schwer. »Nichts Gutes. Das Zeug hat schon gestreut.«

»Was machen sie dagegen?« Marielle war nicht bereit, das Todesurteil einfach so hinzunehmen.

»Behandlung erfolgt palliativ. Es gibt keine Therapie mehr dagegen.«

Marielle schob ihren Teller von sich. An Essen war jetzt nicht mehr zu denken.

»Aber … Warum …?« Jetzt war es Marielle, der die Tränen in den Augen standen.

»Warum was?« Raphaëls Erwiderung fiel heftig aus. Marielle zuckte unwillkürlich zurück. Ihr Vater merkte es und setzte in versöhnlicherem Ton hinterher: »Dafür gibt es keine Gründe, ma petite. Es kann jeden treffen. Und jetzt hat es eben mich getroffen.«

»Das meine ich nicht. Warum machen die Ärzte nichts? Irgendetwas muss man doch tun können. Eine Chemo, Bestrahlung, Operation, was weiß ich? Die Medizin hat heute so viele Möglichkeiten. Warum *versuchen* sie es erst gar nicht? Warum gibst du dich damit zufrieden? Hast du eine zweite Meinung eingeholt?« Ihre Hände zitterten unkontrolliert. Es war ihr klar gewesen, dass etwas Schlimmes im Raum stand. Sonst hätte ihr Vater sie nicht mit solchem Nachdruck nach Hause beordert. Aber sie war davon ausgegangen, dass es temporär war. Irgendetwas, das man mit Zeit und Therapie heilen konnte. Nicht so etwas.

»Natürlich habe ich das.« Jetzt klang ihr Vater müde. »Ich war sogar bei drei Ärzten. Zuletzt bin ich bis nach Lausanne gefahren, um noch eine andere Meinung zu hören. Der Arzt dort ist ein Jugendfreund von mir. Glaube mir, der hätte alle Hebel in Bewegung gesetzt, wenn er sich davon etwas versprochen hätte. Aber auch der sagte mir, dass es keinen Sinn hat. Alles, was man tun kann, ist, die Symptome zu mildern und zu hoffen, dass mir noch ein paar Wochen oder vielleicht Monate geschenkt sind.«

»Monate? Wochen?«, echote Marielle fassungslos.

»Diese Art Krebs ist – wenn ich das richtig verstanden habe, ich bin kein Mediziner – sehr aggressiv. Und sie wächst über Jahre unbemerkt, bevor dann die ersten Symptome auftreten. Die meisten Diagnosen sind zufällig, so wie bei mir. Ich war eigentlich aus einem ganz anderen Grund beim Arzt. Aber dann ist es bereits zu spät. Und wenn er schon gestreut hat, lässt es sich nicht mehr aufhalten ...«

Marielles Atem ging schwer, als hätte sie einen anstrengenden Ritt hinter sich. »Was sagt Maman dazu? Weiß sie es überhaupt schon?«

Raphaël hob den Kopf und sah ihr in die Augen. »Ja, sie weiß es.«

Unter dem Tisch ballte Marielle die Hände zu Fäusten. Da lag ihre Mutter mit ihrer eingebildeten Migräne oben in ihrem Zimmer und badete sich im Selbstmitleid, während ihr Mann ganz real und unwiderruflich mit dem Tod rang!

Es war ihr schon immer schwergefallen, Verständnis für ihre Mutter aufzubringen, vor allem als sie noch jünger gewesen war und oftmals die Mutter gebraucht hätte. Dann hatte Louise einspringen müssen. Aber in diesem Fall fehlte Marielle jede Toleranz.

Sie schob ihren Stuhl zurück und stand auf.

»Wo willst du denn jetzt hin?«, fragte ihr Vater.

»Zu Maman!«

Er streckte die Hand nach ihr aus. »Nein, komm, setz dich wieder. Lass sie.«

»Warum? Es kann doch nicht sein ... wir müssen doch ... Wieso ist sie nicht ...« Die aufgestauten Tränen brachen sich Bahn. Hilflos stand Marielle mitten im Zimmer und weinte.

Raphaël erhob sich umständlich. Mit den Tränen seiner Tochter konnte er schlecht umgehen. Aus der Erziehung hatte er sich weitgehend rausgehalten. Auch als Marielle älter wurde und die Pubertät Einzug gehalten hatte, war er lieber in sein Labor verschwunden anstatt sich mit ihr und ihren Problemen auseinanderzusetzen. Dafür hatte er sie jederzeit in die Entwicklung seiner Produkte einbezogen, von dem Augenblick an, in dem sie zum allerersten Mal Interesse daran gezeigt hatte. Schon als kleines Mädchen hatte sie auf der Arbeitsplatte neben seinen Versuchsaufbauten gesessen und mit kindlichem Ernst mit ihm über die richtige Auswahl von Herznotennuancen und Duftkombinatorik diskutiert. Das waren die Vater-Tochter-Erinnerungen, die ihr Verhältnis bis heute prägten.

Jetzt stand er vor ihr und tätschelte unbeholfen ihre Schulter. »Es tut mir so leid ...«

»Nein. Dir doch nicht. Dir muss nichts leidtun«, presste Marielle unter Schluchzen hervor. »Du hast dir das auch nicht ausgesucht! Was für eine Scheiße ... was für eine verdammte Scheiße ...«

»Sch... Sprich nicht so«, tadelte er automatisch. »Das würde deine Mutter nicht goutieren.«

»Ach die!«, entfuhr es Marielle. »Lass Mutter aus dem Spiel.«

»Du bist zu streng mit ihr. Sie kann eben nicht aus ihrer Haut. Es ist ihre Art, damit umzugehen.«

Marielle erkannte in diesen einfachen drei Sätzen, wie sehr

ihr Vater ihre Mutter nach wie vor liebte. Doch so musste es sein.

Louise erschien in der Tür, um zu sehen, ob sie abservieren konnte und den Hauptgang bringen. Sie sah das unberührte Tartar auf den Tellern.

»Sie haben ja gar nichts gegessen, Monsieur le Patron«, sagte sie vorwurfsvoll. »Und du auch nicht, ma petite!«

Marielle schniefte. »Es geht nicht, Louise. Tut mir leid. Ich bringe keinen Bissen hinunter. Schade um das schöne Tartar …«

Louise hatte die Situation auf den ersten Blick erfasst. Sie nahm die beiden Teller auf. »Macht nichts. Ich stell es in die Kühlung. Irgendwann werden Sie beide Hunger haben.«

»Komm«, sagte Raphaël. »Lass uns noch ein wenig an die frische Luft gehen.«

Marielle folgte ihm hinaus auf die Terrasse, wo sie am Nachmittag mit dem Assistenten ihres Vaters gesessen hatten. Der unerwartete Besucher erschien Marielle ein unverfänglicheres Thema, sie wollte nicht weiter über die Erkrankung ihres Vaters sprechen. Nicht jetzt. Sie musste die neuen Informationen erst einmal für sich selbst sortieren.

Deshalb sagte sie, nachdem sie beide sich auf den Gartenstühlen niedergelassen hatten: »Seit wann hast du diesen Bastien als Assistenten?«

Raphaël schien erleichtert, dass sie ein anderes Thema aufmachte. »Noch nicht so lange. Ein halbes Jahr vielleicht. Er wurde uns empfohlen.«

»Soso …«

»Tatsächlich haben wir eine Headhunter-Agentur beauftragt. Es ist so schwer, wirklich gutes Fachpersonal zu finden.« Raphaël sah müde aus. Er lehnte sich in seinem Sessel zurück und legte in einer unbewussten Geste die Hand auf den Bauch. Marielle registrierte es.

»Hast du Schmerzen, Papa?«, fragte sie leise.

Schnell schlug ihr Vater die Augen wieder auf und rang sich ein Lächeln für sie ab. »Nein, nein. Es geht schon. Mach dir keine Sorgen, ma petite. Ich bekomme Medikamente gegen die Schmerzen. Eine Weile wird es damit schon noch gehen.«

Marielle spürte ihre Unterlippe zittern, was einen neuerlichen Tränenfluss ankündigte. Sie schluckte dagegen an. Es war niemandem damit geholfen, wenn sie jetzt in Tränen badete.

Rasch kehrte sie zu ihrem anderen Thema zurück. »Und was zeichnet ihn aus? Dieses Wunderexemplar an Fachkraft?«

»Du magst ihn nicht.«

»Falsch. *Er* mag *mich* nicht«, stellte Marielle klar.

»Ach, Unsinn. Wie kommst du denn darauf? Ihr habt euch doch heute erst kennengelernt. Wie könnte er sich da schon ein Bild von dir gemacht haben?«

»Das hatte er wahrscheinlich schon, bevor er hierherkam.« Marielle verschränkte die Arme vor der Brust. Sie erinnerte sich genau an die Worte, die sie diesen Kerl hinter dem Haus ins Telefon hatte sagen hören. Aber davon wollte sie ihrem Vater lieber nichts erzählen.

»Aber nein. Da interpretierst du etwas hinein, das gar nicht da ist«, beschwichtigte ihr Vater. »Bastien ist ein wirklich guter Chemiker. Er hat sehr gute Referenzen und Zeugnisse.«

»Na dann …« Marielle konnte nicht anders, als sarkastisch zu klingen.

»Kommst du morgen mit in die Manufaktur? Ihr solltet euch vielleicht in eurem Arbeitsumfeld besser kennenlernen. Dann werdet ihr sehen, wie viele Gemeinsamkeiten ihr habt«, sagte er zuversichtlich.

»Oh, da brenne ich darauf. Aber leider wird dieses Vergnügen noch ein bisschen auf mich warten müssen, ich möchte erst einmal ankommen. Du verstehst sicherlich, wenn ich noch einen Tag damit warte, bevor ich mich in die Arbeit stürze.«

Raphaël beugte sich vor, um ihre Hand zu tätscheln, die auf der Stuhllehne lag. »Natürlich, ma petite. Ich wollte dich auch nicht sofort komplett vereinnahmen. Mir reicht es schon, dass du wieder hier bist.«

»Ich bin da, Papa. Und ich bleibe jetzt auch hier«, versicherte sie. »Und spätestens am Montag stehe ich auch im Kittel im Labor, versprochen. Ich bin ja schon ganz gespannt, was ihr euch Neues ausgedacht habt. Gibt es bereits Pläne für die neue Kollektion?«

Raphaël lächelte. »Pläne gibt es. Aber keine, die du nicht durch innovative Ideen über den Haufen werfen könntest. Ich hatte gehofft, du bringst uns neue Impulse aus Ägypten mit.«

»Ich habe dir doch alle meine Forschungsergebnisse geschickt. Eigentlich dachte ich, du hättest sie gleich als Inspirationsgrundlage genutzt.«

»Ich habe alles gelesen. Aber für die richtige Inspiration brauche ich dich schon hier im Labor.«

Louise kam zu ihnen heraus und stellte unaufgefordert zwei großzügig eingeschenkte Gläser Calvados vor sie.

»Danke, das ist sehr aufmerksam von Ihnen«, bedankte sich Raphaël. »Aber machen Sie bitte auch Schluss für heute. Packen Sie die Schürze weg, nehmen Sie sich auch ein Glas und setzen Sie sich zu uns. Wir wollen doch wenigstens darauf anstoßen, dass Marielle wieder zu Hause ist!«

Louise nickte und verschwand nach drinnen. Nur Minuten später kehrte sie mit einem dritten Glas Calvados und ohne Kochschürze wieder zurück. Es kam selten vor, dass sie ihre Rolle als Haushälterin und Mädchen für alles verließ, obwohl sie schon seit so vielen Jahren praktisch zur Familie gehörte. Heute war so ein Tag.

Kapitel 3

Das diffuse Gefühl von Unruhe, das sie die halbe Nacht nicht hatte schlafen lassen, fiel von Marielle ab, sobald sie auf Filous Rücken über den Hof trabte. Sie ließ die Zügel locker und brauchte ihn nur kurz mit den Fersen anzutippen, als sie den Park erreichten, schon ging er in Galopp über. Marielle verschmolz mit dem Tier. Im selben Rhythmus bewegten sie sich in vollkommener Einheit.

Hinter dem Park des Chateaus erstreckte sich ein Waldstück, das Marielle schon als Kind durchstreift hatte. Zu Fuß oder auf dem Rücken eines Pferdes. Und schon damals hatten die Stille des Waldes, die vereinzelten Rufe der Vögel und die Freiheit, die sie dort verspürt hatte, bei ihr Anspannungen gelöst und ihren Gedanken zum Fluss verholfen.

Obwohl die Neuigkeiten, die sie am Abend zuvor über den gesundheitlichen Zustand ihres Vaters erhalten hatte, mit den Problemen früherer Morgenausritte sicherlich nicht vergleichbar waren, verfehlte der scharfe Galopp durch den Wald trotzdem auch heute seine Wirkung nicht.

Filou und Marielle durchquerten das Wäldchen und jagten einen Hügel hinauf. Oben angekommen zügelte Marielle den

Wallach. Er ging in gemächlichen Trab über und die Heimkehrerin hatte Zeit, den Ausblick zu genießen. In der Ferne konnte sie die Häuser und Straßen von Grasse erahnen, wie sie sich, einem Schneckenhaus gleich, den Hügel hinaufwanden. Zwischen ihr und der Anhöhe, auf der die Stadt lag, erstreckten sich bewaldete Hügel und Felder voll endloser Reihen Lavendel, gelegentlich unterbrochen durch von Zypressen gesäumte, gewundene Straßen. Marielle sog die würzige Luft tief in ihre Lungen. Das hatte ihr in Ägypten gefehlt.

Die Luft, die Gerüche, der Ausblick, das alles gab ihr ein Gefühl von Zuhausesein.

Unter der Oberfläche war nichts mehr wie damals. Sie war nicht mehr dieselbe, aber auch ihr Zuhause hatte sich unmerklich verändert. Ihre Eltern waren alt geworden. Louise, Léo, alle waren sie gealtert, ohne dass Marielle es bemerkt hätte. Und bald würde sie damit zurechtkommen müssen, dass die Menschen, die ihre Familie ausmachten, einer nach dem anderen für immer gingen.

Marielle parierte Filou durch und ließ sich aus dem Sattel gleiten. Mit dem Pferd am Zügel bog sie in ein Lavendelfeld ab. Zwischen zwei blühenden Reihen folgte sie der Spur, die der Traktor hinterlassen hatte, den Hügel hinunter. Das betörende Aroma des Lavendels stieg ihr in die Nase. Sie strich mit der flachen Hand über die hoch aufgerichteten Stängel mit den bläulichen und lila Blütenrispen, dadurch intensivierte der Duft sich noch. Schließlich brach sie einen Stiel ab und zerrieb die Blüten zwischen den Fingern, um die Qualität des Lavendels zu testen.

Es würde eine gute Ernte geben.

Von Ende Juni bis in den August hinein erstrahlte die Provence im Lila und Blau des Lavendels. Die Farbnuance variierte ein wenig zwischen dem Royalblau der Hochprovence und dem tiefen Violett in der Valensole-Hochebene und im Vaucluse. Dabei war der Anteil von echtem Lavendel, der botanisch Lavandula angustifolia genannt wurde, deutlich geringer, der Großteil der Felder war mit Lavandin bepflanzt. Lavandin war ein Hybrid vom echten Lavendel, daneben gab es noch den als Spike-Lavendel bezeichneten Lavandula latifolia. Aus den Hybriden wurden preiswerteres Öl und Lavendel-Essenzen hergestellt, deren Duft schwächer war als der von Produkten aus echtem Lavendel. Marielle wusste diese Dinge, so wie sie wusste, wie sie einen Fuß vor den anderen setzen musste. Schon als Grundschülerin hatte sie gelernt, wie den Lavendelpflanzen möglichst schonend der Duft extrahiert wurde. Schleppdestillation oder Wasserdampfdestillation hießen diese Verfahren. Oder die Stängel und Blüten wurden in mildem Olivenöl angesetzt. So blieben die ätherischen Stoffe weitgehend unzerstört. Aus etwa hundert Kilo Stiele und Blüten des Lavandin konnte man durch Destillation ungefähr drei Kilo goldgelber Essenz extrahieren, beim echten Lavendel ergab sich nur ein Kilo des Parfüm-Grundstoffs. Dafür war diese Lavendel-Essenz intensiver.

Der Lavendel, den sie gerade durchschritt, würde schon bald von den Lohnarbeitern ihres Vaters und mithilfe eines Traktors oder traditionell mit der Sichel geerntet werden. Die Erntezeit war ihr als Kind immer als die aufregendste Zeit des Jahres erschienen. Beinahe noch spannender als Weihnachten oder ihr Geburtstag. In den frühen Morgenstunden war sie aufgestanden und mit dem Vater und den Arbeiterinnen und Arbeitern auf die Felder hinausgegangen. Wenn der Lavendel eingeholt war, hatte es immer für alle ein Fest auf dem Hof gegeben.

Marielle und Filou erreichten eine schmale Straße, die das Lavendelfeld wie ein graues Band durchschnitt. Marielle stieg wieder auf. Filous Hufe klapperten über den Asphalt.

Sie freute sich darauf, bald wieder mit ihrem Vater im Labor zu stehen, die verschiedenen Lavendelöle mit anderen Aromen zu verbinden, zum Beispiel mit dem intensiv holzigen Charakter von Patschuli oder der sinnlichen Note der exotischen Tonka-Bohne, als Herz des Parfüms vielleicht ein subtiler Akzent von Zeder. Die Chemie, die hinter alldem steckte, war eine Naturwissenschaft und folgte klaren Regeln, die Parfümherstellung dagegen war eine Kunst, in der man der Kreativität freien Lauf lassen durfte. Aus denselben chemischen Verbindungen konnte ein elegantes Eau de Toilette für die Dame entstehen, oder der würzig-maskuline Duft für ein Rasierwasser. Der Parfümeur hatte es in der Hand.

Sie verließen die Felder und erreichten die Zufahrt zum Chateau. Filou verfiel automatisch wieder in einen lockeren Trab. Marielle war so in ihre Gedanken um die Ernte des Lavendels und seine anschließende Verarbeitung vertieft gewesen, dass sie einen schmerzhaften Stich in der Brust verspürte, als ihr plötzlich bewusst wurde, dass es gar nicht sicher war, ob ihr Vater die diesjährige Ernte überhaupt noch erleben würde.

Dabei hatte sie so viele Pläne für ihre Zusammenarbeit!

Egal, wo sie in den letzten Jahren gewesen war, wann immer ihr Ideen für die eigene Produktion in den Sinn gekommen waren, hatte sie sie fein säuberlich in ein Notizbüchlein geschrieben. Mit diesem Schatz an Ideen, neuen Verfahren und Methoden und auch Ansätzen für eine nachhaltigere Produktion und ökologische Herangehensweise hatte sie heimkommen wollen, um sie mit ihrem Vater zu besprechen. Auch Pläne für eine stärkere Digitalisierung waren darunter. Mit diesen Dingen hatte ihr Vater wenig am Hut. Er war der kreative Kopf der Parfümerie, um Vertrieb, Handel und Bestellabwicklung kümmerten sich andere. Aber auch dafür hatte Marielle in ihrer Ausbildung neue Impulse gesammelt.

Würde sie nun bald allein mit alldem dastehen? Konnte sie ihren Vater überhaupt noch mit Umstrukturierung und Neuerungen kommen, wenn er gesundheitlich so angeschlagen war?

Von Wochen, allenfalls Monaten hatte er gesprochen und von Schmerzmitteln. Würde er noch in der Lage sein, sich ihre Zukunftsvisionen anzuhören?

Das Gefühl wieder freier atmen zu können, das sie beim Aufbruch zu ihrem morgendlichen Ausritt überkommen hatte, war verschwunden, als sie durch das Tor ritt und den Hof erreichte. Ihr war, als presste ihr jemand die Hände auf die Kehle und versuchte, ihr die Luft abzudrücken.

»Wie schön, dass du wieder da bist!« Amélie, Marielles beste Freundin aus der Schulzeit, umarmte sie und die beiden jungen Frauen küssten sich auf die Wangen.

»Na, du ja auch«, sagte Marielle.

Sie hatte geduscht, sich frisch gemacht und ein Frühstück bei Louise in der Küche eingenommen, nachdem sie Filou versorgt hatte. Nun empfing sie die Freundin auf der Terrasse.

Raphaël war schon früh ins Büro aufgebrochen und von Camille fehlte immer noch jede Spur. Marielle hatte am Vorabend halbherzig an ihre Zimmertür geklopft, als sie nichts gehört hatte, steckte sie vorsichtig den Kopf zur Tür herein, aber ihre Mutter lag mit geschlossenen Augen auf dem Kissen und regte sich nicht. Also hatte sie die Tür leise wieder zugezogen und war zu Louise hinuntergegangen.

Aber Amélie freute sich über ihre Heimkehr. Marielle hatte der Freundin schon vor einigen Tagen geschrieben, wann sie zurückkommen wollte, und sie hatten sich gleich für den ersten Tag verabredet.

Amélies Eltern betrieben in Grasse eine Apotheke. Wie Marielle wollte Amélie das Familiengeschäft eines Tages übernehmen und hatte deshalb Pharmazie studiert. Mit ihrem Interesse für Naturwissenschaften waren Marielle und Amélie auf ihrem Lycée unter den Mädchen eher Exoten gewesen, was ihre gegenseitige Sympathie nur noch verstärkt hatte.

»Wie geht's dir? Bist du schon voll eingestiegen in das Apothekerinnen-Dasein?«

Louise hatte den beiden Freundinnen eine Karaffe mit kühler selbst gemachter Zitronen-Limonade bereitgestellt und einen Teller voller Eclairs. Marielle schenkte Amélie und anschließend sich selbst ein Glas ein.

»Ja, ich bin mittenrein. Fühlt sich schon an, als wäre ich nie weg gewesen.« Amélie lachte und warf ihre langen blonden Haare zurück.

Marielle nickte halbherzig. Sie hatte der Freundin noch nichts darüber erzählt, warum sie überraschend früher aus Ägypten zurückgekommen war.

Sie kannten sich lange und gut genug, dass Amélie die gedrückte Stimmung auch so registrierte.

»Und bei dir? Ist alles in Ordnung? Ich dachte, du wolltest noch mindestens bis ins nächste Frühjahr wegbleiben. Warst du doch schneller mit deiner Doktorarbeit fertig als gedacht?«, fragte sie.

»Ja, das auch …« Marielle richtete den Blick in die Ferne. Irgendwo summte ein Insekt.

»Und was noch?«

»Mein Vater ist krank.« Vier banale Worte, die so viel Tragik in sich trugen.

»Oh. Was Schlimmes?«

Marielle nickte. Gleichzeitig spürte sie, wie die Tränen ihr wieder in die Augen stiegen, gegen die sie seit gestern ständig kämpfte.

»Das tut mir leid.« Amélie bohrte nicht weiter.

Marielle schniefte. Als sie glaubte, sich wieder im Griff zu haben, fuhr sie fort: »Die Ärzte geben ihm nicht mehr sehr lang zu leben. Er braucht mich jetzt hier im Betrieb.«

»Verstehe. Ist es Krebs?«

»Ja. Bauchspeicheldrüse.«

Amélie zog die Nase kraus. »Scheiße.«

Louise kam eilig durch die Tür auf die Terrasse. »Ma petite«, murmelte sie. »Entschuldige bitte, dass ich deine Freundin und dich stören muss. Aber …«

Weiter kam sie nicht, da erschien Bastien hinter ihr auf der Terrasse. Er erfasste die Situation mit einem Blick und zog offenbar sofort seine Schlüsse daraus.

»Ihr Vater hatte gesagt, Sie hätten noch wichtige Termine, weshalb sie nicht umgehend mit der Arbeit anfangen können«, begann er ohne Einleitung. Es klang wie ein Vorwurf. »Ich hatte nicht erwartet, Sie anzutreffen.«

»Warum sind Sie dann gekommen?«, fragte Marielle schnippisch.

Sie konnte nicht verstehen, was ihr Vater an diesem Kerl fand. Er mochte ein noch so fähiger Chemiker sein, menschlich war er einfach nur unerträglich.

»Monsieur Darrieux ist gekommen, weil Monsieur le Patron Unterlagen hat liegenlassen. Weißt du vielleicht, wo sie sein könnten?«, versuchte Louise das Gespräch auf sachliches Terrain zurückzulenken.

Marielle entging nicht, dass Amélie Bastien interessiert musterte.

Seine äußerliche Attraktivität zieht sie wahrscheinlich in ihren Bann, aber spätestens wenn man fünf Sätze mit ihm gewechselt hat, legt sich die Begeisterung, dachte Marielle.

»Das weiß er am Ende wahrscheinlich besser«, erwiderte sie patzig.

Louise hob zu einer Antwort an, doch Bastien kam ihr zuvor. »Bemühen Sie sich nicht, Louise. Ich finde schon, was ich suche.«

Er drehte auf dem Absatz um und ging zurück ins Haus, allerdings nicht, ohne Marielle zuvor noch mit einem verständnislosen Blick zu strafen.

»Du kannst ihn nicht einfach in Papas Arbeitszimmer lassen«, entfuhr es ihr.

Marielle sprang auf und lief hinter Bastien her, der zielstrebig auf Raphaëls Büro im hinteren Teil des Hauses zuging. Er bewegte sich sehr selbstsicher in Marielles Zuhause. Arrogant war er wahrscheinlich schon bei seinem allerersten Besuch gewesen, aber dazwischen mussten einige Aufenthalte im Chateau liegen, denn er wusste genau, wohin er wollte.

Marielle holte ihn erst an der Bürotür ein.

»Moment mal!« Sie zwängte sich an ihm vorbei und versperrte ihm den Weg.

Er hatte gerade die Klinke drücken wollen, die er nun nicht mehr erreichen konnte, weil Marielle davorstand, wodurch sie sich plötzlich unerwartet nah kamen. Sein Parfüm stieg ihr in die Nase. Es roch nach Tabak und Zedernholz, die Herznote mischte etwas Frisches bei, vielleicht Minze, vermutete Marielle. Aber es war eine eher plumpe Komposition, kein sehr hochwertiger Duft.

Im ersten Moment männlich-elegant, doch es hielt dann nicht, was es versprach. Wie der ganze Typ.

Marielle sah ihm herausfordernd ins Gesicht. »Nicht so schnell. Was suchen Sie denn überhaupt?«, verlangte sie zu wissen.

Bastien versuchte sie beiseitezuschieben, doch sie blieb beharrlich stehen. Seine Hand legte sich warm um ihren nackten Oberarm. Sie trug ein luftiges Baumwollkleid mit einem weiten Rock. Es war ein heißer Julitag, im Haus herrschte allerdings eine angenehme Kühle.

Unter der Manschette seines weißen Hemds wurde eine Rolex sichtbar.

Wahrscheinlich eine Fälschung, vermutete Marielle. Wie alles an ihm irgendwie fake wirkte.

Wie gewollt, aber nicht gekonnt.

»Was soll denn das?«, fragte er verstimmt. »Lassen Sie mich durch, ich hole nur die Unterlagen, die Ihr Vater heute Morgen hat liegen lassen.«

»Mein Vater schätzt es nicht, wenn Fremde sein Büro betreten.«

Bastien verdrehte die Augen. »Ich bin kein Fremder. Ich bin sein Assistent. Im Augenblick sind Sie wohl hier fremder als ich, ich gehe hier ständig aus und ein.«

»Und ich wohne hier!«, begehrte Marielle auf.

»Das bestreite ich doch gar nicht. Ich will nur die Mappe mit den Plänen für die neue Kollektion holen, nicht das Familiensilber aus dem Haus tragen.«

Er verstärkte den Griff um ihren Oberarm und zwang sie, beiseitezutreten. Kopfschüttelnd öffnete er die Tür und verschwand im Inneren des Büros.

Marielle folgte ihm auf dem Fuß.

Raphaël hatte seine eigene Ordnung, die für Außenstehende oft als solche nicht erkennbar war. Auf einem großen Eichentisch standen Aufbauten für seine Versuche, Reagenzgläser lagen herum, dazwischen herausgerissene Seiten eines Notizblocks, die er mit seiner kleinen akkuraten Handschrift vollgekritzelt hatte. Unter dem Fenster stand sein Schreibtisch, auch auf diesem türmten sich lose Blätter und Akten, dazwischen Fachbücher und Zeitschriften, in denen Papierstreifen anzeigten, wo er beim Lesen etwas Interessantes entdeckt hatte. Die eine Seite des Raumes nahm ein Bücherregal ein, das vom Boden bis zur Decke reichte. Auf den dunklen Eichenbrettern standen und lagen Bücher dicht an dicht.

Bastien durchmaß den Raum und beugte sich über den Schreibtisch.

In Marielle tobte es. Er hatte kein Recht, hier so einfach einzudringen und sich zu benehmen, als wäre er hier zu Hause und nicht sie. Wenn ihr Vater ihn hergeschickt hatte, um etwas zu holen, hätte er sie danach fragen müssen. Und warum hatte ihr Vater sie nicht verständigt? Sie hätte das Gewünschte auch in die Manufaktur bringen können.

Sie taxierte ihn mit ihrem Blick, während er zunehmend hektisch suchte.

Bastien sah überhaupt nicht aus, wie jemand, der in einem Labor arbeitete. Trotz der sommerlichen Hitze trug er einen jeansblauen gestreiften Anzug mit passendem Jackett und sogar eine akkurat gebundene Krawatte. Nur sein Dreitagebart und das leicht zerwuschelte Haar brachen mit der geschniegelten Erscheinung. Insgesamt wirkte er eher wie ein Versicherungsvertreter, fand Marielle. Oder wie ein Katalogmodel. Die leicht überhebliche Attitüde, die er versprühte, passte jedenfalls dazu.

Er besaß auch noch die Unverschämtheit, dermaßen attraktiv auszusehen, dass sie bei jeder Begegnung darüber stolperte. Sie fand ihn unmöglich und wollte sich deshalb auf keinerlei Ebene von ihm angezogen fühlen.

»Finden Sie nicht, was Sie suchen?«, fragte sie spitz, nachdem er immer noch den Blick über das Durcheinander gleiten ließ. Scheinbar wahllos hob er Papiere hoch und betrachtete, was darunter zum Vorschein kam. »Ich dachte, Sie kennen sich hier aus wie in Ihrer Westentasche.«

»Sie können mir gern suchen helfen. Es muss eine gelbe Kartonmappe sein.« Er würdigte sie keines Blickes, seine Stimme ließ Verärgerung und Ungeduld erkennen.

Marielle scannte den Schreibtisch, dann schweifte ihr Blick weiter zum Versuchstisch. Unter dem Aufbau für eine Wasserdampfdestillation lag zwischen Erlenmeyerkolben und Bunsenbrenner tatsächlich eine ausgebleichte gelbe Mappe.

Betont gleichgültig schlenderte sie hinüber zum Tisch und zog sie unter der Apparatur hervor. Bastien blätterte sich immer noch durch die Zeitschriftenstapel auf dem Schreibtisch und hatte ihren Fund nicht mitbekommen. Mit zwei raschen Schritten war Marielle am Bücherregal und ließ die gesuchte Mappe hinter einem dicken Wälzer zur Kräuterkunde verschwinden.

Such mal schön, dachte sie triumphierend.

In diesem Moment wandte Bastien sich nach ihr um. Gerade noch rechtzeitig konnte Marielle sich lässig an das Bücherregal lehnen und ihn unschuldig anblicken.

»Nun helfen Sie mir schon!«, herrschte er sie an. »Ihr Vater wartet auf die Unterlagen.«

»Zu dumm. Ich bin ja so lange nicht hier gewesen, ich kenne mich gar nicht mehr richtig aus.« Ein Lächeln umspielte ihre Lippen.

Mit mir nicht, dachte sie. Du wirst schon sehen, wer von uns beiden bei meinem Vater höher im Kurs steht.

Resigniert ließ Bastien die Arme hängen. Jetzt sah er nicht mehr ganz so selbstsicher aus. »Ohne die Aufzeichnungen können wir nicht weitermachen.«

»Das ist ja blöd …« Marielle näherte sich dem Schreibtisch und hob halbherzig ein Buch in die Höhe. »Vielleicht irrt er sich und die Mappe war gar nicht gelb. Rufen Sie ihn doch an und sagen Sie ihm, dass Sie sie nicht finden können.«

Er zog sein Handy aus der Innentasche seines Sakkos.

Marielle kicherte in sich hinein.

»Raphaël? Hier ist Bastien. Ich bin jetzt in Ihrem Büro, aber ich kann keine gelbe Mappe finden. … Nein. … Auf dem Versuchstisch? … Moment …« Bastien ging mit dem Telefon am Ohr zum Eichentisch hinüber.

Doch natürlich war auch dort keine gelbe Mappe zu finden.

»Leider nein …« Er lauschte den Worten seines Chefs. Seine Miene wirkte unzufrieden.

Und schon bist du ein Stück in seiner Gunst gesunken, du arroganter Möchtegern! Marielle verschränkte die Arme vor der Brust und beobachtete ihn.

»In Ordnung. Ja, mache ich. Bis gleich.« Das Gespräch war beendet.

Bastien sah zu Marielle herüber. »Könnten Sie vielleicht

noch einmal nach der gelben Mappe suchen? Sie ist wirklich wichtig. Ich muss jetzt zurück, weil wir gleich einen Termin mit einem Auftraggeber haben.« Mehr zu sich selbst fuhr er fort: »Verdammt, ich hätte die Unterlagen doch gestern gleich noch einscannen sollen.«

»Ja, das wäre sinnvoll gewesen«, bestätigte Marielle und folgte Bastien, der zur Tür hinausging. »Ich werde sehen, was ich tun kann. Wann ist denn der Termin?«

»Um dreizehn Uhr.«

Marielle warf einen Blick auf die kleine goldene Drehpendeluhr, die unter einer Glashaube auf einer Anrichte im Flur stand. »Dann habe ich ja noch fast eine Stunde Zeit, die Mappe zu finden.«

»Ich hoffe, das tun Sie.« Auf ihre Unterstützung angewiesen, klang Bastien gleich viel freundlicher. »Vielleicht irrt er sich auch und sie liegt doch im Labor. Ich werde gleich noch einmal dort nachsehen. Kann ich Sie irgendwo erreichen, falls ich sie finde? Dann müssen Sie nicht mehr weitersuchen.«

Marielle nickte huldvoll. »Lassen Sie sich meine Handynummer von Papas Sekretärin geben.«

Plötzlich hatte Bastien es sehr eilig fortzukommen. Er ließ die Eingangstür offenstehen und sprang in seinen Wagen, ein cremeweißes Cabrio. Der Kies spritzte auf, als er rückwärts aus der Einfahrt preschte.

Marielle schloss die Tür und ging zurück zu Amélie.

»Hat er gefunden, was er wollte?«, fragte die.

»Nein.« Marielle ließ sich wieder auf dem Terrassensessel nieder und nippte an ihrer Limonade. »Ich soll für ihn suchen und ihm das Zeug dann ins Labor bringen.«

»Ach so?« Amélie runzelte die Stirn und blickte zu Marielle hinüber, die keine Anstalten machte, wieder aufzustehen und suchen zu gehen. »Solltest du dann nicht auch suchen?«

»Muss ich nicht.« Marielle grinste. »Ich weiß, wo die Mappe ist.«

»Warum hast du sie ihm dann nicht mitgegeben?«

Marielle stellte das Limonadenglas so schwungvoll auf dem Tisch ab, dass ein wenig Limonade auf die Tischplatte spritzte. »Weil mich das arrogante Getue von diesem Kerl aufregt. Schon gestern hat der sich hier benommen, als wäre er der Größte. Und mich hält er wahrscheinlich für ein kleines verwöhntes Gör. Hast du gesehen, wie der uns gemustert hat, weil wir hier sitzen und er arbeiten muss?«

Amélie sah nicht überzeugt aus. »Dein Vater braucht doch die Unterlagen. Willst du, dass er sich jetzt deswegen ärgert?«

»Muss er ja nicht. Ich bringe sie ihm gleich runter. Aber vorher soll dieser aufgeblasene Kerl noch ein bisschen schwitzen. Das hat er verdient.« Marielle grinste zufrieden.

»Vielleicht tust du ihm unrecht. Er sah eigentlich ganz nett aus …«

»Pah. Nett!«, echauffierte Marielle sich sofort. »Ich will dir nicht widersprechen, dass er vielleicht auf den ersten Blick ganz attraktiv aussieht, aber ich sage dir, der ist richtig durchtrieben. Gestern hat er hier mit meinem Vater und mir gesessen und keine halbe Stunde später hab ich ihn erwischt, wie er hinter dem Haus telefoniert und dabei über mich gelästert hat!«

»Ehrlich? Was hat er denn gesagt?« Amélie spielte mit dem Minzzweig, den Louise in die Limo gemischt hatte und der an ihrem Glasrand kleben geblieben war.

»Dass ich mir mords etwas auf meine Vita einbilden würde und mit meinen Studien in Kairo geprahlt hätte. Und dass ich zu jung und unerfahren für die Leitung der Manufaktur wäre.« In Marielle brodelte es, wenn sie daran zurückdachte.

»Er hält dich für eingebildet und arrogant und du ihn«, stellte Amélie belustigt fest.

»Mit dem Unterschied, dass ich recht habe und er nicht.«

Amélie lachte. »Ich wette, das würde er von sich auch behaupten.«

Marielle erhob sich mit einem Ruck. »Ich fahre ihm jetzt die Mappe hinterher. Wartest du solange? Wir hatten noch gar keine Gelegenheit zu quatschen.«

Amélie lehnte sich bequem in ihrem Stuhl zurück. »Ich hab Zeit.«

»Du kannst inzwischen Louises Eclairs probieren. Die sind eine Sünde wert!«

Marielle lief rasch zurück ins Büro ihres Vaters und angelte die vermisste Mappe hinter den Büchern hervor. Ein Blick in ihr Inneres verriet ihr, dass es wirklich die gesuchten Unterlagen sein mussten.

Dann machte sie sich auf den Weg zum Labor.

»Oh, ma petite, du hast sie gefunden. Danke schön!« Raphaël kam Marielle schon entgegen und küsste sie auf die Wange. Dann nahm er ihr die Mappe aus der Hand.

Bastien stand mit säuerlicher Miene daneben. Das gestreifte Sakko hatte er nun doch gegen einen Laborkittel getauscht. »Wo war sie denn?«

»Auf dem Versuchstisch in Papas Büro«, erklärte Marielle unschuldig.

»Wie ich gesagt habe.« Raphaël tätschelte seiner Tochter die Wange. Dann wandte er sich wieder Bastien zu und Marielle registrierte mit Genugtuung den veränderten Ton. »Und nun kommen Sie, wir haben keine Zeit mehr zu verlieren. Oder wollen Sie nachher die rohen Pläne präsentieren, ohne wenigstens eine Duftprobe dazu?«

Marielles Vater machte auf dem Absatz kehrt und stürmte den Gang entlang zu seinem Büro. Bastien blieb einen Moment unschlüssig stehen.

»Ich kann mir das gar nicht erklären«, murmelte er. »Ich habe doch auf dem Versuchstisch geschaut, da war keine Mappe.«

Marielle zuckte die Schultern. »Doch, genau da lag sie.«

»Seltsam. Nun, ich äh … danke Ihnen für Ihre Mühe.«

»Ach was. Ich helfe gern«, sagte sie gönnerhaft und grinste. Es bereitete ihr eine diebische Freude, den arroganten Assistenten ihres Vaters plötzlich so kleinlaut zu sehen.

»Ich muss dann auch wieder … Wir sehen uns ja sicher bald.« Bastien straffte die Schultern.

»Oh, mit Sicherheit.« Damit ließ Marielle ihn stehen und kehrte zurück zu dem Auto, das sie sich aus der Remise des Chateaus ausgeliehen hatte.

Sie ließ den Wagen im Hof auslaufen und stellte den Motor ab. Es war nicht fair gewesen, dass sie Bastien so vorgeführt hatte. Aber er hatte einen Dämpfer nötig gehabt. Bald würde sie ihm am Labortisch demonstrieren, dass es unklug war, sie nur als ein dummes Mädchen zu betrachten, das zufällig mit einem goldenen Löffel im Mund geboren worden war. Sie wusste, was sie konnte. Und bald würde er es auch zu spüren bekommen.

Fürs Erste hatte sie ihn aber mit der verschwundenen Mappe mundtot gekriegt.

Zufrieden kehrte sie auf die Terrasse zurück, wo Amélie die Zeit von Louise vertrieben bekommen hatte. Die beiden unterhielten sich rege miteinander. Das Gespräch verstummte, sowie Marielle die Sandsteinplatten betrat.

»Stör ich euch?«, fragte sie und ließ den Blick von einer zur anderen wandern.

»Keineswegs«, versicherte Amélie. »Ich habe Louise nur von deiner kleinen Intrige gegen diesen Bastien erzählt.«

An Louises gerunzelter Stirn konnte Marielle ablesen, dass diese ihr Vorgehen nicht billigte. Marielle ließ sich wieder in den Korbsessel fallen.

Sie kickte die Pumps von den Füßen und streckte ihre nackten, von der ägyptischen Sonne gebräunten Beine aus.

»Ich finde, er hatte es verdient. Und immerhin haben sie ja jetzt alles, was sie brauchen. Und auch noch rechtzeitig.«

»Du solltest an deinen armen kranken Vater denken, ma petite«, tadelte Louise. »Er braucht jetzt wahrlich keine Aufregung zusätzlich.«

»Es ist doch nichts passiert. Und ehrlich, Maman Lou, hast du gehört, wie er über mich redet?«

»Dein Vater?«

»Nein, dieser Bastien! Unverschämt. Und richtig von oben herab. Der hält sich für etwas Besseres, nur weil er zufällig ein paar Jährchen älter und ein Kerl ist.«

»Das hast du doch gar nicht nötig.« Louise nahm den Teller, auf dem vorhin noch die Eclairs gelegen hatten. Jetzt war da nur noch eins der Brandteiggebäckstücke übrig. Die dicke Kaffeecreme quoll zwischen den Gebäckhälften hervor. Marielle griff rasch danach, bevor Louise es aus ihrer Reichweite tragen konnte und steckte es sich mit zwei großen Bissen in den Mund.

»Anstatt euch zu bekriegen, solltet ihr eure Energie lieber in die Parfümerie stecken. Damit wäre deinem Vater mehr geholfen«, setzte Louise ihren Tadel fort.

Marielle war gezwungen die Kritik unkommentiert hinzunehmen, da ihr Mund so voll mit der Sahnecreme war, dass sie nicht in der Lage war zu widersprechen.

Louise nahm auch die fast leere Karaffe mit und ging wieder ins Haus.

Marielle schluckte den letzten Bissen Eclair hinunter und scheuchte dann Amélie auf. »Lass uns runter zum Pool gehen. Es ist so heiß heute und ich habe mich extra beeilt, wieder herzukommen. Hast du Badesachen mit?«

Amélie nickte.

Unterhalb der Terrasse lag ein alter gemauerter Pool. Das Wasser war grün und Blätter schwammen auf der Oberfläche, es hatte sich sichtlich länger niemand mehr darum gekümmert. Auch die steinerne Umrandung war mit Moos bewachsen.

Marielle ließ sich auf einer der Liegen nieder und zerrte sich das Kleid über den Kopf. Sie trug ihren Bikini schon darunter. Auch Amélie schälte sich aus ihren Klamotten.

Marielle lief zum Pool und hielt einen Zeh ins Wasser. »Schön erfrischend.« An der grünlichen Färbung störte sie sich nicht. Mit einem beherzten Kopfsprung tauchte sie in das kühle Nass ein. Die Kälte prickelte auf der Kopfhaut. Augenblicklich verrauchte ihre von Bastien ausgelöste schlechte Laune.

Als sie wieder an die Oberfläche kam, strich sie ihre langen dunkelbraunen Haare zurück, die ihr jetzt nass am Kopf klebten, stemmte sich am Beckenrand hoch und setzte sich schwungvoll auf die Umrandung.

Marielle spürte den neidvollen Blick von Amélie auf sich. Die Freundin war immer schon etwas pummelig, Marielle hingegen mindestens einen Kopf größer und schlank. Der schwarze Bikini brachte die weiblichen Formen an den richtigen Stellen optimal zur Geltung und kontrastierte außerdem perfekt mit ihrer nahtlos gebräunten Haut. Die Gästeunterkunft der Universität hatte einen privaten Pool gehabt, an dem die ausländischen Studierenden ungeniert in knappen Badesachen ihre freie Zeit genossen hatten. Und an ihren freien Tagen, die leider spärlich gesät gewesen waren, hatten sie von Kairo aus Ausflüge an den Strand von Alexandria und ins Umland gemacht.

»Nun komm doch«, forderte Marielle Amélie auf. Sie spritzte mit der flachen Hand Wasser aus dem Pool in Amélies Richtung.

Anders als Marielle zuvor nahm Amélie lieber die Treppe, die am kurzen Ende des rechteckigen Pools ins Wasser führte. Sie schüttelte sich, als ihr das Wasser bis zur Hüfte reichte, außerdem schob sie mit der Hand die braunen Blätter zur Seite, die auf der Wasseroberfläche trieben. Aber schließlich fasste sie sich doch ein Herz und ließ sich ganz hineingleiten. Mit ein paar Schwimmzügen erreichte sie die Stelle, an der Marielle saß.

»Konfrontier ihn doch mit deinen Vorwürfen«, schlug Amélie vor und nahm damit das Thema von zuvor wieder auf.

»Wieso?« Marielle hielt das Gesicht in die Sonne und schloss die Augen.

»Weil Louise recht hat. Ihr solltet zusammenarbeiten. Ihr *müsst* es sogar, wenn dein Vater so krank ist, wie du sagst.« Nach einer kurzen Pause fügte sie an: »Und weil er ein ziemlich attraktiver Kerl ist.« Amélie grinste, Marielle konnte es hören.

Erbost schlug sie die Augen wieder auf. »Ich bitte dich! Der könnte noch so attraktiv sein, er ist arrogant und dreist. Was soll ich mit so einem? Wenn er dir so gut gefällt, kannst du ihn gern haben.«

»Gibt es denn aktuell jemanden bei dir?«, wechselte Amélie das Thema.

Marielle schloss die Augen wieder und genoss die Sonnenstrahlen auf der Haut. Von ihrem letzten Freund hatte Marielle sich getrennt, bevor sie nach Ägypten gegangen war. Es war nichts richtig Festes zwischen ihnen gewesen und sie hatte ohne die Verpflichtung im Rücken die Stelle an der Universität von Kairo antreten wollen. In den letzten Jahren war es immer wieder vorgekommen, dass sie sich zwischen ihrer Karriere und einem Mann hatte entscheiden müssen. Die Männer hatten jedes Mal verloren.

Sie schüttelte also den Kopf. »Bei dir?«

»Vielleicht …«

Mit einem Schlag war Marielle wieder hellwach. »So? Und das erzählst du mir erst jetzt?«

»Es ist noch nichts Konkretes«, wich Amélie aus.

»Erzähl mir alles über dieses Unkonkrete«, verlangte Marielle. Sie streckte sich auf der Poolumrandung aus und wandte Amélie das Gesicht zu.

»Wir haben uns erst vor Kurzem kennengelernt. Auf einem Gartenfest bei Freunden meiner Eltern. Ich wollte eigentlich nicht mitgehen, weil ich dachte, dass da niemand in meinem Alter wäre.«

»Und dann war da *er!*« Marielle machte große verliebte Kuhaugen.

Amélie spritzte mit Wasser nach ihr. »Du bist doof, weißt du das?«

»In einem Meer von Langeweile stach er heraus wie der Fels in der Brandung. Und er hat dich auf sein Pferd gehoben und ist mit dir in den Sonnenuntergang geritten …« In einer melodramatischen Geste legte Marielle sich den Handrücken an die Stirn.

»Hör auf, du Schlange. Ich erzähle dir nie wieder etwas!«, drohte Amélie, doch sie lachte dabei. Sie zerrte Marielle zu sich in den Pool und versuchte, die Freundin unterzutauchen.

Marielle strampelte sich frei.

»Ach was, ich freu mich doch für dich«, versicherte Marielle wieder ernst. »Wie heißt er?«

»Yves. Und er ist …« Der Rest des Satzes ging im schrillen Schrei eines Pfaus unter.

Auf dem Gelände des Chateaus lebte ein prächtiger blauer Pfau mit seinem Hofstaat von fünf Hennen. Sie bewegten sich frei durch den Park und kamen manchmal bis ans Haus heran, wenn sie sich Leckerbissen versprachen. Jetzt gesellte der Pfau sich zu den beiden Frauen. Ungeniert von ihrer Anwesenheit flatterte er auf die Poolumrandung und beugte den langen Hals zur Wasseroberfläche, dabei beobachtete er sie aus seinen kleinen runden Äuglein.

Als er genug hatte, sprang er mit einem eleganten Hopps

von der Umrandung und stolzierte neben dem Pool auf und ab.

»Ich hoffe, dein Yves ist kein solcher Gockel«, entfuhr es Marielle amüsiert. Der Pfau spreizte seine langen Schleppfedern, gleich würde er sein beeindruckendes Rad schlagen.

Im Gebüsch raschelte es. Das Gefolge des stolzen Pfaus wagte sich nun auch näher heran. Zwei der Hennen tranken ebenfalls aus dem Pool.

»Nein, ist er nicht«, erwiderte Amélie.

»Du siehst ja, so ein eingebildetes Pfauenmännchen hat man nie für sich.« Marielle wies auf die Hennen.

»Dann hast du Angst, dass du Bastien teilen müsstest?«

Marielle stieß sich vom Boden ab und zog eine Runde durch den Pool, Amélie folgte ihr. Der Pfau ließ noch einen seiner durchdringenden Rufe hören, dann scharte er seine Damen um sich und das Federvieh zog wieder von dannen.

»Der müsste froh sein, wenn er überhaupt eine Frau wie mich abbekommen würde«, erklärte Marielle selbstbewusst. »Davon kann der doch nur träumen.«

Amélie lachte. »Womöglich tut er genau das.«

Nach ihrem Bad legten die beiden Freundinnen sich in die Sonne und ließen sich von den warmen Strahlen trocknen. Amélie erzählte Marielle von ihrer Bekanntschaft mit Yves, und gemeinsam lästerten sie noch ein wenig weiter über Bastien. Erst als die Sonne sich schon hinter den hohen Palmwedeln versteckte, verabschiedete Amélie sich.

Kapitel 4

Am nächsten Tag begleitete Marielle ihren Vater dann mit in die Parfümerie. Nur den einen Tag hatte sie sich ausbedungen, um anzukommen, auszureiten und sich mit ihrer ältesten Freundin zu treffen. Eigentlich freute sie sich darauf, wieder mit ihrem Vater zusammen am Versuchstisch zu stehen, Aromen zu mischen und abzustimmen.

Für ihren ersten Arbeitstag als Juniorchefin hatte sie ein kurzes geblümtes Sommerkleid mit schwingendem Rock gewählt. Darüber trug sie den Laborkittel. Ihr langes braunes Haar hatte sie hochgesteckt, damit es ihr nicht ins Gesicht hing, wenn sie arbeitete. Die Füße steckten in hochhackigen Pumps in der Farbe von reifen Aprikosen. Die Farbe wiederholte sich in ihrem Kleid, was aber durch den Kittel gerade nicht erkennbar war.

Sie bogen ins Gespräch vertieft in den Flur ein, der zu Raphaëls Büro führte, da wurden sie von Bastien abgepasst.

Sofort verflog die fröhliche Stimmung, mit der Marielle das Gelände betreten hatte.

»Guten Morgen. Wir sollten gleich noch einmal die Proben für die Produktpräsentation heute Mittag durchgehen«, begrüßte er seinen Chef und dessen Tochter ohne große Einleitung.

Sein Blick wanderte von Marielles Haaransatz bis zu ihren Absätzen hinunter und sie hätte wetten können, dass er jeden einzigen Millimeter auf diesem Weg missbilligte.

Ich bin hier die Juniorchefin, Freundchen, stellte sie im Geiste klar und hob das Kinn. Du unterstehst also mir und nicht umgekehrt, damit das gleich klar ist!

Sie straffte die Schultern und sagte betont freundlich: »Ebenfalls einen wunderschönen guten Morgen. War die Produktpräsentation nicht gestern, Bastien? Ich glaube, Sie verwechseln da etwas.«

Der Blick, den sie sich dafür einfing, hätte eine weniger standhafte Person gleich in die Flucht geschlagen. In Marielle weckte er nur noch mehr Widerspruchsgeist.

»Der Termin von gestern musste auf heute verschoben werden«, belehrte Bastien sie. »Wir konnten die Proben nicht rechtzeitig fertigstellen.«

Marielle unterdrückte ein Kichern. »Ach. Lag das etwa an den Unterlagen, die *Sie* nicht finden konnten?«

Bastien klappte den Mund auf zu einer Erwiderung, dann ließ er ihn kommentarlos wieder zuklappen.

Eins zu null für mich, notierte Marielle sich im Kopf.

»Schluss jetzt«, befand Raphaël. »Wir haben zu tun. Ich möchte nicht, dass wir unseren Kunden noch einmal vertrösten müssen. Das ist kein Geschäftsgebaren, das ich für mein Unternehmen gutheißen kann. Für die Einhaltung unserer Termine sind alle gleichermaßen verantwortlich.«

Jetzt hatte Marielle das Gefühl, getadelt worden zu sein. Und das ausgerechnet vor Bastien. Obwohl ihr Vater überhaupt nichts davon wissen konnte, dass sie die Mappe versteckt hatte, um ihn dumm dastehen zu lassen.

Ein Anflug von schlechtem Gewissen machte sich breit. Louise hatte recht, sie benahm sich kindisch. Von jetzt an würde sie diesen arroganten Kerl durch Leistung ausstechen. Das sollte ihr sicher nicht schwerfallen.

Sie folgte ihrem Vater, der zur Bürotür vorangegangen war. Bastien schloss sich an.

»Denken Sie, dass das das richtige Schuhwerk für einen langen Arbeitstag im Labor ist?«, fragte er halblaut.

Was sollte das denn nun?

Marielle blieb stehen und funkelte ihn aus ihren braunen Augen an. »Ich wüsste nicht, was Sie meine Schuhe angehen. Mache ich seltsame Bemerkungen zu Ihren Anzügen? Sakko und Krawatte sind auch nicht unbedingt die typische Laborbekleidung, nicht?«

Bastien, der wieder keinen Laborkittel über dem Maßanzug trug, zog sich die Manschetten zurecht. »Es ist die richtige Bekleidung für einen wichtigen Termin mit Geschäftspartnern.«

»Da haben Sie's. Meine Schuhe auch. Auch wenn unsere Kunden sich wahrscheinlich nicht davon ablenken lassen werden, lange Beine in schicken Schuhen haben noch nie geschadet, wenn man ein Geschäft abschließen wollte.« Damit ließ sie ihn stehen und die besagten Beine von hinten in Aktion begutachten, denn sie stöckelte auf ihren Pumps hinter ihrem Vater ins Büro.

Ein arroganter Schnösel! Was ihr Vater bloß an dem fand?

Der hatte bereits die Unterlagen für die Produktproben ausgebreitet und winkte seine Tochter gleich zu sich heran.

»Hier, teste die mal. Was sagst du dazu?« Er überreichte ihr einen Fächer aus vier Teststreifen.

Fachmännisch sog Marille die unterschiedlichen Duftnuancen ein. Sie schloss die Augen dabei, um sich ganz auf den Geruch zu konzentrieren.

Es waren vier ausgezeichnete Parfüms. Alle vier hätten sich gut in jeder Kosmetiklinie gemacht. Sie waren einander recht ähnlich, trotzdem konnte Marielle die feinen Unterschiede wahrnehmen. In ihrem Kopf erschienen sofort Bilder zu jeder Probe.

Die Parfümherstellung war wie die Komposition von orchestraler Musik. Viele kleine Komponenten ergaben im besten Fall ein großes fulminantes Ganzes. Keines durfte dabei herausstechen oder die anderen übertönen, sie mussten alle ausgewogen und gut abgestimmt sein, damit der Duft rund wurde.

»Nummer zwei ist dir gut gelungen«, lobte Marielle und nahm noch einmal einen tiefen Atemzug über dem zweiten Teststreifen. »Wie eine frische Meeresbrise. Sehr gut diese leicht herbe Frische. Ich vermute direkt gepresstes Lavendelöl und dazu Bergamotte? In der Kopfnote ist etwas Zitrus. Mandarine vielleicht? Könnte auch Limette sein.«

Sie nahm zum Vergleich noch einmal den ersten Teststreifen vor die Nase. »Im Unterschied dazu ist Nummer eins etwas verhaltener. Wärmer in der Duftentfaltung. Wie ein Sonnenuntergang über der arabischen Wüste. Die feinen orientalischen Noten kommen erst im zweiten Anlauf zur Geltung. Ich erkenne Kardamom.«

Sie fuhr fort mit Nummer drei und vier. Jedes Mal schloss sie die Augen und wartete auf das Bild, das in ihrem Kopf entstand, die Assoziationen, die der Duft hervorrief. »Hmm … eine blühende Sommerwiese. Leichter Windhauch, der über die Halme streicht. Ich rieche wilden Thymian, einen winzigen Anflug nur.«

Raphaël machte ein rundum zufriedenes Gesicht. »Das habe ich vermisst, ma petite. Du hast eine wundervolle Art, Düfte nach Momenten zu kreieren. Das brauchen wir nachher bei der Präsentation!«

Marielle reichte ihm die Teststreifen zurück. »Bei Nummer vier würde ich noch ein wenig mehr Ylang-Ylang zugeben. Nur ein ganz kleines bisschen. Es kommt noch nicht richtig zur Geltung und damit gibst du dem Duft eine größere Eigenständigkeit. Neben den drei anderen geht er gerade unter.«

Raphaël hielt sich den vierten Teststreifen selbst unter die Nase. Er überlegte einen Augenblick, sog noch einmal die Luft ein. Dann sagte er: »Du hast recht. Das ist es, was fehlt. Ich hatte auch schon überlegt, kam aber nicht auf Ylang-Ylang.«

Er drückte Bastien die Teststreifen in die Hand. »Gehen Sie mit meiner Tochter rüber ins Labor und zeigen Sie ihr alles. Sie kann das Parfüm gleich selbst noch einmal mischen.«

Seinem Gesichtsausdruck nach zu urteilen, war das Letzte, worauf Bastien jetzt Lust hatte, sie herumzuführen. Aber er nickte.

Sie drehten eine Runde durch die Laboratorien der Parfümerie. Marielle war lange nicht mehr da gewesen. Viele Mitarbeiter kannte sie gar nicht. Bastien stellte sie allen vor. Auch die Anordnung der Arbeitsplätze hatte sich verändert, seit sie das letzte Mal hier gewesen war. Doch sie würde sich rasch wieder zurechtfinden.

Bastien war höflich und freundlich, keine blöde Bemerkung wie die über ihre Schuhe kam ihm mehr über die Lippen, trotzdem hatte Marielle das Gefühl, dass er sie nicht für voll nahm.

Was sah er in ihr?

Das verwöhnte Töchterchen, das sich ins gemachte Nest setzte?

Na, er würde schon noch sehen.

Am Ende des Rundgangs blieb Marielle an einem Versuchstisch stehen, der gerade unbesetzt war und ließ sich von Bastien die genaue Zusammensetzung des vierten Duftes geben.

Mit höchster Konzentration mischte sie die Zutaten exakt nach den Aufzeichnungen ihres Vaters. Bastien beobachtete sie dabei.

Marielle kam sich vor, als nähme er ihr eine praktische Prüfung ab. Zum Glück wusste sie, dass sie gut darin war.

»Haben Sie in Ägypten auch selbst gemischt?«, fragte er unvermittelt.

Marielle musterte ihn über das Reagenzglas hinweg. »Natürlich. Dachten Sie, ich hätte dort als Doktorandin Angestellte gehabt?«

»Ich wusste nicht, ob Sie überhaupt praktisch gearbeitet haben. Ihre Doktorarbeit liest sich sehr theoretisch.«

Überrascht ließ Marielle das Reagenzglas sinken. »Sie haben meine Doktorarbeit gelesen? Die ist doch noch überhaupt nicht veröffentlicht.«

Bastien zuckte die Achseln, als wäre das keine große Sache. »Ihr Vater hat sie mir gezeigt und ich habe sie gelesen.«

»Gestern haben Sie noch so getan, als wüssten Sie nichts über mich«, empörte Marielle sich.

»Das tue ich doch auch nicht, nur weil ich ihre Arbeit kenne.« Er ging an einen anderen Tisch und überprüfte dort den Aufbau für eine Destillation.

Marielle sah ihm verwundert hinterher. Er hatte sich im Vorfeld genauestens über sie informiert, so viel stand fest. Er kannte nicht nur ihre Vita, sondern sogar ihre Doktorarbeit. Vielleicht hatte sie falschgelegen, als sie annahm, er nehme sie nicht für voll. Möglicherweise tat er das doch. Er betrachtete sie als Konkurrentin.

Automatisch sog Marielle den Duft ein, der aus dem Reagenzglas strömte, das sie gerade bearbeitet hatte. Sie würde sich vorsehen müssen. Womöglich war *er* es, der versuchen würde *sie* auszustechen.

Nach dem Termin mit dem Kunden war die Stimmung gedrückt. Marielle hatte eigentlich gedacht, dass ihre Präsentation ganz gut gewesen wäre, aber die Reaktion fiel verhalten aus. Man wollte sich noch einmal besprechen und die Entscheidung in den nächsten Tagen bekanntgeben.

Bastien und Marielle saßen bei Raphaël im Büro und es fühlte sich ein wenig an wie früher, wenn sie mit einer schlechten Note nach Hause gekommen war. Wobei sie die Schuld in diesem Fall wirklich nicht bei sich sah.

Die leicht variierte Probe, die sie ihrem Vater vorgelegt hatte, war von diesem begeistert aufgenommen worden. Sie hatte sich bei der Präsentation im Hintergrund gehalten, hatte ihn sprechen lassen, da er die Kunden kannte und besser wusste, welche Ansprüche sie stellten.

Auch Bastien war in diesem Fall kein Vorwurf zu machen, zumindest hatte Marielle keinen. Eigentlich war überhaupt nicht erkennbar, weshalb sie so verhalten reagiert hatten.

»Manchmal ist es auch einfach Geschmackssache«, sagte sie vorsichtig. »Vielleicht haben wir ihre Erwartungen irgendwie nicht getroffen …«

»Wie kann das sein?«, verlangte Raphaël zu wissen.

Mit dieser Frage war Marielle ehrlicherweise überfordert. Sie hatte keine der Vorbesprechungen mit dem Kunden miterlebt, den genauen Anforderungskatalog kannte sie daher nicht. Wie sollte sie diese Frage also beantworten?

Bastien sah genauso ratlos aus.

»So etwas darf uns nicht passieren!« Marielles Vater sah von einem zur anderen.

»Da gebe ich dir recht«, versuchte Marielle es vorsichtig. »Aber ich kann dazu jetzt wenig beitragen. Ich kenne die Ausschreibung gar nicht. Hatten sie denn bestimmte Ansprüche an den Duft?«

»Ich kann doch wohl erwarten, dass du dich in die Anforderungen einliest, oder?«, fragte Raphaël scharf.

Marielle zuckte instinktiv zurück. »Bitte? Ich bin vorgestern hier angekommen, wann glaubst du, hätte ich das tun sollen?«

»Ich denke auch, wir sollten Ihre Tochter in dieser Angelegenheit außen vor lassen«, warf Bastien ein.

Na, deine Hilfe brauch ich sicher nicht, dachte Marielle sofort. Ich kann mich schon selbst verteidigen.

»Wenn sie die Manufaktur übernehmen will, muss sie alles, was hier passiert, als ihre Angelegenheit begreifen, immer und jederzeit«, entgegnete Raphaël.

Marielle konnte nicht fassen, dass ihr Vater jetzt wirklich ihr die Schuld für den versauten Termin gab. Sie hatte doch sogar noch die vierte, ihrer Ansicht nach schwächste Duftprobe aufgemöbelt!

Zum Dank dafür tat ihr Vater gerade so, als wäre sie ein unmündiges Kind. Er sprach mit Bastien, als wäre sie überhaupt nicht anwesend.

»Jetzt reicht es aber! Ich bin hier, Papa, sprich mit mir, wenn du mit meiner Arbeit unzufrieden bist. Und mir ist selbstverständlich bewusst, dass ich künftig sehr viel Verantwortung trage. Trotzdem bin ich der Meinung, dass mich in dieser Angelegenheit keine Schuld trifft. Die Duftproben sind alle vier in Ordnung. Wenn der Kunde etwas anderes gewollt hat, dann müssen wir vielleicht noch einmal mit ihm in den Austausch gehen. Es ist noch nichts in Stein gemeißelt. Und wenn du denkst, es lag doch an den Proben, dann gib mir die Anforderungen des Kunden und ich gehe sofort rüber ins Labor und denke mir etwas Neues aus.«

Raphaël sank in seinem Sessel zusammen. Er sah abgespannt aus. In diesem Moment wurde Marielle erst wieder bewusst, wie krank er war und wie sehr ihn das alles anstrengen musste. Panik ergriff sie.

Vielleicht hätte sie doch schon gestern in die Manufaktur kommen sollen. Statt sich einen schönen Nachmittag am Pool zusammen mit Amélie zu machen. Auch ihre Auseinandersetzung mit Bastien musste sie an anderer Stelle austragen.

Durchflutet von einer Welle des schlechten Gewissens,

fügte sie an: »Ich werde alles daransetzen, dass wir den Kunden doch noch überzeugen. Wirklich ...«

»Wir können es uns nicht leisten, diesen Auftrag zu verlieren«, sagte Raphaël leise. Er sah fahl aus im Gesicht.

»Papa, geht's dir gut?«, fragte Marielle alarmiert.

»Wir brauchen diesen Kunden«, wiederholte er. Dann wurde er von einem plötzlichen Husten geschüttelt.

Hektisch fingerte er ein Taschentuch aus seiner Hosentasche und hielte es sich vor den Mund. Tränen traten ihm in die Augen.

Marielle sprang auf die Beine. »Ein Glas Wasser, schnell!«, befahl sie in Richtung Bastien, während sie um den Schreibtisch herumeilte.

Anscheinend hatte Raphaël Probleme, Luft zu holen. Er ließ das Taschentuch sinken und fuhr sich mit dem Zeigefinger in den Hemdkragen. Marielle griff nach seiner Krawatte und zog sie mit einem Ruck auf.

Bastien kam mit dem verlangten Glas Wasser aus dem Vorzimmer zurück, die besorgte Sekretärin im Schlepptau.

Marielle nahm ihm das Glas aus der Hand und reichte es ihrem Vater, doch dessen Hände zitterten so stark, dass er es nicht festhalten konnte. Wasser spritzte auf seine Hose. Marielle musste ihm das Glas an die Lippen führen.

Ein Schluck, dann kehrte der Husten zurück und er spuckte das bisschen Wasser wieder aus. Ruckartig beugte er sich nach vorn, um besser Luft holen zu können. Dabei stieß er gegen Marielles Ellbogen. Das Glas glitt ihr aus der Hand und fiel zu Boden. Noch mehr Wasser traf Raphaëls Hose und den Teppich. Das Glas zerbrach glücklicherweise nicht, es rollte unter den Schreibtisch.

Fleur, die treue Sekretärin schoss um den Schreibtisch herum und kniete sofort, um das Glas aufzuheben. »Ich mach das, ich mach das schon«, murmelte sie.

Raphaël war in sich zusammengesackt. Er hatte die Augen

geschlossen. Zumindest hatte sich der Husten beruhigt. Sein Brustkorb hob und senkte sich in raschen, kurzen Zügen.

»Wir brauchen einen Krankenwagen. Sofort!«, entschied Marielle.

Bastien zückte sein Handy.

Raphaël reagierte nicht. Marielle überlief es eiskalt, obwohl die sommerliche Wärme von draußen auch die Büroräume erreicht hatte.

Sie packte ihren Vater bei den schlaffen Schultern. »Papa? Papa! Hörst du mich?«

Keine Reaktion. Jetzt ergriff Marielle endgültig Panik. »Komm schon, Papa. Mach die Augen auf. Bitte …«

Bastien hatte jemanden am Apparat. Er gab die Eckdaten durch. »… Nein, im Moment nicht ansprechbar. … Ja. Ich komme nach draußen und weise den Rettungskräften den Weg. Danke sehr.«

Er legte auf und suchte den Blickkontakt zu Marielle.

Sie nickte nur.

Die Sekretärin ihres Vaters stand betroffen mit dem leeren Glas in der Hand neben dem Schreibtisch. Marielle wurde bewusst, dass plötzlich automatisch alle auf ihre Anweisungen warteten.

»Sie können wieder an Ihre Arbeit gehen«, sagte Marielle zu Fleur. »Ich bleibe bei ihm.«

Als sie allein waren, ging Marielle neben ihrem Vater in die Hocke und drückte seine herabhängende Hand. Er atmete rasselnd. Sie war sich nicht sicher, ob er sie hörte, aber sie redete einfach drauflos, auch um sich selbst damit zu beruhigen.

»Bleib ganz ruhig, Papa, die Rettung ist gleich da. Die helfen dir. Du darfst jetzt nicht schlappmachen, hörst du? Papa … bitte, lass mich jetzt nicht mit dem allen hier allein …«

Eine kleine Ewigkeit schien zu vergehen, bis sie endlich das Martinshorn des Rettungswagens vernehmen konnte.

»Sie kommen«, flüsterte Marielle ihrem Vater zu. »Gleich wird's besser, Papa.«

Bastien führte die Sanitäter ins Büro.

Marielle erhob sich und machte den Weg frei. »Mein Vater ist krebskrank«, sagte sie. »Er ist in palliativer Behandlung.«

Die Sanitäter legten Raphaël eine Infusion an, versorgten ihn mit Sauerstoff und dann brachten sie ihn auf der Trage nach draußen.

Marielle griff sich im Vorbeigehen noch ihre Handtasche, anschließend folgte sie ihnen.

»Ich melde mich aus dem Krankenhaus«, rief sie Fleur noch im Vorbeieilen zu, die zusammengesunken an ihrem Schreibtisch saß.

Bastien stand neben dem Krankenwagen und beobachtete, wie sein Chef eingeladen wurde.

»Ich möchte mitfahren«, sagte er zu einem der Sanitäter.

Marielle schob ihn empört zur Seite und war schon halb im Wagen, ehe sie ihm über die Schulter zurief: »Sie bleiben hier, Bastien, suchen Sie mir die Ausschreibungsunterlagen für die Präsentation heute heraus. Wir müssen das noch einmal genau durcharbeiten. Irgendetwas hat den Kunden gefehlt, wir werden den Fehler finden und ausmerzen und dann werden sie nicht mehr anders können, als begeistert zu sein.«

»Aber …« Bastien blieb tatsächlich zurück, doch er wirkte nicht überzeugt.

»Nichts aber, Herrgott! Mein Vater hatte gerade einen Zusammenbruch. *Ich* begleite ihn ins Krankenhaus. Und ich melde mich, sobald ich mehr weiß. *Sie* gehen zurück an die Arbeit.«

Eine weitere Diskussion wurde von den Sanitätern im Keim erstickt, die die Türen zuzogen. Marielle quetschte sich auf den Klappsitz neben der Trage. Der Krankenwagen fuhr an. Er brauste schwungvoll aus der Einfahrt und die Straße hinunter. Marielle musste sich festhalten, damit sie nicht hin und her geschleudert wurde.

Der Fahrer hatte das Signalhorn wieder eingeschaltet und preschte in halsbrecherischem Tempo durch die verwinkelten Straßen von Grasse zum nächstgelegenen Krankenhaus. Sie erreichten nach nur wenigen Minuten Fahrzeit den Notfalleingang des *Centre Hospitalier de Grasse.* Marielle wurde aus dem Krankenwagen gescheucht und hatte Mühe, mit den Pflegekräften Schritt zu halten, die ihren Vater mit routinierten Griffen aus dem Inneren des Wagens und auf ein rollbares Gestell hievten und sofort mit ihm in den labyrinthartigen Gängen des Krankenhauses verschwanden. Während an ihm schon die ersten Untersuchungen vorgenommen wurden, bekam Marielle auf einem Klemmbrett einen ganzen Stapel Papiere ausgehändigt, die sie ausfüllen sollte.

Froh, etwas zu tun zu haben, ließ sie sich auf einem freien Hartschalenstuhl im dicht besetzten Wartebereich nieder.

Marielle hatte Stunden im Krankenhaus zugebracht, wo sie im Wesentlichen nur herumsitzen und warten konnte. Schließlich hatte sie endlich ein Pfleger zum Krankenzimmer gebracht, wo ihr Vater zwar blass und von Monitoren umgeben, aber zumindest wieder wach im Bett lag.

Eine Ärztin erklärte Vater und Tochter, dass er einen Kreislaufzusammenbruch erlitten habe. Der Schwächeanfall sei noch auf die letzten Chemo-Behandlungen zurückzuführen, die man ihm zur Verbesserung seines Zustands vor einiger Zeit verabreicht hatte. Sie hofften, mit Infusionen schnell eine Stabilisierung erreichen zu können, sodass er in einigen Tagen wieder nach Hause könnte.

»Ich bringe dir ein paar Sachen vorbei«, versprach Marielle. »Und ich kümmere mich darum, dass der Betrieb weiterläuft.«

So schnell hatte sie nicht damit gerechnet, in die Verantwortung für die Parfümerie zu kommen. Eigentlich fühlte sie sich dem noch nicht so ganz gewachsen. Natürlich hatte sie Ahnung von der Herstellung und kannte die Methoden, die ihr Vater bei der Produktion anwendete. Aber die komplette Führung zu übernehmen, dazu gehörte noch viel mehr als das.

Mit mehr Überzeugung, als sie verspürte, versicherte sie ihm: »Wir sorgen erst einmal dafür, dass der Kunde zufriedengestellt wird. Er wird uns nicht absagen, Papa, ich verspreche es dir!«

Dabei wurde ihr klar: Ob sie wollte oder nicht, sie würde mit Bastien zusammenarbeiten müssen.

Sie küsste ihren Vater auf die Stirn und verließ das Krankenhaus. Zurück zur Manufaktur musste sie laufen, dort angekommen, stellte sie erleichtert fest, dass außer Fleur niemand mehr im Büro war. Sie schilderte der Vorzimmerdame rasch die gesundheitliche Situation und stieg dann in den Firmenwagen ihres Vaters. Auf dem Weg zum Chateau wälzte Marielle düstere Gedanken. Es war offensichtlich, dass Bastien und sie sich gegenseitig auf den ersten Blick unsympathisch gewesen waren. Sie hatte aus ihrer Ablehnung Bastien gegenüber keinen Hehl gemacht, ihn als Konkurrenten begriffen. Jetzt war sie womöglich darauf angewiesen, dass er ihr Informationen zukommen ließ und sein Wissen über die Firmenleitung mit ihr teilte.

»Schöne Scheiße …«, murmelte sie am Steuer des Wagens, den sie über die kurvigen Straßen den Berg hinauf zum Chateau lenkte.

Sie parkte direkt vor dem Eingang, sprang aus dem Auto und lief die Stufen hinauf. Als sie die Halle durchquerte und zwei Stufen auf einmal nehmend die Treppe hinaufpolterte, rief sie Louise auf den Plan.

Die trocknete sich die Hände an der Schürze ab und rief zu Marielle hinauf: »Mon Dieu, was ist denn in dich gefahren? Stürmst hier herein, als wären die Deutschen hinter dir her!«

Marielle hielt kurz inne und beugte sich über das Treppengeländer: »Papa ist im Krankenhaus! Ich muss ihm ein paar Sachen zusammenpacken.«

»Was? Ach du liebe Güte …« Sofort eilte Louise hinter Marielle her die Treppe hinauf. »Was ist denn passiert? Wie geht es ihm? Ist es schlimm?«

Marielle wartete, bis Louise stark schnaufend auf ihrer Höhe angekommen war.

»Es war ein Schwächeanfall. Die Ärzte denken, dass er bald wieder auf die Beine kommt, aber ein paar Tage wird er schon bleiben müssen.«

»Ich mache das«, erklärte Louise sich sofort bereit. »Ich richte ihm alles zusammen. Geh du wieder runter, deine Mutter ist im Speisezimmer.«

»Ach.« Marielle verspürte absolut keine Lust, sich jetzt auch noch mit ihrer Mutter auseinanderzusetzen. »Hat sie sich wieder einmal aus dem Bett gequält?«

Louise warf ihr einen missbilligenden Blick zu. »Sprich nicht so abfällig über deine Mutter, ma petite. Sie hat ihr Leiden, so wie dein Vater seines hat.«

»Pah. *Leiden*«, erwiderte Marielle verächtlich. »Wenn sie sich doch einmal zusammennehmen würde … Papa braucht uns jetzt dringender als sie!«

»Sei nicht unfair. Ich packe seine Sachen zusammen, du kannst sie ihm gleich ins Krankenhaus fahren«, versprach Louise. Damit ließ sie Marielle auf halber Treppe stehen und hastete hinauf in Richtung von Raphaëls Schlafzimmer.

Marielle blieb nichts weiter zu tun, als zu ihrer Mutter hinunterzugehen und sie über die Einlieferung ihres Vaters in Kenntnis zu setzen. Seit Marielle wieder zu Hause war, hatte sie ihre Mutter erst einmal kurz gesehen. Gesprochen hatten sie noch kaum drei Sätze.

Sie blieb vor der Tür zum Salon stehen und atmete tief durch, dann öffnete sie sie und trat ein.

Camille saß in einem weiten Morgenmantel aus fließendem Satin am Tisch und stocherte in etwas, das Louise ihr vorgesetzt hatte.

Beim Eintreten ihrer Tochter hob sie müde den Kopf. »Oh, Marielle, du bist es. Ich hatte deinen Vater erwartet.«

Ein Satz, und schon war es Marielle eigentlich wieder zu viel. Sie holte noch einmal tief Luft, dann sagte sie so freundlich, wie sie es vermochte: »Maman, Papa ist wegen eines Schwächeanfalls im Krankenhaus. Ich bin nur kurz gekommen, um seine Sachen zu holen, ich fahre gleich noch einmal hin.« Obwohl sie selbst nicht daran glaubte, fügte Marielle noch an: »Willst du mitkommen?«

»Ins Krankenhaus?«, fragte Camille entsetzt. Sie schloss die Augen. »Oh bitte, bleib mir mit Ärzten weg, das ertrage ich nicht.«

Marielle verdrehte die Augen. »Dachte ich mir schon.«

Ohne Übergang sagte ihre Mutter: »Das ist ganz schön warm hier drin, findest du nicht? Louise hat bestimmt wieder vergessen, die Fensterläden gleich in der Früh zuzumachen.« Camille fächelte sich mit der Serviette Luft zu.

»Maman! Louise hat die Fensterläden geschlossen, wie jeden Morgen die letzten ungefähr vierzig Jahre. Es ist heiß hier, weil Sommer ist. Ich habe dir gerade erzählt, dass Papa im Krankenhaus ist, könntest du vielleicht irgendwie darauf reagieren?« Die Art und Weise, wie ihre Mutter um sich selbst kreiste, brachte Marielle schon wieder an den Rand des Wahnsinns.

Camille legte in einer theatralischen Geste ihre Hand an die Schläfe und massierte sich. »Ja, ja, hast du mir erzählt. Ich glaube, ich kann überhaupt nichts essen. Mir ist nicht wohl.«

Sie schob den Teller von sich.

Marielle schnaubte. »Dann iss eben nichts. Louise kocht die ganze Zeit umsonst.«

»Willst du nichts essen, Marielle? Du solltest etwas essen.«

»Ja, Maman. Das werde ich tun. Sobald ich Zeit dafür finde«, brummte Marielle, ohne sich die Mühe zu machen und ihren Ärger zu verbergen. »Ich muss Papa jetzt seine Sachen bringen und ich will, wenn möglich, noch einmal allein mit der behandelnden Ärztin sprechen. Und dann muss ich ins Büro.«

»Du bist wie dein Vater«, stellte Camille fest. »Die Manufaktur steht immer über allem anderen.«

Am liebsten wäre Marielle wie ein kleines Kind mit dem Fuß aufgestampft, doch sie beherrschte sich mit knapper Not.

»Was soll ich deiner Meinung nach tun?«, fragte sie stattdessen herausfordernd. »Papa hat mich herkommen lassen, weil es ihm gesundheitlich so schlecht ging, dass er annehmen musste, dass er die Geschäfte bald an mich übergeben muss. Ist dir eigentlich bewusst, wie krank er ist?«

»Du hast von einem Schwächeanfall gesprochen«, korrigierte Camille. »Das ist nicht das Ende der Welt.«

Deine scheiß Migräne auch nicht!, wollte Marielle am liebsten schreien, aber sie beließ es bei einem weiteren Schnauben. Mit ihrer Mutter über deren Gesundheitszustand zu diskutieren, brachte einen nicht weiter, das wusste Marielle aus langjähriger Erfahrung.

»Die Ärzte heutzutage wissen doch sowieso nichts«, erging sich Camille noch mit Leidensmiene. »Ich sage dir, da weiß keiner, was er eigentlich tut. In diesen Krankenhäusern wird man nicht gesund, da kommt man krank hinein und halbtot wieder heraus. Nein, nein, mich bringen keine zehn Pferde mehr in so ein Etablissement. Weißt du, was wirklich hilft? Die therapeutischen Ansätze von Doktor Rachid Mustafa Youseff. Ich bin sehr zufrieden mit ihm. Aber davon will dein Vater ja auch nichts hören.« Sie seufzte tief.

»Maman, Monsieur Youseff ist kein Arzt. Er ist Heilpraktiker und ein Scharlatan, wenn du mich fragst. Das Zeug, das er vertreibt, hat keinerlei medizinische Wirkung. Wenn das überhaupt etwas bewirkt, dann nur über den Placebo-Effekt.«

Camille bedachte ihre Tochter mit einem nachsichtigen Blick. »Wie dein Vater. Ich sage ja, du bist exakt wie dein Vater. Natürlich wirken Doktor Youseffs Mittel auf andere Weise als die herkömmliche Medizin, das *ist* ja genau der Punkt. *Cimicifuga racemosa*, sagt dir vermutlich nichts, das ist …«

»Doch«, unterbrach Marielle sofort. »Das ist ein Mittel aus der Traubensilberkerze.«

Ein Anflug eines Lächelns huschte über Camilles Gesicht. »Richtig. Globuli mit *Cimicifuga racemosa* werden bei Migräne mit Schwindel und stechenden Augenschmerzen verwendet. *Cyclamen europaeum* hingegen …«

Wieder unterbrach Marielle automatisch, der die lateinischen Bezeichnungen aus ihrem Bio-Chemie-Studium alle geläufig waren: »Der unterirdisch wachsende Teil des Alpenveilchens, Maman. Alpenveilchen werden auch für die Parfümherstellung verwendet, allerdings die Blüten davon, weil …«

Dieses Mal war es Camille, die unterbrach: »Sie lindern Sehstörungen bei Migräneattacken. Davor muss man allerdings testen, ob Wärme und Bewegung die Schmerzen eher lindern, oder ob Stehen und Gehen sie verschlimmern, dann ist *Cyclamen europaeum* nicht die richtige Wahl. Es gibt da sehr viel zu beachten, Homöopathie ist nicht zu unterschätzen.«

»Ja, schon klar. Bei einem Mischverhältnis mit D6-Potenz oder C2 ist schon Vorsicht geboten«, sagte Marielle sarkastisch. »D6 bedeutet übrigens, dass der Wirkstoff sechs Mal im Verhältnis eins zu zehn verdünnt wurde. Der Arzneimittelgehalt liegt damit bei 0,0001 Prozent. Bei C2 entspricht sie einem Verhältnis von eins zu hundert hoch zwei, also zehntausend. Das ist in etwa so, als würdest du eine Handvoll Kamillenblüten bei Lausanne in den Genfer See schmeißen und dann am Ufer von Genf einen Schluck davon nehmen und behaupten, jetzt ginge es dir besser!«, versuchte Marielle wider besseres Wissen zu argumentieren.

Camille warf entnervt die Hände in die Luft. »Davon versteht ihr nichts, du und dein Vater, mit eurer wissenschaftlichen Verblendung. Dazu benötigt es etwas Glaube und das Vertrauen in die Selbstheilungskräfte des Körpers …«

»… glaub von mir aus, was du willst, Maman. Die Globuli, die du schluckst, sind Zuckerkügelchen und weiter nichts. Aber sie schaden zumindest auch niemandem. Bloß versuche bitte nicht, Papa von diesem Hokuspokus zu überzeugen. Im Gegensatz zu dir ist er ernsthaft erkrankt und braucht eine vernünftige medizinische Versorgung, von der ich annehme, dass er sie im Krankenhaus erhält.« Marielle verdrehte die Augen und wandte sich zum Gehen.

»Das denkst du!« Camilles Stimme war mit einem Mal kräftig genug, um sie zurückzuhalten. »Ihr werdet euch schon noch umschauen. In seinem Körper fließen die giftigen chemischen Säfte, die das Yin und Yang ins Ungleichgewicht bringen. Er müsste dringend eine Ausleitung machen und tibetanische Meditation, um seine Chakren in Einklang zu bringen. Aber damit musst du ihm gar nicht erst kommen …«

Marielle ballte die Faust. »Mir auch nicht, Maman!«

»Du bist jung. Bei dir ist die Selbstheilung noch nicht so gestört wie bei uns. Sei froh, mein Kind, du kommst auch noch in das Alter, wo du merkst, was für zerstörerische Kräfte wir tagtäglich auf uns einwirken lassen. Mir geht es jedenfalls um ein Vielfaches besser, seit ich regelmäßig Doktor Youseff hierherbitte.«

»Davon merke ich nichts«, stellte Marielle trocken fest. »Du verbringst noch immer genauso viel Zeit in deinem Bett wie früher. Und jetzt entschuldige mich bitte, ich muss los.«

Sie ließ Camille sitzen und rauschte wieder hinaus, um zu sehen, wie weit Louise mit dem Einpacken schon gekommen war.

Kapitel 5

Marielle bezog ihren Posten am Schreibtisch ihres Vaters. Im ersten Moment fühlte sie sich vollkommen überfordert mit der Aufgabe, die ihr ohne Vorlaufzeit zugefallen war.

Zunächst blätterte sie durch die Stapel Unterlagen, die dort herumlagen. Dann fuhr sie den PC hoch – zum Glück hatte ihr Vater ihr sein Passwort verraten – und begann, sich in die verschiedenen Ordner auf dem Laufwerk einzulesen. Sie klickte sich durch Auftragsbestätigungen und Angebote, bezahlte und noch offene Rechnungen von Zulieferern und solche an Kunden.

Wenn sie Fragen hatte, rief sie die Sekretärin herein. Sie wollte so lange wie möglich vermeiden, Bastien um Hilfe bitten zu müssen. Und wenn es unweigerlich dazu kam, dann wollte sie zumindest schon einen groben Überblick haben.

»Madame Marielle«, Fleur steckte ihren Lockenkopf wieder zur Tür herein, ihre auffällige Brille, hinter der ihre Augen groß wie Suppentassen wirkten, auf der kleinen spitzen Nase. »Monsieur Bastien möchte Sie sprechen.«

Marielle hatte es befürchtet. Seit ihrer Rückkehr aus dem Krankenhaus hatte Marielle es erfolgreich vermieden, Bastien zu begegnen. Er war im Labor gewesen, als sie kam, und sie hatte sich gleich hinter dem Schreibtisch verbarrikadiert. Dann war jetzt also der Augenblick gekommen.

»Kann ich ihn hereinbitten?«, fragte die Sekretärin, weil Marielle nicht sofort reagierte.

»Ja, Fleur, vielen Dank. Er soll kommen.« Marielle klickte die Rechnung zu, die sie gerade durchgesehen hatte, und wandte sich zur Tür.

Bastien schob sich an der treuen Seele der Manufaktur vorbei und kam auf Marielle zu. Deren Selbstbewusstsein bekam sofort wieder einen Knacks.

Alles an ihm strahlte Überlegenheit aus. Dazu sah er leider auch wieder verdammt gut aus in seinem perfekt sitzenden silbergrauen, leicht schimmernden Anzug und dem rosa Hemd. Die Krawatte war einen Ton dunkler und chargierte ins Bordeaux-Rote. Eine dünne silberne Nadel mit einer Lilie am Ende hielt die Krawatte in Position. Er fuhr sich durch das betont ungekämmt wirkende Haar, das in Wahrheit vermutlich eine Menge Aufmerksamkeit von seinem Träger bekam. Ebenso wie der Bart, der so aussah, als habe er eine lange Nacht in guter Gesellschaft verbracht und am Morgen keine Zeit mehr gefunden, sich zu rasieren.

Eine Hand lässig in der Hosentasche durchmaß er das Büro. Einen Moment schien er zu zögern, ob er gleich um den Schreibtisch herumkommen sollte, entschied sich dann aber doch dafür, ihr gegenüber Platz zu nehmen.

»Ich brauche die letzten Rechnungen von Baume. Das ist der Großhändler, von dem wir einen Großteil der Blumen für die Essenzen beziehen, die wir selbst destillieren«, kam er ohne Umschweife zur Sache.

Obwohl sie sich selbst einredete, dass sie keinerlei Grund hatte, sich von ihm einschüchtern zu lassen, musste Marielle schlucken. In ihrem Kopf war eine bleischwere Leere, als hätte er ihren Verstand beim Betreten des Raums einfach ausgeknipst.

Marielle straffte unwillkürlich die Schultern. »Ich weiß, wer Baume ist«, murmelte sie und kam sich unbeholfen vor.

»Aber Sie wissen wahrscheinlich nicht, dass wir schon seit Längerem Probleme mit ihm wegen der Qualität der Ware haben, die er uns liefert.«

Nein, das wusste Marielle nicht. Woher auch?

Sie drehte sich wieder zum Bildschirm und ging hastig den Ordner mit den bezahlten Rechnungen durch. Von Baume war in letzter Zeit keine dabei.

»Ich habe hier keine Rechnung von ihm«, erklärte sie.

Nun stand Bastien doch wieder auf und kam zu ihrer Seite des Schreibtischs herum. Kommentarlos nahm er ihr die Maus aus der Hand und klickte selbst durch die Ordner.

Ob er das bei ihrem Vater auch gewagt hätte?

Wohl kaum.

Sein Parfüm stieg ihr in die Nase. Er hatte eine unglaubliche Präsenz. Dagegen kam Marielle sich klein, unbeholfen und tollpatschig vor. Und allein, dass er es fertigbrachte, dass sie sich so fühlte, regte sie auf.

»Hier sind sie doch.« Mit wenigen Klicks hatte er die fraglichen Rechnungen gefunden.

Marielle warf einen prüfenden Blick auf den Bildschirm. »Die sind noch nicht bezahlt«, stellte sie fest. »Vielleicht beliefert er uns deshalb mit schlechterer Qualität, weil wir säumig sind?«

»Vielleicht bezahlt Ihr Vater die Rechnungen nicht, weil er schlechte Ware bekommen hat«, hielt Bastien dagegen.

»Was wollen Sie mit den Rechnungen?«, fragte Marielle indes.

Solange ihr Vater nicht da war, hatte sie hier das Sagen. Warum ließ sie zu, dass er den Takt vorgab?

Er hätte *ihr* Rede und Antwort stehen sollen, nicht umgekehrt.

Anstatt eine Antwort zu geben, markierte Bastien die Rechnungsnummer und murmelte sie, im Bestreben sie sich zu merken, halblaut vor sich hin.

Dann ging er zum Aktenschrank hinüber, öffnete ihn und begann die Ordnerrücken nach der Nummer abzusuchen. Er agierte, als befände er sich allein im Büro und obendrein so, als gehörte es ihm.

Marielle schäumte schon wieder innerlich.

»Ich möchte wissen, was Sie mit den Rechnungen wollen«, wiederholte sie mit Nachdruck und versuchte dabei, autoritär zu wirken.

»Ich habe eine Lieferung Calendula von ihm, die ich nicht gebrauchen kann. Ich will sehen, was er zuletzt dafür verlangt hat.« Bastien machte sich nicht die Mühe, sich zu ihr umzudrehen. Während er widerwillig Auskunft gab, zog er einen Ordner aus dem Schrank und klappte ihn auf.

»Ich möchte ins Bild gesetzt werden«, forderte Marielle. »Seit wann bestehen die Schwierigkeiten mit Baume? Wieso sind die Rechnungen noch offen? Wurde die Ware reklamiert? Was sagt er dazu? Ich sollte wissen, was hier gerade läuft, denken Sie nicht?«

Jetzt machte Bastien sich doch die Mühe, sich zu ihr umzudrehen. Mit dem aufgeklappten Ordner auf dem Arm sah er sie an. Ein flüchtiges Lächeln huschte über sein Gesicht. »Na endlich fangen Sie an, sich für die Belange der Manufaktur zu interessieren und die richtigen Fragen zu stellen. Dann kommen Sie mal mit.«

Der gönnerhafte Tonfall weckte in Marielle sofort wieder Widerspruchsgeist, doch sie schluckte eine bissige Bemerkung hinunter und stand auf.

Zwei Stunden später war Marielle einigermaßen ernüchtert.

Offenbar lief mehr in der Parfümerie schief als nur die letzte Präsentation beim Kunden.

Die Lieferung war wirklich unbrauchbar, und beim Lieferanten ging niemand mehr ans Telefon. Das würde Marielle sich gleich für den nächsten Morgen auf die To-do-Liste setzen müssen.

Nachdem sie sich selbst davon überzeugt hatte, dass die Ware nicht den Maßstäben entsprach, die sie und ihr Vater an die Rohstoffe für ihre Parfüms anlegten, hatte Marielle sich noch einmal in die Rechnungen vertieft und dabei festgestellt, dass es sehr viele unbeglichene gab. Nicht nur die von Baume. Dass er Geld zurückbehielt, wenn ein Lieferant so miese Ware anlieferte, konnte Marielle durchaus nachvollziehen. Aber bei den anderen?

Sie würde die Buchhaltung konsultieren müssen. Um eine eigene Buchhaltung zu beschäftigen, war die Manufaktur zu klein. Diese Dienstleistungen hatte Raphaël an eine Firma fremdvergeben. Um sich einen umfassenden Überblick über die finanzielle Lage der Manufaktur zu verschaffen, würde sie dort vorstellig werden müssen.

Es dämmerte, als Marielle den PC herunterfuhr und das Büro ihres Vaters verließ. Obwohl es schon so spät war, traf sie im Vorzimmer noch auf die Sekretärin. Fleur, deren Name zur guten Seele einer Parfümmanufaktur nicht besser hätte passen können, nahm die Brille von der Nase und blickte die Juniorchefin entschuldigend an. Ihre Augen schrumpften wieder auf Normalgröße.

»Es ist noch so viel Schriftverkehr zu machen, Madame Marielle. Ich hab gar nicht mehr auf die Uhr gesehen.«

»Jetzt aber flott, Fleur. Ich möchte Ihnen nicht schon an meinem ersten Arbeitstag hier Überstunden aufhalsen. Wir beide werden in nächster Zeit sowieso viel im Büro sein. Machen Sie Schluss und gehen Sie nach Hause.«

Die Sekretärin lächelte. »Ach, Madame Marielle, ich bin

doch eine alte Frau, da wartet zu Hause niemand auf mich. Nur mein Kater, und der vermisst mich nicht sehr.«

Marielle drohte ihr spielerisch mit dem Zeigefinger. »Sie haben sich Ihren Feierabend verdient. Also keine Widerrede, für heute ist hier Schluss.«

Marielle ging an Fleurs Schreibtisch vorbei und hinaus auf den Flur. In den Gängen des Laboratoriums war es still, die meisten Angestellten hatten bereits Feierabend gemacht.

Als Marielle aus dem Fabrikgebäude trat und zum Parkplatz ihres Autos gehen wollte, beobachtete sie Bastien, der lässig an seinem Cabrio lehnte. Er war im Gespräch mit einer dunkelhaarigen Frau, von der sie nicht sagen konnte, ob sie sie kannte, weil sie mit dem Rücken zu ihr stand. Wie ein Gespräch unter Arbeitskollegen sah es jedenfalls nicht aus.

Bastien hatte die Krawatte gelockert und den obersten Knopf seines roséfarbenen Hemds gelöst. Das Sakko hielt er affektiert mit dem Zeigefinger über die Schulter gehängt. Selbst aus der Distanz triggerte seine selbstverliebte Art Marielle. Die fremde Frau hingegen lachte herzhaft und schüttelte dabei das kurze schwarze Haar. Sogar von hinten konnte Marielle erkennen, dass die Frau mit dem hübschen Assistenten flirtete. Und Bastien schien nicht abgeneigt.

»Großkotz …«, murmelte Marielle. »Was finden die Weiber nur an solchen Typen?«

Sie musste jedoch leider zugeben, dass er ziemlich attraktiv aussah, wie er da an dem schnittigen Sportwagen lehnte. Er hätte damit auch einer Parfümwerbung entsprungen sein können.

»Aber seine ganze Art ist einfach nur abstoßend«, rief sie sich selbst in Erinnerung.

Bastien warf sein Sakko achtlos auf den Rücksitz des Autos und öffnete die Beifahrertür. Die Schwarzhaarige stieg ein, wobei sie sich enger an ihm vorbeidrückte, als nötig gewesen wäre, wie Marielle fand. Bastiens Hand lag für einen Moment an ihrer Taille, so hoch, dass es noch nicht direkt anstößig war, aber doch zu tief, als dass es sich um eine flüchtige Bekanntschaft oder gar eine Kollegin handeln konnte.

Marielle stand immer noch unbeweglich im Schatten der Eingangstür und beobachtete die Szene wie eine eifersüchtige Geliebte.

In dem Moment, in dem ihr das bewusst wurde, ließ sie die Tür ins Schloss fallen und überquerte mit raschen Schritten den Hof zum Parkplatz ihres Autos. Sie vermied es, noch einmal in seine Richtung zu blicken. Was kümmerte sie das Privatleben dieses Parvenüs? Schlimm genug, dass sie sich dienstlich mit ihm auseinandersetzen musste.

»Ich ärgere mich nur, dass er ein Privatleben hat, im Gegensatz zu mir«, sagte sie sich selbst vor.

Das Cabrio stieß rückwärts aus der Parkbucht und brauste an ihr vorbei. Steinchen spritzten vom Boden auf. Bastien hob die Hand zu einem nachlässigen Gruß im Vorbeifahren.

Seine Begleitung trug jetzt eine große dunkle Sonnenbrille, weshalb sich Marielle immer noch unsicher war, ob sie sie kannte.

Bastien hielt an der Abzweigung zur Hauptstraße und ließ den Gegenverkehr durch. Währenddessen legte er den freien rechten Arm über die Rückenlehne des Beifahrersitzes. Dann war die Fahrt frei und der Wagen schoss aus der Einfahrt und davon.

Auf dem Heimweg rief Marielle Amélie an und erzählte ihr von diesem ereignisreichen Tag.

»Kaum zu glauben, dass wir uns gestern erst gesehen haben«, stellte die Freundin schließlich fest. »Mir kommt es vor, als müsste mindestens eine Woche vergangen sein, bei den ganzen Neuigkeiten …«

»Ja, kommt mir auch so vor.« Marielle ließ die Stadt hinter sich und folgte der schmalen Straße, die zwischen Feldern voller Lavendel, Pinienwäldchen und bewaldeten Hügeln durch das Tal und auf der anderen Seite wieder hinauf zum Chateau führte. Sie drehte die Klimaanlage höher, es war ein schwülwarmer Sommertag, Gewitter lag in der Luft.

»Wie geht's deinem Vater?«, wollte Amélie wissen.

»Er ist sehr geschwächt, durch die Infusionen wird es besser. Eine Weile wird er aber trotzdem bleiben müssen.« Sie seufzte und trommelte mit den Fingern auf dem Lenkrad. »Ich muss mich jetzt allein zurechtfinden. So war's nicht gedacht. Aber hilft ja nicht …«

»Wahnsinn … Und? Kommst du klar?«

»Hmmm …«, machte Marielle und war in Gedanken gleich wieder bei Bastien und wie er sie im Büro ihres Vaters behandelt hatte, als wäre sie bestenfalls die Reinigungskraft.

»Hilft der Knallfrosch dir?«, fragte Amélie, deren Gedanken offenbar in dieselbe Richtung gegangen waren.

Marielle kicherte. »Knallfrosch ist gut. Ja, na ja, was heißt helfen … Er gibt mir schon Auskunft. Allerdings ich habe bei allem, was er sagt oder tut, das Gefühl, er nimmt mich nicht ernst. Ich denke, er würde die Geschäfte lieber allein führen. Für ihn bin ich ein lästiges Anhängsel. Er hat jetzt die Firma *und* mich am Hals.«

»Der Kindergärtner für das verwöhnte Töchterchen«, mutmaßte Amélie. »Dann zeigst du ihm hoffentlich, wo der Hammer hängt.«

»Ich versuche es natürlich. Im Moment sehe ich noch nicht richtig klar. Irgendetwas stimmt da nicht mit den Abrechnungen. Ich weiß noch nicht genau, was, aber das werde ich herausfinden.«

Marielle erreichte den Hof und parkte den Wagen ihres Vaters in der Remise. Sie ließ den Motor ausgehen, blieb allerdings noch sitzen, um das Telefonat zu Ende zu führen. Da erinnerte sie sich wieder an ihre Beobachtung bei Feierabend.

»Stell dir vor, ich glaube, der Knallfrosch hat eine Freundin!«, platzte sie heraus.

»Was? Echt jetzt? Das wundert mich …«

»Ja, mich auch. Ich hätte gedacht, der findet sich selbst so toll, dass er niemanden sonst braucht. Offenbar umgibt er sich doch gern mit Damen, die ihn gebührend anhimmeln.« Marielle verzog angewidert das Gesicht. »Du hättest sie sehen sollen. Er wie James Dean für Arme an seinem Protzauto und sie quasi geschmolzen vor ihm.«

Ein nagendes Stimmchen in ihrem Hinterkopf fragte, weshalb sie sich eigentlich so daran störte, dass er eine Freundin hatte. Gerade so, als hätte sie selbst irgendwelche Absichten bei ihm gehabt.

»Wer ist sie? Kennst du sie? Ist es womöglich jemand aus der Belegschaft?« Amélie klang sensationslüstern.

»Nein, weiß ich nicht. Ich hab sie nicht richtig gesehen. Erst stand sie mit dem Rücken zu mir und dann hatte sie eine Sonnenbrille auf wie Puck die Stubenfliege.«

Amélie kicherte. »Puck die Stubenfliege passt doch gut zum Knallfrosch. Happs und weg.«

Marielle lehnte den Kopf gegen den Sitz und lachte befreit auf. Die Anspannung ließ ein bisschen nach. Sie hatte den ganzen Tag vermieden, über ihre Situation genauer nachzudenken, hätte sie es getan, wäre die Panik wie eine Welle über ihr zusammengeschlagen. Sich mit Amélie über Bastien lustig zu machen, sorgte für das nötige Ventil.

»Du schaffst das schon«, sagte Amélie wieder ernst. »Vergiss nicht, du hast das gelernt. Du weißt alles, was man wissen muss und niemand erwartet jetzt Wunder von dir.«

Marielle verschwieg, dass sie selbst es war, die Wunder von sich erwartete. Sie wollte ihren Vater nicht einfach nur vertreten, sie wollte ihn stolz machen.

Und ganz nebenbei wollte sie es dem Knallfrosch zeigen!

Nachdem sie das Gespräch beendet hatten, stieg Marielle

aus. Sie ging nicht zum Haus, sondern als Erstes in den Stall. In der Sattelkammer tauschte sie rasch ihre Büroklamotten gegen Reitkleidung, dann holte sie Sattel und Zaumzeug von Filou und ging hinüber zu den Boxen.

Filou schnaubte, als er sie erkannte, und schlug mit dem Huf gegen die Trennwand.

»Ja, mein Süßer, wir drehen jetzt noch schnell eine kleine Runde, bevor es endgültig dunkel wird.« Sie führte das Pferd aus der Box und bereitete es für den Ausritt vor.

Schon wenig später saß sie auf Filous Rücken und trieb ihn zu lockerem Trab an. Der Wallach freute sich über den späten Spazierritt, er ließ die Ohren spielen und trug seine Besitzerin quer durch den parkähnlichen Garten zum Wald.

Die letzten Sonnenstrahlen verschwanden gerade hinter den Hügeln. Am Himmel stand bereits der fahle Mond, nahezu voll, zwischen Wolkenfetzen. Die Dämmerung tauchte alles in ein unwirkliches, bläuliches Licht. Am Waldrand rief ein Käuzchen. Nach dem heißen Sommertag fiel die Temperatur nur langsam ab, doch nach Gewitter sah es nicht mehr aus.

Marielle entspannte sich. Sie verschmolz mit ihrem Pferd zu einer Einheit. Seine Bewegungen wurden zu ihren und ihre Gedanken zogen vorüber wie die Bäume.

Amélie hatte recht. Sie würde herausfinden, was im Unternehmen schieflief. Und sie würde einen Weg finden, es zu beheben. Ihr Vater sollte von dieser Sorge befreit sein, wenn er in ein paar Tagen aus dem Krankenhaus zurückkam. Überhaupt wollte sie, dass er danach kürzertreten konnte, weil sie die Parfümmanufaktur im Griff hatte. Für die Zeit, die ihm noch blieb, sollte er sich nur noch mit Dingen beschäftigen, zu denen er Lust hatte. Das Parfüm-Kreieren würde da sicherlich weiterhin dazugehören, aber vielleicht nur noch ein paar Stunden am Tag. Den Rest würde sie ihm abnehmen.

Und Bastien …

Filou schüttelte abrupt den Kopf, um lästige Insekten zu verscheuchen, doch es wirkte fast so, als wollte das Pferd sagen: »Lass es. Denk nicht dauernd über ihn nach.«

»Du hast recht«, flüsterte Marielle und gab Filou die Zügel frei. Sofort fiel der Wallach in sanften Galopp.

Kapitel 6

Marielle hatte insgeheim gehofft, dass ihr Vater schnell wieder aus dem Krankenhaus kommen würde. Doch danach sah es nicht aus. Zu seinem plötzlichen Schwächeanfall hatte sich sein entkräfteter Körper eine Lungenentzündung eingefangen. Die Ärzte waren nicht ohne Hoffnung, machten aber deutlich, dass in seinem Allgemeinzustand eine Lungenentzündung keine Kleinigkeit war. Er brauchte absolute Ruhe und Infusionen mit Antibiotika.

Marielle besuchte ihn täglich, vermied es jedoch nach den Problemen in der Fabrik zu fragen. Sie wollte ihn nicht aufregen und ihm stattdessen das Gefühl vermitteln, sie käme spielend allein zurecht.

Mit dem unzufriedenen Kunden hatte sie einen neuen Termin vereinbaren können. Sie wollte noch einmal genau nachhaken, was sie suchten und ihre Parfümproben dahingehend anpassen. Sie würde Fleur mit zu dem Termin nehmen und sie anweisen, genau zu protokollieren, was die Kunden sagten. Jedes Wort wollte sie anschließend analysieren und einen Duft kreieren, der genau diesen Anforderungen entsprach. Sie wusste, dass sie das konnte.

Weniger selbstsicher war sie im Hinblick auf den Lieferanten mit der miesen Qualität und den offenen Rechnungen. Sie hatte auch einen Termin mit der externen Buchhaltung ausgemacht. Dann würde man ja vielleicht sehen, wo das Problem lag.

Diese ganzen wirtschaftlichen Dinge zählten nicht unbedingt zu Marielles Stärken. Sie war Chemikerin, Parfümeurin, Kreateurin, keine Buchhalterin. Sie hatte gewusst, dass sie sich damit irgendwann auch auseinandersetzen musste, doch sie war davon ausgegangen, dass noch Zeit war. Dass sie jetzt von einem Tag auf den anderen mit allem allein dastand, damit hatte sie nicht gerechnet.

Tagsüber versuchte sie so gut sie konnte, den Kopf über Wasser zu halten – einfach ein Schritt nach dem anderen – und hoffen, dass die Richtung stimmte. Abends im Bett sah es anders aus, da überfielen sie die Zweifel.

Vielleicht war es zu früh für sie, um in die Manufaktur einzusteigen? Vielleicht hatte ihr Vater mit ihr überhaupt auf das falsche Pferd gesetzt? Was, wenn sie dem Ganzen einfach nicht gewachsen war?

Die Manufaktur bestand schon in der dritten Generation. Was, wenn sie die letzte war?

Die Generation, unter der der Lebenstraum ihrer Vorfahren in die Brüche ging?

Sie hätte ihren Vater jetzt dringend gebraucht. Seine Erfahrung, seine Kreativität und seine Gelassenheit. Als kleines Mädchen hatte sie immer gedacht, ihr Vater hätte auf jede Frage eine Antwort. Kein Problem, das er nicht zu lösen gewusst hätte. Mit den Jahren war ihr natürlich – wie allen Töchtern – irgendwann klar geworden, dass der Held ihrer Kindertage nicht unfehlbar war. Und leider auch nicht unsterblich.

Die Tränen kamen von ganz allein. Sie rannen geräuschlos über ihren Nasenrücken und tropften auf das Kissen.

Was hätte sie nicht dafür gegeben, einfach zu ihm gehen und ihn um seinen Rat und seine ehrliche Einschätzung bitten zu können. Er war stets ihr größter Bewunderer und gleichzeitig ihr ärgster Kritiker gewesen. Nur so hatte er sie immer wieder angespornt. Jahrgangsbeste an der Sorbonne. Stipendium. Die Doktorandinnenstelle in Kairo.

Ein Höhenflug hatte den nächsten gejagt.

Aber das hier war etwas anderes!

An der Manufaktur hing mehr als nur ihr persönliches Weiterkommen. Sie hatte an Angestellte zu denken, deren ganze Existenz davon abhing, dass sie Parfüms kreierte, die sich gut verkauften.

Ihr Vater hatte mit ihrem Großvater zwanzig Jahre lang zusammengearbeitet. Jeden Tag Hand in Hand. Das war sicher auch nicht immer einfach gewesen. Als junger Parfümeur hatte Raphaël wahrscheinlich andere Vorstellungen gehabt als sein Vater. Vielleicht wollte er Neuerungen umsetzen, die der Ältere ablehnte. Aber er hatte sicher auch von dessen Erfahrung profitiert, und möglicherweise hatte der Vater ihn auch vor unklugen, wenig vorausschauenden Schnellschüssen bewahrt.

Als sich sein Vater aus dem Geschäft zurückzog, war Raphaël jedenfalls bestens vertraut damit gewesen. Es gab keinen harten Schnitt beim Übergang. Die Angestellten – damals noch deutlich weniger als heute – kannten den Juniorchef und wussten, was sie erwartete.

Niemand konnte sie einschätzen.

Automatisch ploppte Bastiens skeptische Miene vor Marielles innerem Auge auf. Der eingebildete Schönling, für den war sie doch ein gefundenes Fressen!

Er würde sich an ihrem Versagen weiden. Dass er es gleich gesagt hatte, würde er verlauten lassen. Auf den ersten Blick. Wahrscheinlich war er gut genug angesehen in der Belegschaft, dass sie ihm folgten.

Der Gedanke an Bastien ließ ihre Tränen versiegen.

Nein, diesen Triumph würde sie ihm nicht gönnen!

Sie würde ihm beweisen, dass er falsch gelegen hatte. Ihm und allen anderen. Am Ende würde sie ihm ein anerkennendes Nicken abringen. Zu mehr ließ er sich wahrscheinlich nicht herab. Mit diesem Ansporn kämpfte Marielle sich durch den nächsten Tag.

In der Realität hielt sie Bastien so gut es ging auf Abstand. Sie wollte ihn nichts fragen. Zum Glück war Fleur ein wahrer Schatz, sie wusste eigentlich über alles Bescheid, was in den Laboren und Büros vor sich ging. Sie kannte die Angestellten und den ganzen Büroküchentratsch. Der Sekretärin ihres Vaters vertraute Marielle. Bei ihr fühlte sie sich gut beraten.

»Was denken Sie, sollte ich diesem Baume mal einen Besuch abstatten?«, fragte Marielle in lockerem Plauderton und lehnte sich gegen Fleurs Schreibtisch.

Die hatte wieder ihre Brille auf und sah sie aus großen Augen an. »Das kann ganz gewiss nicht schaden.«

»Wenn die Qualität so stark abgenommen hat, dann müssen wir vielleicht auch über Alternativen nachdenken«, überlegte Marielle laut.

»Soll ich Ihnen eine Liste machen mit möglichen Lieferanten aus der Gegend?«

»Danke, das wäre fantastisch. Dann kann ich vielleicht gleich eine Tour draus machen und nach Baume noch ein paar potenzielle Alternativen besuchen. Wissen Sie, ich würde in Zukunft unsere Produkte sowieso gern auf Bio-Qualität umstellen. Zertifizierter Anbau von ökologischen Landwirten wäre mir wichtig. Könnten Sie gezielt danach suchen?« Marielle stieß sich von der Schreibtischkante ab.

»Das mache ich, Madame Marielle.«

Im Weitergehen zum Büro ihres Vaters überlegte Marielle laut: »Das wäre vielleicht eh besser. Wenn ich schon einen

Konkurrenten am Haken habe, kann ich Baume das Messer auf die Brust setzen.«

Sie ließ sich hinter dem Schreibtisch nieder. Die Tür zum Vorzimmer stand offen. Deshalb hörte sie Bastiens Stimme, als er Fleurs Reich betrat.

»Ist sie da?«, fragte er und es klang schon wieder genervt.

»Madame Marielle ist im Büro«, hörte Marielle Fleur antworten. Sie war höflich und ruhig wie immer. Fleur konnte vermutlich überhaupt nicht unfreundlich klingen.

Ohne Umschweife kam er direkt zu ihr ins Büro. *Tür schließen*, notierte Marielle in Gedanken.

»Warum weiß ich nichts von dem Termin? Wenn Sie Kunden einladen, will ich darüber informiert werden!«, schimpfte er ohne Einleitung los.

Kann ich dir sagen, wieso, dachte sie grimmig. Weil ich dich nicht dabeihaben will.

Der Anzug saß wie immer, Hemd, Krawatte, Gürtel, Schuhe alles war aufeinander abgestimmt. Das Haar lässig, der Bart noch einen Ticken länger. Offenbar hatte es heute Morgen nicht zum Rasieren gereicht.

Aber Marielle war vorbereitet.

»Irgendwer hat Sie ja offensichtlich informiert«, erwiderte sie ungerührt.

»Ich bin der Assistent der Geschäftsführung. Bei Kundenterminen bin ich dabei. Deshalb erwarte ich von Ihnen, dass Sie solche Termine mit mir absprechen.«

»Warum, haben Sie schon was Besseres vor?«, fragte Marielle schnippisch. Wahrscheinlich war er sogar im Recht mit seiner Beschwerde, doch er reizte sie mit seiner arroganten Art einfach immer zu Widerspruch.

»Nein, verdammt. Natürlich haben Kundentermine immer Vorrang. Aber ich habe vielleicht noch das eine oder andere sonst zu tun, das ich dann drumherum planen muss. Außerdem will ich mich auf so einen Termin vorbereiten können.« Er wirkte tatsächlich wütend.

Jetzt stellen wir mal klar, wer hier die Hackordnung anführt, dachte Marielle.

Sie hielt dagegen: »Ich habe die kompletten Aufzeichnungen über alle bisherigen Gespräche durchgearbeitet und mir den Anforderungskatalog noch einmal genau angesehen. Die Vorbereitung ist …«

»Das erwarte ich, dass Sie sich die Unterlagen anschauen«, unterbrach er sie gereizt. »Aber die Gespräche hat bislang Ihr Vater mit mir zusammen geführt, Ihr Vater ist nicht da, ich schon. Unsere Kunden können von uns eine gewisse Kontinuität erwarten, soweit irgendwie möglich. Außerdem Sie kennen die nicht, Sie können überhaupt nicht das Gespür für die unausgesprochenen Wünsche haben, das ich aus der Erfahrung heraus habe. Ich lasse mich in dieser Angelegenheit von Ihnen nicht übergehen.«

Er war näher an den Schreibtisch herangetreten und stützte seine Arme auf der Tischplatte ab.

Marielle war gezwungen, zu ihm aufzusehen.

Wenn du mit deiner Bomben-Erfahrung die Wünsche unserer Kunden von ihren Augen ablesen könntest, hätten wir das Problem jetzt gar nicht.

»Niemand übergeht Sie«, stellte sie stattdessen klar. »Ich hätte Sie selbstverständlich zu dem Termin hinzugebeten. Aber die Vertretung meines Vaters in der Geschäftsführung übernehme *ich*, nicht Sie.«

Bissig setzte sie noch hinzu: »Sie werden sich damit abfinden müssen, dass Sie bis auf Weiteres unter einer Frau arbeiten.«

Er verzog verächtlich das Gesicht. »Was soll das denn nun wieder heißen? Als ob ich ein Problem mit Ihnen hätte, weil Sie eine Frau sind!«

»Weswegen haben Sie denn dann ein Problem mit mir?«

»Ich habe überhaupt kein Problem mit Ihnen persönlich. Ich habe ein Problem damit, wenn Neulinge meinen, sie wüssten alles besser.«

Diese sehr deutlichen Worte bereute er noch in dem Moment, in dem er sie ausgesprochen hatte, das konnte Marielle in seinem Gesicht ablesen. Aber gesagt war gesagt.

Er trat einen Schritt zurück und verschränkte die Arme vor der Brust.

Na bitte. Sie hatte ihn aus der Reserve gelockt.

Allerdings hatten seine Worte Marielle getroffen. Sie versuchte, sich nichts anmerken zu lassen.

»Ich bin nicht neu«, sagte sie so ruhig sie konnte. »Im Vergleich zu mir sind Sie der Neuling. Ich habe schon lange vor meinem Studium mit meinem Vater zusammengearbeitet. Ich habe schon Kundenpräsentationen mitgemacht, da war ich noch Schülerin. Und ich durfte meine eigenen Kreationen präsentieren, die ich, unter der Anleitung meines Vaters, schon als Teenagerin kreiert habe. Ich weiß nicht, von wie vielen Jahren Erfahrung Sie bei sich sprechen, aber Sie irren sich, wenn Sie denken, ich hätte keine. Bei der letzten Präsentation jetzt, die ganz unbestritten nicht gut gelaufen ist, war ich übrigens auch anwesend, falls Sie sich erinnern. Die Kunden kennen mich bereits. Was aber viel wichtiger ist: Ich vertrete hier meinen Vater. Er hat mich ausdrücklich zurückgeholt, damit ich genau das tue. Weil er mir zutraut, die Geschäfte zu führen, solange er ausfällt. Wenn Sie *mir* schon nichts zutrauen, dann doch vielleicht wenigstens dem Urteil meines Vaters, oder?«

Von ihren Selbstzweifeln, die sie nachts heimsuchten, würde sie ihm gewiss nichts erzählen. Tatsächlich hielt er sie gerade dadurch aufrecht, dass sie so unbedingt vor ihm bestehen wollte.

»Dass Sie irgendwann die Nachfolge Ihres Vaters antreten, stelle ich überhaupt nicht infrage. Das ist ein Familienunternehmen. Aber es war wohl kaum so gedacht, dass Sie hierherkommen und sofort auf sich gestellt sind. Ich will doch lediglich, dass Sie sich mich anhören. Ich kenne das aktuelle Geschäft besser als Sie. Am Ende kann ich es wahrscheinlich eh nicht verhindern, wenn Sie sich einen Alleingang in den Kopf gesetzt haben. Aber hören Sie sich meine Meinung doch wenigstens an!«

Da er immer noch vor ihr stand, erhob Marielle sich aus dem Sessel ihres Vaters. Sie wollte auf Augenhöhe kommen.

»Ich habe das Gefühl, dass Sie sich Ihre Meinung bereits gebildet haben, jedenfalls soweit es mich betrifft«, sagte sie.

In Bastiens Miene ließ sich nichts ablesen.

Marielle straffte die Schultern und setzte etwas versöhnlicher hinterher: »Der Termin steht, Sie sollen natürlich daran teilnehmen, aber die Verhandlung mit dem Kunden führe ich. Dann können wir hinterher darüber sprechen, wie es weitergehen kann. Wenn Sie aus Ihrem reichen Erfahrungsschatz dazu etwas beitragen wollen, halte ich Sie nicht davon ab. Jedoch steht für mich bereits fest, dass ich dem Kunden eine neue Duftprobe anbieten möchte, ich habe auch schon Ideen dazu. Aber vorher möchte ich noch einmal mit ihnen geredet haben. Was spricht denn dagegen?«

»Nichts …« Bastien schien bemerkt zu haben, dass er den Bogen überspannt hatte.

Er ließ die Arme hängen und sah sie unschlüssig an.

»Ist noch was?«, fragte sie.

Einen Moment sah es so aus, als wollte er noch etwas loswerden, dann überlegte er es sich doch anders. »Nein. Bis später zum Kundentermin.«

Marielle ließ sich in den Sessel zurückfallen und schnaufte hörbar aus. Wenn sie die Zeichen nicht fehldeutete, dann hatte sie gerade einen Punktsieg erzielt.

Kaum war Bastien hinausgegangen, kam Fleur wie ein

Pfeil zu Marielle ins Büro geschossen. »Madame Marielle, haben Sie einen Moment?«

Marielle schielte zum Bildschirm, wo das Mailprogramm anzeigte, dass sich schon wieder zwanzig neue Mails angestaut hatten. »Kurz«, entschied sie.

»Monsieur Darrieux, den mögen Sie nicht, richtig? Sie kommen nicht gut miteinander zurecht.« Fleur blinzelte Marielle verschwörerisch durch ihre vergrößernde Brille an.

»Wie kommen Sie denn darauf?«

Fleurs Augen wurden noch einen Ticken größer hinter. »Ich spüre so etwas sofort. Da sind sehr negative Schwingungen im Raum gewesen.«

»Schwingungen …?«

Fleur zog die Brille von der Nase und spielte damit herum. »Ja, Schwingungen. Und außerdem war die Tür offen.«

Marielle überlegte, wie sie das Gespräch möglichst schnell abbiegen konnte, sie hatte noch viel zu tun. »Das stimmt nicht. Ich habe kein Problem mit ihm. Vielleicht hat eher er eines mit mir.«

Fleurs Mund zog sich zu einem breiten Grinsen auseinander. »Das glaube ich nicht«, erwiderte sie. »Ich glaube, er hat Angst vor Ihnen.«

»Angst?« Jetzt mussten Marielles Augen mindestens so groß geworden sein wie Fleurs. Es entfuhr ihr ein überraschtes Lachen. »Ach, Quatsch.«

»Kein Quatsch! Madame Marielle, wenn ich es Ihnen sage, Monsieur Darrieux hat Angst um seinen Posten. Jetzt wo Sie da sind und die Geschäftsführung übernehmen … Sie wissen doch, wie man sagt: Neue Besen kehren gut.« In vertraulichem Ton setzte Fleur noch einen drauf: »Dann kann der alte Feger weg.« Sie lachte listig.

Unwillkürlich musste auch Marielle schmunzeln. Sie fand es trotzdem absurd, dass ihr Widersacher Angst haben sollte. Dieser aufgeblasene, von sich selbst so überzeugte Schönling!

Aber die Vorstellung hatte etwas.

Dennoch widersprach Marielle: »Nichts liegt dem ferner, Fleur, glauben Sie mir. Der überlegt höchstens, wie er mich loswerden könnte.«

»Aber nein. Nein, Madame Marielle, sicher nicht. Es braucht vielleicht nur ein wenig Zeit. Glauben Sie mir, Sie sind eine – wenn ich das so sagen darf – wunderschöne junge Frau und er ist doch ein recht fescher Kerl. Das funktioniert schon. Geben sie dem Ganzen etwas Zeit.«

»Wollen Sie, dass wir zusammenarbeiten oder uns verkuppeln, Fleur?«, fragte Marielle und drohte der Büro-Perle spielerisch mit dem erhobenen Zeigefinger. »Was würde wohl mein Vater dazu sagen, was Sie hier für abstruse Ideen äußern?«

Fleur kicherte, dann wurde sie jedoch schnell wieder ernst: »Der wäre sicher froh, wenn er seine Tochter gut versorgt wüsste. Wo er doch so krank ist, der arme Monsieur le Patron.«

»Jetzt ist aber Schluss! Fleur, wir leben doch nicht mehr im Mittelalter. Ich versorge mich selbst, da brauche ich keinen Mann für. Und schon gleich gar nicht *so* einen!«

Kopfschüttelnd, jedoch irgendwie wieder versöhnt, wandte Marielle sich dem Bildschirm zu. Auch Fleur kehrte an ihren Arbeitsplatz zurück.

Während sie die Mails durchklickte, war Marielle geistig noch an der Verarbeitung dessen, was Fleur eben gesagt hatte. Angst …?

Nein, Marielle war sich sicher, dass Angst nicht zum Repertoire an Gefühlen gehörte, über das Bastien verfügte. Aber steckte vielleicht trotzdem ein Fünkchen Wahrheit in dem, was Fleur gesagt hatte?

Sie war so fixiert darauf gewesen, dass Bastien sie ablehnte, doch vielleicht tat er das auch aus einem bestimmten Grund. Dem zum Beispiel, dass sie seinen Job bedrohte.

Wenn ihr Vater aus dem Krankenhaus zurück und sie bis dahin gut eingearbeitet war, brauchte es eigentlich keinen zusätzlichen Assistenten mehr. War es das?

Sah er seine Felle davonschwimmen?

Und deshalb hatte er gerade so giftig reagiert, als er das Gefühl gehabt hatte, dass sie ihn wegen des Termins übergehen wollte? Denkbar war es.

Marielle hatte Fleur angewiesen, den Besprechungsraum herzurichten. Die hatte frischen Kaffee aufgebrüht und Gebäck geholt. Eine Karaffe mit kaltem Wasser stand auch bereit sowie verschiedene Säfte.

Sie selbst hatte noch einmal alle Gesprächsnotizen durchgearbeitet und sich die Produktproben von früheren Aufträgen angesehen.

Es war alles bereit.

Trotzdem war Marielle unfassbar nervös.

Bastien erschien nur wenige Minuten vor dem vereinbarten Termin. Sein stets skeptischer Blick glitt über den Tisch und die aufgebauten Getränke.

»Da sind Sie ja endlich!«, herrschte Marielle ihn an und kam damit, wie sie hoffte, einer kritischen Äußerung seinerseits zuvor.

»Bleiben Sie ruhig. Das kann nur schiefgehen, wenn Sie im Vorfeld schon die Nerven verlieren«, riet er.

Das ließ Marielle sich nicht von ihm sagen.

»Ich bin ruhig!«, fauchte sie. »Sie wollten unbedingt bei dem Termin dabei sein und jetzt kommen Sie auf den letzten Drücker. Ich hoffe für Sie, dass Sie sich zumindest vorbereitet haben.«

Es gab überhaupt keinen Grund, ihn so anzufahren, das wusste Marielle selbst. Alles war vorbereitet und er war in der Zeit, von den Kunden war noch nichts zu sehen. Trotzdem missfiel ihr sein Tonfall schon wieder und wie er sie behandelte, wie eine Debütantin, der die Nerven flatterten.

Sie flattern ja auch, gab ein leises Stimmchen in ihrem Hinterkopf zu bedenken.

Trotzdem, das ging ihn nichts an. Er hatte kein Recht, sie wie ein Kind zu behandeln. Er war nicht ihr Vater.

Leider.

Die unerschütterliche Gelassenheit ihres Vaters im Rücken hätte sie dem Termin auch entspannter entgegensehen lassen. Aber er war nun einmal nicht da.

Stattdessen musste sie sich gleich in zwei Richtungen beweisen: einmal gegenüber dem anspruchsvollen Kunden und zusätzlich noch gegenüber dem Knallfrosch.

Fleur führte die Kunden herein. Sie kamen zu viert. Beim letzten Termin waren sogar sechs Vertreter der Geschäftsführung des Kosmetikkonzerns da gewesen. Man hatte also schon eine kleinere Delegation geschickt.

Marielle zwang sich ein breites Lächeln ins Gesicht und trat auf die vier Herren zu. Allesamt Männer, dachte sie. Es geht um Kosmetik, um Damenparfüms, aber die Entscheidungen dazu treffen die Herren allein.

»Schön, dass Sie es einrichten konnten«, sagte sie und schüttelte Hände.

»Wir waren etwas überrascht, dass Sie noch einen Termin anberaumt haben«, sagte der eine, der schon beim letzten Mal die Verhandlungen hauptsächlich geführt hatte. Er war der Größte der vier Herren und so schlank, dass sein Anzug an ihm herunterhing, als hätte man ihn an einem Kleiderständer aufgehängt. Sein Gesicht erinnerte Marielle an das eines Pferdes, es war ebenfalls lang und die Augen saßen weit auseinander neben einem breiten Nasenrücken.

»Das verstehe ich«, erwiderte Marielle eilig. »Aber wir hatten den Eindruck, dass wir Sie bei unserem letzten Termin nicht vollständig zufriedenstellen konnten. Deshalb wollten wir gern noch einmal sichergehen, dass Ihre Vorstellungen wirklich bei uns angekommen sind.«

Sie ging um den runden Verhandlungstisch herum und bot den Herren Plätze an. Bastien setzte sich neben sie.

»Kaffee?«, fragte er in die Runde. »Oder lieber etwas Kaltes zu trinken? Oder soll ich uns etwas Hochprozentigeres holen?« Er grinste verschwörerisch.

Der Verhandlungsführer des Kosmetikkonzerns grinste zurück. »Nicht um die Uhrzeit. Später gern. Ich wollte allerdings noch auf den Golfplatz, nicht dass ich dann die Löcher nicht mehr treffe.«

Man lachte herzlich.

Marielle räusperte sich. »Dann lassen Sie uns doch schnell auf den Punkt kommen«, schlug sie vor. Das Lächeln in ihrem Gesicht war schon zur Maske gefroren. »Ich würde gern noch ein paar weitere Proben entwerfen. Wie Sie wissen, bin ich erst seit Kurzem wieder zurück und konnte mich im Vorfeld nicht in die Entwicklung ihrer Produktvorschläge einbringen.«

Es klopfte. Fleur huschte herein und setzte sich mit ihrem Laptop ans Fenster, wo sie ihre Mitschrift anfertigen würde.

»Unsre Sekretärin übernimmt die Notizen«, sagte Marielle erklärend.

Jetzt wandte der eigentliche Geschäftsführer sich doch ihr zu. Im Gegensatz zu seinem Begleiter war er ein auffallend kleiner Mann. »Sie sind die Tochter, nicht wahr?«

»Die bin ich«, bestätigte Marielle. *Obwohl ich nicht weiß, was das zur Sache tut*, ergänzte sie in Gedanken. »Sie haben in Ihrer Ausschreibung angegeben, dass Sie einen klassischen Duft suchen, deshalb …«

»Genau. Es gibt Parfüm, das der Mode folgt und nach einer Saison in Vergessenheit gerät. Und dann gibt es Düfte, die nie aus der Mode kommen. Denken Sie nur an Chanel Nummer Fünf.« Er bedachte sie mit einem väterlichen Lächeln.

»Coco Chanel war eine Ikone«, bestätigte Marielle. »Und Nummer Fünf ist eine Institution. So etwas passiert einem Kreateur vielleicht einmal im Leben, den meisten vermutlich nie.«

Sie zwang sich ihm direkt in die Augen zu schauen. Vielleicht hatte sie Bastien zu Unrecht unterstellt, er hätte ein Problem mit einer Frau in der Geschäftsführung. Dieser Kerl hier hatte ganz bestimmt ein Problem damit. Er hielt sich anscheinend schon für überlegen, einfach nur weil er ein Mann und sie eine Frau war. Als ob Intelligenz und Erfolg auf dem Y-Chromosom verortet wären. Solche Männer waren ihr, als junge Frau in der Bio-Chemie, schon zu oft begegnet.

Es war vielleicht falsch, wenn sie Bastien mit so einem Über-Macho auf eine Stufe stellte. Dagegen wirkte er fast harmlos.

»Und trotzdem ist es genau das, was wir brauchen«, sagte nun der Dritte in der Runde bedauernd. »Die Düfte, die Sie uns beim letzten Mal präsentiert haben, waren – verzeihen Sie mir, wenn ich das sage – eher provinziell. Wir suchen Klasse. Eleganz. Zeitlosigkeit und Extravaganz in einem.«

Witzig, dass er von Eleganz sprach. Daran mangelte es ihm nämlich eklatant. Sein Hemd saß schlecht, um den Wanst herum spannte es, dass sich von Knopf zu Knopf Lücken bildeten. Darunter schauten blasse, weiße Haut und Haare hervor. Sein ganzer Bauch schien behaart zu sein. Marielle hatte Mühe, nicht hinzustarren, obwohl es Ekel hervorrief, wenn sie es tat. Er schwitzte stark, das Hemd wies bereits große feuchte Flecken auf. Trotzdem ihm der Schweiß auf der Stirn stand, trug er ein Sakko über dem Hemd, das so aussah, als wäre es überhaupt nicht möglich, es vorn über dem Bauch zu schließen. Sein schütteres Haar hatte er über den Kopf gelegt, wo es klebte, ob vor Schweiß oder Haargel ließ sich nicht mehr eindeutig feststellen. Seine große nach oben gebogene

Nase erinnerte Marielle an einen Schweinerüssel. Überhaupt hatte der ganze Kerl Ähnlichkeit mit einem fetten Ferkel.

Egal, wie er aussah, an Selbstbewusstsein mangelte es offensichtlich auch ihm nicht. Vermutlich speiste sich auch das allein daraus, dass er eben ein Mann war. Von der Natur bevorzugt.

Marielle ließ den Blick von einem zum anderen wandern. Der Vierte war der Unauffälligste in der Runde. Er sah durchschnittlich aus, nicht besonders gut und nicht auffallend schlecht. Der oberste Geschäftsführer wirkte auf sie wie ein Mafiaboss, vordergründig freundlich, aber mit einer einschüchternden Aura umgeben, obwohl er so klein und ein wenig untersetzt war. Und dann waren da noch Dick und Doof. Der lange Schlacks und der schwitzende Fettsack.

Marielle atmete bewusst aus und ein. Es half alles nichts, sie waren die Kunden. Am Ende hatten sie in allem recht.

Der Kunde ist König!

Und was genau sie wollten, das galt es jetzt herauszufinden.

Marielle beschloss, in die Analyse zu gehen. »Chanel Nummer Fünf wurde Anfang der Zwanzigerjahre des letzten Jahrhunderts kreiert. Der Chemiker Ernest Beaux, der auch für den russischen Zarenhof arbeitete, hat es für Chanel entwickelt, das wissen Sie sicherlich. Das Einzigartige daran war, nach meiner bescheidenen Auffassung, dass es, anders als zur Zeit des Fin de Siècle ansonsten üblich, dieser Duft nicht aus einer einzelnen Blume bestand, sondern eine Komposition aus verschiedenen Elementen war. Wussten Sie, dass genau einunddreißig Rohstoffe darin vorkommen, auch wenn Chanel selbst immer wieder behauptet hat, es wären achtzig und mehr?«

Bastien unterbrach ihre Ausführungen, bevor der Kunde ihre Frage beantworten konnte. »Ich denke, wir sollten uns darauf konzentrieren, was wir anzubieten haben und …«

»Die Anforderung ist ein klassischer, zeitloser Duft wie Chanel Nummer Fünf. Dann sollten wir analysieren, worauf es dabei ankommt«, widersprach Marielle sofort.

Die Herren ihnen gegenüber sahen amüsiert von einem zur anderen. Es war unklug, sich uneinig zu zeigen. Ihre internen Querelen gingen die Kunden nichts an. Sie verhielten sich unprofessionell.

Marielle biss sich auf die Lippen.

»Wir sind gespannt, ob wir es hier mit einer kleinen Coco zu tun haben«, sagte der CEO gönnerhaft und lud Marielle mit einer Handbewegung dazu ein fortzufahren.

Als hätte sie eine mündliche Prüfung abzulegen, referierte Marielle: »Die Kopfnote von Chanel Nummer Fünf dominiert ein Aldehyd-Komplex mit leicht metallischen, rauchigen Anklängen. Darin erkennt man Rosenblätter und Orangenschalen.«

Die Zusammensetzung des nach wie vor berühmtesten Parfüms der Welt kannte sie aus dem Effeff. »Abgerundet wird sie durch Bergamott- und Petitgrainöl. Die Eckpfeiler der Herznote bilden Jasmin, Rose, Maiglöckchen, ein Hauch Iris-Butter und Ylang-Ylang-Öl. Beaux hatte bereits zehn Jahre zuvor der russischen Zarin Katharina der Großen einen Duft kreiert, von dem Nummer Fünf eine Adaption darstellte, aus Kostengründen musste er die Anteile von echter Rosenessenz und Jasmin herunterfahren, weil das Parfüm sonst unerschwinglich geworden wäre. Coco Chanel bestand aber auf der Jasmin-betonten Intensität, weshalb man auf Jasmophore, einer Jasmin-Base, zurückgriff. Mit Jonone und einem pudrigen Veilchen-Duft wird das Thema der blumigen Herznote verlängert. Des Weiteren enthalten sind Mairose, brasilianische Tonkabohne, Cassia und Isoeugenol, die jeweils ganz eigene Spannungspunkte setzen und überleiten auf den Fonds der Komposition. Ungewöhnlich ist die starke Vetiver-Note in der Basis, die eher für einen Herren- als einen Damenduft spräche. Darin erkennt man Beaux' Handschrift. Unterstützt wird dieser holzige Ton durch Sandelholzöl und Patschuli, und als Schlussakt setzt ein sinnlich betörender Komplex aus Moschus gepaart mit Eichenmoos und Zimtrinde dem Ganzen die Krone auf. In den Zwanzigern wurde diese Formel noch mit echter Moschusinfusion erzielt, heute nimmt man aus Artenschutzgründen und ihrer Phototoxizität Moschus-Ambrette und Moschus-Keton.«

»Beeindruckend«, stellte der Geschäftsführer fest. »Nachdem Sie offenbar genau wissen, wovon wir sprechen, frage ich mich, ob es Ihnen wohl gelingt, uns etwas Vergleichbares zu kreieren.«

Darauf hatte Marielle gehofft. Mit ihren Ausführungen hatte sie Kompetenz ausstrahlen wollen, um dem Kunden das Vertrauen in ihre Fähigkeiten einzuimpfen.

»Wir wollen Chanel nicht kopieren«, betonte das Pferdegesicht. Im Vergleich zu seinem Chef war er wie sein Anzug: mausgrau. »Was wir suchen, ist lediglich ein Duft, der an Komplexität und Ideenreichtum an Chanel heranreicht und das Zeug dazu hat, ein echter Duft-Evergreen zu werden. Wenn Sie verstehen, was ich meine.«

»Durchaus«, versicherte Marielle. »Was schwebt Ihnen denn vor? Soll es eine exotische Note sein oder lieber etwas Regionales?«

»Unser Unternehmen hat seinen Hauptsitz in Nizza. Wissen Sie vermutlich. Wir sind dem Süden Frankreichs stark verbunden. Gleichzeitig verkaufen wir in die ganze Welt. Unsere Kundinnen in Übersee sollen sich eine Prise Côte d'Azur auf den Körper applizieren können mit unserem Parfüm.«

Tatsächlich hatte Marielle sofort ein Bild im Kopf. Die wichtige Initialzündung für ihre Kreativität waren stets Bilder, die vor ihrem Geist entstanden und die sie dann in die Sprache der Düfte zu übersetzen versuchte.

Sie sah den Kontrast der Landschaft, die ihre Heimat war,

vor sich: das Blau des Meeres, die verschiedenen Nuancen vom Grün der Wälder und Felder, das raue Braun der Gebirgskette.

»Das bekommen wir hin«, sagte sie voll ehrlicher Zuversicht. »Geben Sie uns eine zweite Chance, wir möchten Ihnen noch eine neue Probenreihe anbieten.«

»Die Zeit drängt«, stellte der Geschäftsführer klar. »Sie haben maximal noch bis Ende nächster Woche, dann müssen wir die Entscheidung treffen.«

Marielle fing Bastiens entsetzten Blick auf. Doch sie versicherte: »Kein Problem. Dann am Freitag?«

Die Herren erhoben sich. Der Dicke ergriff Marielles ausgestreckte Hand. Seine fühlte sich feucht an. »Einverstanden. Wir laden Sie beide am nächsten Freitag in unsere Zentrale nach Nizza ein. Haben Sie dann die passenden Proben im Gepäck, kommen wir ins Geschäft.«

Sie zog die Hand wieder zurück und widerstand dem Drang, sie an ihrer Hose abzuwischen. Der Typ schwitzte wirklich ganz entsetzlich.

»Sehr gern.« Marielle konnte sich zwar Schöneres vorstellen, als zusammen mit Bastien nach Nizza zu fahren, doch für dieses Geschäft wäre sie auch mit ihm zum Mond geflogen.

Als sie wenig später die Kunden verabschiedet hatten, fühlte sie sich beschwingt. Sie würde sich sofort im Labor verschanzen und ihre Ideen zu Papier und ins Reagenzglas bringen.

Kapitel 7

Die Arbeit am Labortisch war ihr vertraut. Hier fühlte Marielle sich zu Hause. Zahlen, Tabellen und Statistik, da musste sie sich erst noch einfinden, aber beim Kreieren von Düften machte ihr so schnell niemand etwas vor. Es tat gut, etwas tun zu können, bei dem sie sich nicht komplett verloren fühlte.

Während sie Reagenzgläser befüllte und mit Erlenmeyerkolben hantierte, bekam Marielle gar nicht mit, dass die Tür geöffnet wurde. Plötzlich stand Bastien hinter ihr am Labortisch.

»Und?«

Marielle fuhr erschrocken herum und hätte um ein Haar das Röhrchen fallen lassen.

»Sind Sie verrückt geworden, sich so anzuschleichen?«, fauchte sie.

»Ich wollte nur sehen, wie Sie vorankommen.« Er inspizierte ihre Aufbauten.

Marielle hatte seine Anwesenheit schon in dem Kundentermin nicht als besonders hilfreich empfunden, was wollte er jetzt schon wieder?

»Ich arbeite«, ließ sie ihn wissen und postierte sich vor dem Labortisch, sodass sie ihm die Sicht verstellte.

»Das sehe ich. Vielleicht geruhen Mademoiselle Chanel mir ja schon einmal einen kurzen Abriss darüber zu geben, wie Sie das Wunder vollbringen wollen und etwas auch nur im Ansatz so Vollkommenes zu erschaffen, wie Nummer Fünf. Und das auch noch binnen einer Woche.« Er klang sarkastisch.

Natürlich hatte er keinerlei Zutrauen in ihre Fähigkeiten. Was hatte sie auch erwartet?

»Nicht nur Chanel hat ein legendäres Parfüm«, sagte sie bissig. »Sagt Ihnen *J'adore* von Christian Dior etwas? Oder *Kenzo Flower* von Kenzo? Wissen Sie, wer beide Parfüms mitentwickelt hat?«

»Lassen Sie mich raten? Sie nicht.« Bastien verschränkte die Arme vor der Brust und blickte sie herausfordernd an.

»Nein, ich nicht. Da war ich noch etwas zu jung. Mein Vater war es. Er hat bei beiden Kompositionen den Grundstein gelegt. Und diese Parfüms zählen zu den Top Ten der berühmtesten Düfte aller Zeiten!«

Gerade noch war sie so voller Zuversicht gewesen und jetzt begann die schon wieder zu bröckeln. Dafür hatte Bastien einfach ein unbeschreibliches Talent; sie klein zu machen. Wahrscheinlich brauchte er das, damit er sich selbst neben ihr größer fühlen konnte.

Marielle streckte sich. »Ich kann das. Ich kann die Anforderungen unserer Kunden erfüllen. Ich weiß, dass ich es kann.«

Es klang wie ein Mantra.

»Schön. Besser wär's auch. Unsere Zahlen sind unterirdisch. Sie wollten doch einen Termin mit der externen Buchhaltung machen, einen ersten Einblick in die Misere kann ich Ihnen auch geben.«

Woher wusste er überhaupt schon wieder von dem Termin mit der Buchhaltung? Sie hatte ihm davon gewiss nichts erzählt.

»Von mir aus. Lassen Sie uns später über Zahlen sprechen. Jetzt möchte ich erst einmal meine Ideen festhalten, bevor ich sie vergesse.« Sie schob ihn zur Seite und griff nach dem Bleistift. »Ich melde mich bei Ihnen.«

Bastien schimpfte halblaut vor sich hin, als er sich zur Tür wandte. Marielle glaubte etwas wie »eingebildete Zimtziege« verstanden zu haben, doch sie hatte keinen Nerv mehr, darauf einzugehen. Sie atmete erst auf, als die Tür endlich hinter dem Knallfrosch ins Schloss gefallen war.

Marielle arbeitete unermüdlich, bis die erste grobe Skizze des Duftes, den sie kreieren wollte, stand. Als sie auf die Uhr sah, stellte sie fest, dass es zu spät war, um noch ins Krankenhaus zu fahren.

Dann würde sie ihrem Vater erst morgen von dem Termin erzählen können. Er würde Augen machen, wenn sie ihm sagte, dass sie nicht nur einen neuen Termin gemacht, sondern auch schon eine Einladung für die Präsentation in der nächsten Woche in der Tasche hatte.

Nizza, mit Bastien. Sie seufzte, während sie ihren Arbeitsplatz aufräumte.

Sicherheitshalber würde sie Fleur sagen, dass sie ihnen ein Hotel buchte. Sie wollte rechtzeitig vor Ort sein und sich ganz auf die Präsentation konzentrieren können.

Wenn Bastien ihr überhaupt die Möglichkeit zur Konzentration ließ. So ein Hotel war vermutlich zu klein, um sich aus dem Weg zu gehen.

Am besten zwei Hotels. An unterschiedlichen Enden der Stadt. Oder noch besser in unterschiedlichen Städten. Ach, am besten auf unterschiedlichen Planeten!

Sie pfefferte den Lappen, mit dem sie ihren Labortisch abgewischt hatte, in die Spüle.

Warum ließ sie sich von ihm ständig so verunsichern? So war sie doch überhaupt nicht. Eigentlich kannte sie ihre Stärken und Schwächen und wusste damit umzugehen. Sie hatte schon manche kritische Prüfung gemeistert und dabei auch nicht an schwachen Nerven gelitten. Warum dann jetzt?

Ihr Vater war der ausschlaggebende Faktor nicht Bastien. Er hatte immer daran geglaubt, dass sie irgendwann die Leitung der Manufaktur übernehmen würde. Sollte sie seinem Urteil nicht einfach vertrauen?

Wer war denn dieser Bastien, dass er sie immer wieder aus der Bahn werfen durfte? Ein Blick oder ein paar dahingesagte Worte genügten und schon hatte er sie pulverisiert. Warum ließ sie das zu?

Sie löschte das Licht im Labor und verließ die Fabrik. Auf dem Weg nach Hause kam sie an der Apotheke von Amélies Eltern vorbei. Sie entschied sich spontan, der Freundin einen Besuch abzustatten. Wenn sie schon nicht ihrem Vater im Krankenhaus von dem heutigen Tag erzählen konnte, dann zumindest Amélie.

Sie betrat die Apotheke durch den Kundeneingang. Amélies Mutter räumte gerade ein Regal neu ein. Sie wandte sich um, als das Glöckchen über der Tür bei Marielles Eintreten bimmelte.

»Oh, du bist es. Amélie hat schon erzählt, dass du wieder in der Stadt bist. Wie geht es dir? Dein Vater liegt im Krankenhaus, wie ich hörte?«

Marielle begrüßte die Mutter ihrer Schulfreundin mit Küsschen links und Küsschen rechts. »Danke der Nachfrage, ja mein Vater liegt im Krankenhaus. Eine Lungenentzündung.«

»Ach herrje … Und das in seinem Zustand!« Als Apothekerin wusste Amélies Mutter offenbar recht genau über den Gesundheitszustand ihres Vaters Bescheid.

Marielle hob nur die Achseln. »Wir hoffen das Beste.«

»Natürlich. Du kommst sicher, um Amélie zu besuchen.« Die Mutter war sensibel genug, um das ungute Thema nicht weiter zu vertiefen. »Sie ist oben und macht sich fertig. Ein junger Mann kommt demnächst, um sie abzuholen.«

Marielle lachte. »Na, da komme ich ja gerade richtig. Vielleicht ist meine Beratung in Sachen Kleiderwahl notwendig.«

»Gut möglich. Geh einfach zu ihr rauf. Du kennst ja den Weg.«

Marielle zwängte sich an Amélies Mutter vorbei und huschte am Verkaufstresen nach hinten, wo in deckenhohen Schränken mit Schubfächern die vielen unterschiedlichen Arzneien und Medikamentenpackungen verstaut waren. Am Ende der Schrankwände führte eine Treppe hinauf zur Wohnung der Apothekerfamilie.

Sie wusste noch genau, wo Amélies Zimmer lag. An der Tür klopfte sie.

»Entrée«, rief Amélie von drinnen. Dann, als sie Marielle erblickte, die ihre Nase durch den Türschlitz schob, stieß sie überrascht aus: »Wo kommst du denn her? Dich schickt der Himmel! Ich habe ein Rendezvous mit Yves und weiß nicht, was ich anziehen soll.«

»Mit einem guten Parfüm ist man immer richtig angezogen«, erwiderte Marielle augenzwinkernd.

Sie betrat das Zimmer, dessen Verwandlung vom Kinder- zum Jugendzimmer sie in allen Einzelheiten miterlebt hatte. Jetzt beinhaltete es eine Schlafnische und eine Sitzecke und erinnerte ein wenig an die Studentenzimmer, die sie in diversen Wohnheimen bewohnt hatte.

Irgendwann wollte Amélie sicher ihre eigenen vier Wände haben und nicht mehr unter einem Dach mit ihren Eltern wohnen. Vielleicht wurde das mit Yves ja was Ernstes und die beiden würden schon bald ihr eigenes Nest bauen.

Jetzt stand Amélie jedenfalls vor dem bodenlangen Spiegel

an der Tür ihres Kleiderschranks und sah skeptisch an sich hinunter. Marielle ließ sich aufs Bett fallen.

Sie kannte die Selbstzweifel der Freundin fast so gut wie ihre eigenen. Amélie fühlte sich schon immer zu klein, ihre Beine zu stämmig und insgesamt alles zu kurvig. Sie hatte sich stets gewünscht, größer und schlank wie Marielle zu sein. Dafür hatte die die Freundin immer um ihre weiblichen Formen beneidet. Ein tief ausgeschnittenes Kleid hatte bei Amélie sofort eine andere Wirkung als bei Marielle. Dafür konnte sich ihr Hintern in einer engen Jeans wirklich sehen lassen.

In ihrer Jugend hatten beide gleichermaßen Erfolge bei den Jungs ihrer Clique gefeiert. Und beide hatten Enttäuschungen hinnehmen müssen. Auf diesem Bett liegend hatten sie manche Nacht durchgequatscht, sich heimliche Schwärmereien gestanden und manchen Liebeskummer gemeinsam durchlitten.

Manche Dinge änderten sich wahrscheinlich nie.

»Wohin geht ihr denn?«, fragte sie.

»Ins Kino und danach noch was trinken.« Amélie hatte dem Spiegel den Rücken zugewandt und verdrehte sich den Hals, um ihre Rückenansicht zu begutachten. »Vielleicht gehe ich aber auch nirgendwohin. Ich sehe einfach furchtbar aus.«

»Im Kino ist es dunkel«, tröstete Marielle lachend.

Ein halbherzig böser Blick traf sie aus Amélies Augen. »Das ist nicht witzig!«

»Ein bisschen schon.« Marielle wühlte sich durch den Haufen aus Kleidungsstücken, den Amélie auf dem Bett aufgehäuft hatte. Offenbar hatte sie bereits weite Teile ihres Kleiderschranks durchprobiert. »Mal sehen, was haben wir denn hier?«

Sie zog ein schwarzes Oberteil aus dem Stapel und warf es Amélie zu.

»Du musst dich nicht aufdonnern. Sei einfach du selbst.

Zieh etwas an, in dem du dich wohlfühlst. Alles andere wird nur krampfig.«

Amélie fing das Oberteil aus der Luft und hielt es prüfend vor sich hin. »Das hatte ich vorher auch schon überlegt. Aber ist das nicht zu einfach?«

»Kino und was trinken ist jetzt kein Staatsakt. Du solltest dir noch Luft nach oben lassen, wenn er dich in die Pariser Oper einlädt oder dergleichen.«

»Ich glaube jetzt nicht, dass er das macht.« Amélie betrachtete immer noch ihr Spiegelbild mit dem vorgehaltenen Oberteil.

»Zieh's an. So kann man das doch nicht beurteilen.« Marielle rollte sich auf dem Bett auf den Bauch und stützte den Kopf in die Hände. »Wie früher. Weißt du noch? Früher haben wir uns auch zusammen fertig gemacht. Eine kam zur anderen und dann standen wir miteinander vorm Spiegel und haben Klamotten probiert und uns die Haare gemacht und Schminktipps aus irgendwelchen Zeitschriften nachgemacht.«

Amélie drehte sich zu ihr um. »Das stimmt, ja. Und später sind wir dann ausgegangen.«

»Und durch wie viel Liebeskummer wir uns gegenseitig geholfen haben!« Marielle lachte bei der Erinnerung, auch wenn es sich damals nicht zum Lachen angefühlt hatte.

»Am Ende war es doch nie so dramatisch. Und früher oder später kam ein anderer.«

Marielle rappelte sich wieder hoch. »Aber dieses Mal nicht, oder? Dieser Yves, das ist schon was Ernstes, oder etwa nicht?«

Sie rutschte vom Bett und trat hinter Amélie, die inzwischen das Oberteil über den Kopf gezogen hatte. Marielle fasste ihre halblangen Haare zu einem Pferdeschwanz zusammen. Dann betrachteten sie gemeinsam das Ergebnis im Spiegel.

»Ich weiß nicht genau … Ich denke schon.« Amélies Wangen färbten sich in einem zarten Rotton.

Marielle ließ die Haare los und umarmte die Freundin von hinten. »Schön!«

»Und bei dir?«, wollte die wissen.

»Keine Zeit. Die Fabrik braucht meine volle Aufmerksamkeit.« Marielle seufzte tief.

Wieso hatte sie sofort wieder das skeptische Gesicht von Bastien vor ihrem inneren Auge? Schnell schob sie den Gedanken beiseite.

Amélie zupfte ihr Outfit zurecht und begann dann ihre Haare zu bürsten. Über den Spiegel hielt sie Blickkontakt mit Marielle, die sich wieder hingesetzt hatte. »Du bürdest dir ganz schön viel auf. Es ist ja klar, dass du alles richtig machen willst, jetzt, wo dein Vater ausfällt. Aber niemand erwartet, dass du Wunder vollbringst und jetzt in einer Woche das alles kittest, was möglicherweise schon seit Jahren schiefgelaufen ist.«

Marielle runzelte die Stirn. »Wie kommst du darauf? Weißt du mehr als ich?«

Amélie ließ die Bürste sinken. »Nein, ich weiß nichts. Aber man hört halt so allerhand. Der Vorteil einer Apotheke ist, dass eigentlich jeder mal dorthin muss, da kriegt man den wichtigsten Klatsch und Tratsch in der Stadt mit. Und für die Parfümerien interessieren sich alle. Sie sind gewissermaßen das Herz von Grasse, nicht?«

»Jetzt spar dir doch die Vorrede, was erzählt man sich denn?« Marielle zupfte nervös an ihrer Unterlippe.

Wenn man sich schon in der Stadt die Mäuler zerriss, stand es womöglich noch schlechter um die Fabrik, als angenommen.

Amélie bereute es sichtlich, überhaupt etwas in diese Richtung gesagt zu haben. Sie wand sich. »Na ja … Es gibt halt die großen Parfümerien. Die, wegen denen die Touristen nach Grasse kommen. Die haben inzwischen richtige Besucherzentren und sind in der ganzen Welt bekannt. Und dann …«

»… dann gibt es noch die kleinen, die unbekannteren, von denen keiner Notiz nimmt«, vervollständigte Marielle den Satz. »Und Grasse ist schon lange nicht mehr das unangefochtene Zentrum der Parfümherstellung. In Fernost wird billiger und in größerem Stil produziert.«

»Ja, so ungefähr … Muss ja nichts dran sein, an den Gerüchten.« Amélie bemühte sich um ein aufmunterndes Lächeln.

»Welche Gerüchte?«

»Dass … nun ja, dass dein Vater pleite ist.«

»*Das* erzählt man sich?« Marielle riss vor Empörung den Mund auf.

»Ich sag doch: alles nur Gerüchte.« Amélie frisierte ihre Haare zu dem Pferdeschwanz, den Marielle mit ihren Händen vorgeformt hatte.

»Na, also das wüsste ich aber!« Trotzdem blieb ein schaler Nachgeschmack.

Denn im Grunde genommen wusste sie es eben *nicht.* Nicht mit Sicherheit. Sie hatte noch keine Zeit gefunden, sich von Bastien die Zahlen zeigen zu lassen, die er ihr angekündigt hatte. Und ihren Termin bei der Buchhaltung hatte sie auch noch nicht gehabt.

Warum erzählte man sich solche Dinge, wenn nicht zumindest ein Funken Wahrheit dabei war? Oder streute der Lieferant mit der schlechten Ware solche Geschichten über sie, weil er sein Geld nicht bekommen hatte?

Wie dem auch war, Marielle würde dem auf den Grund gehen müssen.

»Und was macht dein nerviger Assistent?«, wechselte Amélie das Thema.

»Er ist nicht *mein* Assistent, er ist der Assistent meines Vaters«, widersprach Marielle automatisch.

»Und solange der nicht da ist, gehört er quasi dir.« Amélie lachte. »Ist doch eigentlich praktisch.«

»Total. Nicht. Heute hat er wieder versucht, mich komplett in den Wahnsinn zu treiben. Er ist so von sich überzeugt, und mir traut er gar nichts zu. Du hättest dabei sein sollen! Wir hatten ein wichtiges Kundengespräch und er und diese Geschäftsführer haben sich aufgeführt, als hätte ich mich als Schulmädchen in die Sitzung des Aufsichtsrats eines Börsenunternehmens geschlichen. Ganz übel!«

Amélie wühlte in ihrem Schmuckkästchen. »Ich wette, du hast es ihnen ordentlich gegeben. Hast du den Auftrag?«

»Nein, noch nicht. Wir müssen nächste Woche nach Nizza.«

»*Wir?* Heißt das, der Knallfrosch kommt mit?« Zur Probe hielt sie sich silberne Ohrringe an.

Marielle nickte abwesend. »Ja, ich muss ihn wohl oder übel mitnehmen.«

Amélie steckte sich die Ohrringe an.

»Und da hast du keine Lust drauf«, schlussfolgerte Amélie.

»Nicht wirklich. Also, es wäre schon gut, jemanden zu haben, der mich bei der Präsentation unterstützt. Aber bei ihm weiß ich ja nie, ob er das tut, oder ob er mir vor dem Kunden in den Rücken fällt.«

Amélie drehte sich im Kreis und ließ Marielle das Endergebnis begutachten. Die nickte anerkennend.

»Würde er das wirklich tun? Das ist ja geschäftsschädigend! Er kann mit dir persönlich irgendwelche Auseinandersetzungen haben, das ist das eine, aber er darf dich doch nicht vor Kunden auflaufen lassen. Das wäre deinem Vater sicher nicht recht, wenn er das wüsste …«

Marielle befiel ein schlechtes Gewissen. So wie Amélie es auffasste, war es nun wirklich nicht gewesen. Seine Kritik an ihr äußerte Bastien immerhin nur hinter verschlossenen Türen.

Aber irgendwie vorgeführt hatte er sie doch.

»Wir raufen uns schon zusammen«, murmelte Marielle und hoffte, dass das Thema damit beendet war.

Das war es wirklich, denn von unten hörte man Amélies Mutter nach ihrer Tochter rufen.

»Ach herrje, Yves ist schon da!« Hektisch griff Amélie sich Make-up und Puderdose.

»Ich halte ihn hin«, schlug Marielle vor.

»Mach das bitte.« Amélie küsste Marielle auf beide Wangen. »Ich drück dir die Daumen für den Auftrag. Und natürlich auch für deinen Vater, dass er bald nach Hause kommt. Lass dich bis dahin nicht unterkriegen, hörst du?«

»Natürlich nicht.«

Marielle lief runter in die Apotheke und nahm den jungen Mann in Augenschein, der dort mit Amélies Mutter wartete. Dieser Yves machte einen recht passablen Eindruck. Ihr Typ war er nicht, aber darin waren sie und Amélie sich noch nie einig gewesen, und das war auch gut so.

Freundinnen sollten denselben Alkohol-, aber unterschiedlichen Männergeschmack haben, dachte sie und grinste in sich hinein.

Als Amélie herunterkam, verabschiedet Marielle sich und fuhr nach Hause.

Marielle arbeitete die nächsten Tage emsig im Labor an den neuen Duftproben. Sie wollte unbedingt, dass die Kunden dieses Mal gar nicht anders konnten, als begeistert zu sein.

Erst am Sonntag war sie mit dem Ergebnis zufrieden und freute sich darauf, es ihrem Vater im Krankenhaus zu präsentieren. Sie hatte ihm schon von ihren Ideen erzählt und sich mit ihm beraten. Leider war er durch die Lungenentzündung immer noch so geschwächt, dass er intensiven Fachgesprächen nicht folgen konnte. Es strengte ihn zu sehr an. Aber das Ergebnis wollte sie ihm jetzt unbedingt zeigen.

Beschwingt packte sie Proben ihrer Kreationen in eine Tasche und verließ das Büro in Richtung Krankenhaus. Die Proben behielt sie gut verpackt in der Tasche. Vielleicht hätte man ihr sonst verboten, dem Kranken Parfüm ans Bett zu bringen. Aber ihr Vater würde schon wissen, wie er vorsichtig daran zu schnuppern hatte, ohne die chemischen Verbindungen tief in die Atemwege eindringen zu lassen. Er war ja ein erfahrener Biochemiker.

Am Empfang lief sie einfach vorbei und bog gleich zu den Aufzügen ab. Bis der Fahrstuhl kam, wippte sie von einem Bein aufs andere vor Vorfreude.

Sie fuhr nach oben und zwängte sich schon durch die halb offene Fahrstuhltür nach draußen, so wie der Aufzug stoppte.

Den Weg zum Krankenzimmer ihres Vaters kannte sie inzwischen auswendig. Schwungvoll bog sie in den Flur ein, der zu den Zimmern führte, da stieß sie beinahe mit einer Krankenschwester zusammen.

»Oh, pardon«, murmelte Marielle.

»Madame de Montaux, richtig?«, sagte Krankenschwester. »Sie wollen zu Ihrem Vater?«

Marielle nickte.

»Kommen Sie doch bitte mit.«

Marielle wollte protestieren, dass sie den Weg kannte, doch die Schwester führte sie von den Krankenzimmern fort und in ein Besprechungszimmer. Plötzlich dämmerte Marielle, dass irgendetwas passiert sein musste. Die Vorfreude fiel jäh in sich zusammen und machte einem unguten Gefühl Platz.

»Was ist denn? Ist etwas mit meinem Vater?«, fragte sie verunsichert.

»Ich hole die Ärztin hinzu. Kleinen Moment, bitte.« Die Krankenschwester verließ hastig den kleinen Raum und Marielle blieb allein zurück mit ihren Gedanken, die sofort anfingen, im Kreis zu laufen.

Was war passiert? Sie hatte doch gestern Abend noch am

Bett ihres Vaters gesessen und es ging ihm, wenn schon nicht gut, so doch zumindest unverändert. War über Nacht eine Verschlechterung eingetreten?

So musste es sein. War es die Lungenentzündung, die ihrem Vater jetzt so zusetzte? Oder doch der Krebs, dessen Fortschreiten sowieso unvermeidlich war?

Marielle starrte den einzigen Punkt an, der den Blick in dem kargen Raum auf sich zog: ein Gemäldedruck von Chagall. Die fröhlichen Farben und schwungvollen Formen sollten wohl Optimismus vermitteln. Bei Marielle löste das Bild eher das Gegenteil aus.

Die Tür öffnete sich erneut, und die Krankenschwester kam mit einer Ärztin im Schlepptau zurück.

»Guten Abend, mein Name ist Doktor Baudin, ich bin die behandelnde Internistin«, stellte die Ärztin sich vor.

»Guten Abend«, erwiderte Marielle matt. Inzwischen war der letzte Rest Zuversicht aus ihr gewichen. Sie machte sich auf das Schlimmste gefasst.

»Setzen wir uns doch«, schlug Doktor Baudin vor.

Marielle fiel wie ein nasser Sack zurück auf den Stuhl, auf dem sie gesessen hatte.

»Madame de Montaux, ich darf doch offen sprechen?«, fragte die Ärztin.

Marielle war zu keiner Erwiderung mehr fähig, sie nickte nur. In ihrem Kopf drehte sich alles. Die Parfümprobe, der Kunde, die Manufaktur, die Geschäftsleitung, die Finanzen, die Präsentation in Nizza, der Auftrag …

Und dazwischen immer wieder: *Vater.*

Was sollte sie denn ohne ihn anfangen?

Sie war nicht bereit. Egal, was jetzt kommen würde, sie war dafür noch nicht bereit.

Konnte man je bereit dafür sein?

Marielle schluckte schwer. Der Kloß in ihrem Hals wollte

nicht vergehen. Mit jedem Sekundenbruchteil, der verstrich, wurde er nur noch größer.

»Sie wissen sicherlich, dass es um ihren Vater nicht zum Besten steht. Wir tun alles, was wir können, aber …«

Marielle nahm die Worte kaum wahr. Nur eins hatte sie registriert: Die Ärztin sprach im Präsenz!

Nicht: *Wir haben alles getan …* Sie hatte gesagt: Wir tun alles. Also war es noch nicht … *er* war noch nicht?

Vorsichtig schöpfte Marielle neue Hoffnung. »Ja?«, hakte sie nach, da die Ärztin nicht weitersprach.

»Durch die Krebsbehandlung, die vorausgegangen ist, wurde das Immunsystem Ihres Vater schwer beschädigt. Eine Lungenentzündung, wie er sie gerade durchmacht, ist da eine sehr heikle Angelegenheit. Wir möchten kein Risiko eingehen. Aus diesem Grund mussten wir ihn heute in ein künstliches Koma versetzen.«

Wie ein Faustschlag traf das Wörtchen *Koma* Marielle.

Aber er war noch da. Er kämpfte. Noch kämpfte er.

»Was bedeutet das?«, wollte Marielle wissen.

»Das bedeutet, dass wir seinen Körper möglichst ruhigstellen, damit er Kraft sammeln kann und die Entzündung überwindet«, erklärte die Ärztin und dann folgte eine ausführliche Erklärung des medizinischen Prozesses, dem Marielle nur am Rande folgen konnte.

»Kann ich zu ihm?«, fragte sie, als Doktor Baudin geendet hatte.

»Ja. Aber wir bitten Sie, nur kurz bei ihm zu bleiben. Und wir müssen darauf bestehen, dass im Augenblick nur Sie ihn besuchen.«

Mutter kommt doch eh nicht, dachte Marielle bitter.

Die Ärztin stand auf und gab der Schwester einen Wink. Erst da nahm Marielle wieder Notiz von ihr, sie hatte die ganze Zeit über an der Tür gewartet.

»Kommen Sie, ich bringe Sie hin«, sagte die Krankenschwester jetzt und streckte den Arm nach Marielle aus.

Die Ärztin verabschiedete sich.

»Es sieht ein bisschen wild aus«, sagte die Schwester vorsichtig im Gehen. »Bitte erschrecken Sie nicht. Es sind viele Apparate notwendig und Schläuche und solche Dinge. Das ist für die Überwachung, damit wir jederzeit kontrollieren können, dass alles passt. Es sieht schlimmer aus, als es ist.« Sie lächelte aufmunternd.

Wie oft hatte sie wohl schon solche Gespräche geführt?

Sie nahmen einen anderen Weg als den, den Marielle sonst immer gegangen war. Durch mehrere Glastüren und zuletzt durch eine, die versperrt war und von der Schwester mit einer Zahlenkombination geöffnet wurde. Auf dem matten Glas stand: Kein Zutritt.

In einem Umkleideraum wurde Marielle mit Schutzkleidung ausgestattet. Sie befestigte eine Gesichtsmaske vor Mund und Nase. Die Schwester tat es ihr gleich.

Dann betraten sie ein Krankenzimmer. Es lag im Halbdunkel, obwohl draußen noch die Sonne schien. Zwei Betten standen entlang der Wand, dazwischen hing ein verblichener Vorhang. Hinter den Kopfenden hingen Monitore, es blinkte und piepste. Vom Beatmungsgerät ging ein hydraulisches Schnaufen aus, das an menschliches Luftholen erinnerte.

Im ersten Bett lag ein Patient mit Kopfverband, er sah aus wie eine altägyptische Mumie. Nur die Augenpartie war frei und der Mund, aus dem ein Tubus mit Beatmungsschlauch ragte.

Erst im zweiten Bett fand Marielle ihren Vater. Er sah überraschend gut aus. Bis auf die Beatmung, die auch bei ihm angeschlossen worden war, wirkte er, als schlafe er lediglich. Sein Brustkorb hob und senkte sich im Takt der Beatmung.

»Die Apparate und wir übernehmen die Grundfunktionen des Körpers wie das Atmen und die Verdauung«, erläuterte die Schwester leise. Obwohl die Patienten im Raum alle bewusstlos waren, flüsterte sie, als wollte sie sie nicht aufwecken. »Dadurch wird der Körper entlastet. Ihr Vater wird über Infusion versorgt. Wir kontrollieren Atmung, Herzfrequenz, Blutdruck und die Temperatur.«

»Geht es ihm den Umständen entsprechend gut?«, fragte Marielle ängstlich. Die Maschinerie des Intensivkrankenzimmers schüchterte sie ein.

»Ja. Wir hoffen, dass wir ihn schon in ein paar Tagen, wenn die Entzündungswerte sich stabilisieren, wieder zurückholen können. Ich lasse Sie jetzt kurz allein. Sprechen Sie ruhig mit ihm.«

»Hört er mich denn?«

Die Schwester kontrollierte die Anzeigen am Bett. »Man geht davon aus, dass auch Komapatienten im Unterbewusstsein Wahrnehmungen haben. Genau kann ich es Ihnen auch nicht sagen.«

Im Vorübergehen drückte die Schwester Marielles Hand. Dann verschwand sie hinter dem trennenden Vorhang.

Marielle näherte sich zögernd dem Bett. Sollte sie ihn anfassen? Oder lieber nur sprechen?

Ihr wollte überhaupt nichts Sinnvolles einfallen, was sie sagen hätte können.

»Scheiße …«, murmelte sie.

Marielle spürte Tränen aufsteigen. Doch weinen wollte sie jetzt nicht. Dafür war später noch Zeit, wenn sie allein war.

Vorsichtig griff sie nach der Hand, die schlaff auf der Bettdecke lag. Sie fühlte sich kalt an.

»Papa …«, flüsterte sie. »Ich bin's. Marielle. Es wird alles gut. Alles wird wieder gut …« Sie wusste selbst nicht, ob sie ihn oder sich selbst mit diesen Worten trösten wollte.

Sie kämpfte gegen die Tränen an.

Dann sagte sie einfach das, was sie im wachen Zustand hätte sagen wollen: »Ich habe die Parfümprobe fertig. Ich denke, sie ist wirklich gut geworden. Eigentlich hatte ich gehofft, dass du mit mir nach Nizza kommen könntest und wir sie gemeinsam präsentieren. Aber ich denke, das wird wohl nichts …« Sie schniefte. »Ich kriege das hin, Papa. Versprochen. Und du werde bitte wieder gesund, ich brauche dich noch ein wenig. Verstanden?«

Die Krankenschwester kehrte hinter dem Vorhang zurück. Sie warf Marielle einen wissenden Blick zu. Marielle ließ die Hand ihres Vaters los und trat vom Bett zurück.

»Machen Sie sich nicht allzu viele Sorgen. Das ist ein ganz normaler Vorgang bei der Schwere der Infektion. Er ist zäh, das steht er schon durch«, sagte sie Schwester aufmunternd.

Marielle nickte mechanisch. Sie ließ sich an dem anderen Patienten vorbei und zur Tür hinaus bugsieren. Draußen verabschiedete sie sich von der Krankenschwester und lief zurück zum Aufzug.

Marielle verließ das Krankenhaus und wusste nicht, wohin. Sie fuhr ziellos durch die Straßen und fand sich irgendwann auf dem Parkplatz der Manufaktur wieder. Er war leer. Die Angestellten der Parfümerie waren alle im Wochenende. Marielle stieg aus und sperrte die Tür auf. Automatisch ging sie ins Labor.

In ihrem Kopf war nur Platz für den einen Gedanken: Was, wenn ihr Vater jetzt starb? Ohne dass sie ihn noch einmal gesehen hatte? Ohne dass er noch einmal aus dem Krankenhaus gekommen war?

Was, wenn er sie jetzt schon allein mit alldem ließ?

Mechanisch begann Marielle, die nächste Destillation vorzubereiten. Es gab ihren Händen etwas zu tun. Dann würden sie vielleicht auch aufhören zu zittern.

Sie konnte durch den Schleier aus Tränen kaum mehr etwas sehen, und trotzdem arbeitete sie verbissen weiter.

Um diese Uhrzeit war das Labor verwaist. Niemand würde

sie weinen sehen. Morgen, ja morgen würde sie sich wieder zusammennehmen und weitermachen. Aber heute nicht.

Ein Reagenzglas glitt ihr durch die Finger, fiel zu Boden und zerbarst in Tausende winzige Splitter. Marielle griff nach dem Handfeger und ging vor dem Tisch in die Hocke.

Doch anstatt die Scherben aufzufegen, blieb sie einfach bewegungslos hocken und ließ ihrer Verzweiflung freien Lauf.

Die Tränen rannen unaufhörlich über ihr Gesicht und tropften auf den Boden. Auf dem grau-weißen Vinyl-Boden bildeten sich feuchte Ringe.

Die ganze Zeit über war die Tatsache, dass ihr Vater unheilbar krank war, ihr nie so deutlich und real erschienen. Er war zur Arbeit gegangen, er hatte ihr Ratschläge gegeben, mit ihr über chemische Formeln und Duftkombinationen gesprochen, auch als er schon im Krankenhaus lag, war er immer noch da gewesen. Im Hintergrund zwar, aber da und jederzeit bereit, ihr zuzuhören und Hinweise zu geben.

Jetzt war er fort. Für den Moment war sie komplett auf sich allein gestellt. Und wenn er jetzt …?

Marielles Schultern bebten, ein Weinkrampf schüttelte sie. Wie nur, wie sollte sie je wieder aufhören mit weinen?

Alles fühlte sich so schrecklich leer an in ihr.

Sie erschrak bis ins Mark, als jemand ihr mit sanftem Nachdruck den Feger aus der Hand nahm. Hastig versuchte sie ihre Tränen wegzuwischen.

Hände griffen ihr unter die Arme und zogen sie hoch. Ein Hocker wurde herangeholt und unter sie geschoben. Erst da konnte Marielle durch ihre verweinten Augen etwas erkennen.

Auf dem Boden zu ihren Füßen hockte Bastien in seinem perfekt sitzenden Anzug und fegte ihre Scherben auf ein Kehrblech.

Er sagte nichts. Seine Hände taten einfach das, was getan werden musste. Stillschweigend.

Das gab Marielle die Zeit, sich zu fassen. Sie zog die Nase hoch und wischte sich über die feuchten Wangen.

Warum hatte ausgerechnet Bastien Zeuge ihrer Verzweiflung werden müssen? Wieso war er überhaupt da? Sie hatte sein Auto auf dem Parkplatz nicht bemerkt.

»Was machen Sie denn hier?«, fragte sie zusammenhanglos.

Er hob den Kopf. »Auffegen.«

»Nein, ich meine, wieso sind sie noch nicht zu Hause?«

Er war fertig und stand auf, um die Scherben in einen Mülleimer zu entsorgen. Dann reichte er ihr ein Papiertaschentuch.

Sie schnäuzte sich geräuschvoll.

»Ich habe noch über einer Kalkulation gesessen«, antwortete er. Jetzt stand er vor ihr an den Labortisch gelehnt, das leere Kehrblech und den Handfeger noch in der Hand.

Marielle wusste nicht, was sie sagen sollte. Es war ihr unendlich peinlich, dass er sie in diesem schwachen Moment überrascht hatte. So nährte sie nur die Vorbehalte, die er ohnehin schon gegen sie hatte.

»Ich habe Ihr Auto nicht gesehen«, murmelte sie, als erklärte das ihren Ausbruch.

»Ich bin zu Fuß gelaufen«, erwiderte er ruhig. »Ich brauchte frische Luft und ein wenig Bewegung.«

Sie nickte.

»Kaffee?«, fragte er.

Verwirrt sah sie zu ihm auf.

»Möchten Sie vielleicht einen Becher Kaffee?«, präzisierte er. »Ich habe welchen drüben im Büro.«

Marielle zuckte die Achseln.

Er hielt ihr die Hand hin. Automatisch griff sie danach. Bastien zog sie auf die Füße. Einen Moment schien er zu überlegen, ob sie wohl stabil genug war, selbst zu gehen. Dann ließ er ihre Hand wieder los und ging voraus.

Marielle straffte ihre Schultern und strich die Bluse glatt. Sie wollte nicht noch mehr Mitleid erregen. Wenn es überhaupt Mitleid war und nicht Verachtung.

Als sie sein Büro betrat, hatte er bereits eine große Tasse mit Kaffee gefüllt.

Sie trat ein und sah sich um. Bisher war sie noch nie in seinem Büro gewesen. Es war klein und hatte kein Fenster. Die nackten weißen Wände und die sterile Neonbeleuchtung hätten auch einen Operationssaal vermuten lassen können. Sofort fühlte sie sich an das Krankenhaus erinnert. Sein Schreibtisch bestand aus einer einfachen Resopalplatte mit vier verchromten Beinen. Darauf herrschte penible Ordnung. Nichts ließ darauf schließen, dass er bis eben an etwas gearbeitet hatte. Nur das leise Surren des eingeschalteten Computers deutete darauf hin.

Marielle fand auf den ersten Blick keinen einzigen persönlichen Gegenstand. Unschlüssig stand sie an der Tür.

»Milch und Zucker?«, fragte Bastien.

Auf dem Sideboard, vor dem er stand, hatte er eine Thermoskanne, einige Tassen und Löffel arrangiert. Seine eigene Tasse stand auf einem Korkuntersetzer, der Rest auf einem Tablett mit einer weißen Serviette darunter. Nirgendwo war auch nur der kleinste Klecks Kaffee zu sehen oder gar ein Glasrand.

Marielle nickte mechanisch.

»Beides?«, fragte er erneut.

Wieder nickte sie.

Er goss Milch aus einer kleinen Edelstahlkanne in die Tasse, die er in der Hand hielt. Dann versenkte er zwei Stück Würfelzucker darin. Mit einem Löffel verrührte er alles und reichte ihr die Tasse.

Marielle war froh, sich an etwas festhalten zu können.

Bastien ging mit seiner Tasse und dem Korkuntersetzer zum Schreibtisch hinüber. Er deutete auf den zweiten Stuhl im Raum, der in der Ecke stand. Er selbst setzte sich auf den Drehstuhl hinter dem Schreibtisch.

Das Büro ihres Vaters war wie seine Persönlichkeit, vollgestopft mit Büchern, Ordnern und Papieren, ein wenig chaotisch und doch nach einem eigenen Prinzip geordnet. Es sprühte vor Kreativität. Ob diese sterile Atmosphäre ebenfalls den Charakter des Besitzers widerspiegelte? Der Kontrast hätte nicht größer sein können.

Sie holte den Stuhl heran und setzte sich Bastien gegenüber. Dann nippte sie am Kaffee. Er war nicht mehr besonders heiß, aber das war eigentlich auch egal.

»Geht's wieder?«, fragte Bastien.

»Es ist alles in Ordnung«, log sie.

Ein Blick aus seinen braunen Augen traf sie, den sie schwer einzuordnen vermochte. Hätten sie sich unter anderen Umständen kennengelernt, hätte dieser durchdringende Blick ihr möglicherweise ein flaues Gefühl in der Magengegend beschert. Gerade in der sterilen Umgebung seines Büros wirkte die scheinbar ungewollte Lässigkeit seines Maßanzugs, der leicht verwuschelten Haare und der nachlässigen Rasur auf sie. Er sah mehr denn je aus, wie einer Modezeitschrift entstiegen.

Marielle versuchte diese Gedanken rasch abzuschütteln. Es half ihr jetzt überhaupt nicht weiter, dass sie ihn unerklärlicherweise attraktiv fand.

»Ich glaube, das ist es nicht«, sagte er ruhig, sein Blick fixierte sie immer noch.

Einen Moment lang wusste Marielle nicht, wovon er sprach.

»Hat es mit Ihrem Vater zu tun?«, hakte er vorsichtig nach. »Oder mit dem Kundentermin?«

Wenn er sie für fähig hielt, wegen eines Gesprächs mit einem Kunden unkontrolliert in Tränen auszubrechen, dann musste er sie wirklich für unfassbar unprofessionell ansehen. Hastig schüttelte Marielle den Kopf.

»Nein, nicht mit dem Termin. Ich denke, ich habe …«, rasch unterbrach sie sich selbst und verbesserte: »… *wir haben* gute Chancen, den Auftrag doch noch zu bekommen.«

»Dann gibt es schlechte Nachrichten aus dem Krankenhaus?«, schlussfolgerte Bastien.

Marielle musste tief Luft holen, um eine Antwort geben zu können, ohne dass sie sofort wieder die Beherrschung verlor. »Meinem Vater geht es sehr schlecht. Sie mussten ihn in ein künstliches Koma versetzen.«

»Verdammte Scheiße …«

Obwohl ihr zum Heulen war, musste Marielle schmunzeln. Dieser Ausbruch passte gar nicht zu dem Bild, das sie von ihm hatte.

»Denken Sie … also wäre es möglich, dass er …« Bastien sah nun ebenfalls mitgenommen aus.

Da erst ging ihr auf, dass sie womöglich nicht die Einzige im Raum war, die sich Sorgen um ihren Vater machte.

»Die Ärzte können keine Prognose stellen«, weihte sie ihn in die kargen Informationen ein, die man ihr im Krankenhaus gegeben hatte. »Im Moment macht ihnen die Lungenentzündung mehr Sorgen als der Krebs.«

Bastien drehte die Tasse in den Händen. »Durften Sie zu ihm?«

»Nur ganz kurz. Und im Moment darf nur ich ihn sehen.« Es gelang ihr nicht, die Tränen zurückzudrängen.

Sie senkte den Blick, um sie zu verstecken.

»Das muss eine sehr schwere Situation für Ihre Mutter und Sie sein.« Es klang sogar ehrlich mitfühlend.

»Oh, lassen Sie meine Mutter aus dem Spiel!« Ihre Reaktion kam so schnell und mit solcher Heftigkeit, dass Bastien zurückzuckte.

Marielle biss sich auf die Lippen. Was gingen ihn ihre innerfamiliären Probleme an?

Er überging den Einwurf.

»Was macht Sie so sicher, dass wir den Auftrag doch noch bekommen werden?«, wechselte er das Thema.

»Ich habe heute Nachmittag die neuen Parfümproben fertiggestellt. Eigentlich hatte ich sie mit ins Krankenhaus nehmen und meinem Vater vorführen wollen. Aber dazu kam es leider nicht …«

»Darf ich sie sehen?« Es gelang ihm, weder herablassend noch skeptisch zu klingen.

Marielle stand auf. »Sie sind drüben im Labor in meiner Tasche.«

Bastien stellte seine Tasse wieder auf dem Sideboard ab. Marielle nahm ihre mit.

Im Labor wühlte sie die Proben aus ihrer Handtasche und baute alles auf dem Labortisch auf. Sie holte frische Teststreifen und tauchte sie in die kleinen Fläschchen, die sie mit Nummern versehen hatte. Zu jeder Probe hatte sie eine genaue Aufstellung aller Zutaten gemacht. Die handschriftlichen Aufzeichnungen breitete sie ebenfalls auf dem Tisch aus.

Bastien sah ihr dabei zu. »Sie arbeiten wie Ihr Vater«, stellte er fest. Ein Lächeln huschte für einen kurzen Augenblick über sein Gesicht.

»Ich habe ja auch viel von ihm gelernt.« Marielle freute sich über das Kompliment, auch wenn es von Bastien kam.

»Er weigert sich beharrlich, die Dokumentation seiner Versuchsreihen am Computer zu machen. Alles handschriftlich.«

Oder war es gar kein Kompliment gewesen, sondern eine versteckte Kritik an ihrer beider Rückständigkeit? Marielle musterte Bastien misstrauisch von der Seite.

»Ich sage nicht, dass das eine schlechte Herangehensweise ist«, versicherte er rasch, als habe er ihre Gedanken gelesen.

Marielle hielt ihm den Teststreifen der ersten Probe hin. »Augen zu«, befahl sie.

Er gehorchte und führte den Steifen mit geschlossenen Augen an die Nase.

»Moschus?«, fragte er.

»Versuchen Sie nicht auf die einzelnen Bestandteile zu achten. Welches Bild entsteht bei dem Duft in Ihrem Kopf?« Noch während sie sprach, fragte Marielle sich, ob er überhaupt zu solchen abstrakten Kreativ-Techniken fähig war. Seine penible Buchhalterseele passte wohl doch eher in die triste Langeweile seines Büros.

»Welches Bild?«, wiederholte er prompt.

»Was assoziieren Sie damit?«

»Keine Ahnung … Einen bulligen Ochsen auf einer Weide?« Bastien öffnete die Augen.

Das fassungslose Gesicht, in das er blickte, entlockte ihm ein Grinsen.

»Moschusochsen, Sie verstehen?«

In nur teilweise gespielter Verzweiflung schlug Marielle sich die Hand vor das Gesicht. »Oh Gott … Und Sie wollen Parfümeur sein?«

»Die kreative Arbeit habe ich immer Ihrem Vater überlassen«, gestand Bastien. »In diesen Dingen bin ich nicht so bewandert. Ich kann die Düfte kopieren, wenn ich die genauen Aufzeichnungen Ihres Vaters habe. Aber entworfen hat er sie allein.«

Gestand er gerade ein, dass es Dinge gab, die er nicht konnte? Worin andere gar besser waren?

Sie womöglich?

Sie nahm ihm den Teststreifen aus der Hand und nahm einen tiefen Atemzug. »Dieser hier verbindet die klassischen Duftnoten für die Grasse auf der ganzen Welt berühmt ist. Das Spannungsfeld zwischen der salzigen Seeluft und der erdigen Würze des bergigen Hinterlands ist hier abgebildet. Wie die Stadt, die sowohl vom Meer beeinflusst wird als auch vom Esterel-Gebirge im Landesinneren. Es ist ein sehr traditioneller Duft, der nur in der Kopfnote ein paar exotische Akzente aufweist«, erklärte sie. »Die Herznote ist Santolina. Darin vereint sich der ganze Gegensatz, der die Provence ausmacht. Daneben sind noch Bergamotte und Jasmin eingeflochten. Der Grundton ist das Lavendelöl von unseren eigenen Anbauflächen.«

Sie erwartete den üblichen verächtlichen Zug um seine Lippen, doch Bastien hörte ihr einfach nur interessiert zu. Tatsächlich glaubte sie sogar ein angedeutetes Lächeln um seine Mundwinkel zucken zu sehen.

Er nahm ihr den Streifen aus der Hand, wodurch sich ihre Hände kurz berührten. Es fühlte sich wie ein kleiner elektrischer Schlag an. Ohne sie aus den Augen zu lassen, hielt er den Teststreifen an die Nase.

»Was ist?«, fragte sie, nachdem er keine Reaktion zeigte.

»Es hat mich bei Ihrem Vater schon immer fasziniert, wie er Düfte so beschreiben konnte, dass tatsächlich Bilder im Kopf entstehen. Ich stelle gerade fest, dieses Talent besitzen Sie auch.«

Jetzt klang es eindeutig nach Kompliment.

»Wahrscheinlich habe ich das von ihm übernommen.«

»Lavendel, Santolina, Bergamotte und Jasmin. Alles typische Kräuter und Pflanzen aus der Region, ja. Trotzdem wäre ich nie auf die Idee gekommen, in ihrer Kombination die Landschaft widergespiegelt zu sehen.«

Marielle konnte nicht anders, als die Augen zu verdrehen. »Das ist aber doch offensichtlich. Die Pflanzen wachsen in dieser Region und sind in ihren Eigenschaften genau auf das Land, auf den Boden und die Witterungsverhältnisse ausgerichtet. Ihr Duft fängt das Klima ein, die geologische Beschaffenheit der Erde, einfach *das Wesen* ihres Standorts!«

»Ja, vermutlich ist das so …«, räumte er ein.

»Trinken Sie Wein?«, fragte Marielle unvermittelt.

»Was? Äh … ja, gelegentlich …« Jetzt lächelte er wirklich. »Möchten Sie mich ausführen?«

Wenn er nicht mit jeder Pore seine scheinbare Überlegenheit über sie ausschwitzte, dann gelang es ihm beinahe, charmant zu wirken. Marielle konnte sich ein Lächeln ebenfalls nicht verkneifen.

»So war's eigentlich nicht gemeint.«

»Wie dann?«

Plötzlich fühlte sich Marielle merkwürdig befangen in seiner Gegenwart. Bisher hatte sie ihn nur als Widersacher wahrgenommen und nicht als Mann, noch dazu als einen, mit dem man womöglich ein Rendezvous haben konnte.

Ihre Stimme klang ein wenig belegt, als sie fortfuhr: »Ich wollte nur sagen, dass das bei Wein doch ganz ähnlich ist. Es kommt dabei auf die Hanglage, auf die Bodenbeschaffenheit, auf das Mikroklima des Weinbergs an. Und deshalb variieren die Jahrgänge. Obwohl es derselbe Rebstock auf demselben Weinberg ist, schmecken die Trauben und mit ihnen am Ende der Wein jedes Jahr leicht anders. Im Geschmack des Weins spiegelt sich der Niederschlag des vergangenen Jahres wider. Die Sonnenstunden sind im Zucker der Trauben gespeichert, die Mineralien des Bodens geben dem Wein seinen Charakter. Wie ein Fingerabdruck.«

»Das klingt vollkommen logisch, was Sie da sagen. Und es hat eine gewisse Romantik.«

Das Wort Romantik klang seltsam aus seinem Mund. Noch dazu, wo sie in der nüchternen Sterilität des Labors standen.

»Ich hätte nicht angenommen, dass Sie für so etwas empfänglich sind«, stellte Marielle fest.

»Nein?«

»Nein. Weil Sie …« Sie suchte nach dem passenden Wort.

»Weil ich, was?«

»… unerträglich *spießig* sind.«

Bastien lachte schallend.

»Bieder geradezu«, setzte Marielle noch einen drauf. »Und entsetzlich langweilig in ihrer Penibilität.«

Er rang nach Luft vor Lachen. »So sehen Sie mich?«

»Ja. Darüber hinaus sind Sie arrogant und völlig von sich eingenommen. Warum weiß ich nicht.« Es machte Marielle auf diebische Weise Spaß, die angestaute Ablehnung auszusprechen und ihn mit ihrem Bild von ihm zu konfrontieren.

Und Bastien schien es ihr nicht einmal übelzunehmen. »Soso. Soll ich Ihnen sagen, wie Sie auf mich wirken?«

»Nur zu!«

»Verwöhnt. Und sich selbst überschätzend. Sie halten sich für den Nabel der Welt und jeder, meinen Sie, müsste ehrfurchtsvoll um Sie kreisen.«

Marielle schnappte empört nach Luft. »Ich bin überhaupt nicht verwöhnt! Die Doktorandenstelle in Kairo habe ich aufgrund meiner hervorragenden Leistungen an der Sorbonne und in Versailles bekommen, nicht weil ich den Namen einer Parfümeursfamilie trage!«

»Natürlich sind Sie verwöhnt«, hielt Bastien dagegen. »Sie sind so privilegiert, dass Sie es noch nicht einmal mehr merken! Ich musste neben dem Studium fast Vollzeit arbeiten, um mir das Studentenleben leisten zu können. Ich hatte keine reichen Eltern, die mir ein hübsches Appartement gemietet und ein schickes Auto vor die Tür gestellt hätten.«

»Woher wollen Sie wissen, wie ich während des Studiums gelebt habe? Ich habe in den Semesterferien hier in der Fabrik mitgeholfen und hatte an der Uni Jobs als studentische Hilfskraft. Für meine Doktorarbeit habe ich ein Stipendium bekommen. Auf die Idee, dass sich auch andere ihren Erfolg hart erarbeitet haben, kommen Sie in Ihrer Selbstgerechtigkeit gar nicht!« Jetzt schwang doch wieder ehrliche Empörung in ihren Worten mit.

»Mir scheint halt nicht den ganzen Tag die Sonne aus dem Arsch.«

»Neidisch?«

Obwohl sie sich die Vorwürfe nur so um die Ohren fetzten, behielt ihre Auseinandersetzung einen spöttisch-amüsierten Tonfall. Marielle war unsicher, ob er wirklich hundertprozentig ernst meinte, was er sagte. Ihre Anschuldigungen ihm gegenüber beinhalteten gleichwohl einen wahren Kern.

»Ja, mag sein …« Bastien wurde plötzlich wieder ernst. »Vielleicht haben Sie recht, ich beneide Sie um die Möglichkeiten, die sich Ihnen ganz von allein bieten.«

»Wie zum Beispiel?«

Bastien vollführte eine Geste, die das Labor und die Manufaktur einschloss. »Das alles hier. Es ist einfach da und liegt Ihnen zu Füßen. Sie brauchen nur noch zuzugreifen.«

»So stimmt das aber doch nicht«, widersprach sie. »Ich habe auch eine große Verantwortung damit übernommen. Meinen Sie, ich möchte gern die erste Generation meiner Familie sein, die mit der Manufaktur scheitert? Nachdem mein Vater und dessen Vater so viel Energie und Herzblut in deren Aufbau gelegt haben? Wo scheint mir denn, wie Sie es nennen, die Sonne aus dem Arsch?« Sie drehte sich von ihm weg, als wollte sie, dass er sich mit eigenen Augen überzeugte, dass kein Sonnenstrahl aus ihrer Hose drang. »Mein Vater liegt im Sterben. Und ich habe verdammt noch mal keine Ahnung, wie ich diesen Karren aus dem Dreck kriegen soll.«

So. Nun war es ausgesprochen. Sie hatte gerade ihn auf keinen Fall wissen lassen wollen, wie sehr sie haderte. Jetzt wusste er es.

Irgendwie fühlte sie sich erleichtert.

Halb erwartete sie, dass er sich weiter lustig machen würde. Doch das tat er nicht.

»Sie haben recht«, wiederholte er indes. »Ich habe Sie vielleicht falsch eingeschätzt. Und was Ihren Vater betrifft, die Situation ist ohne jeden Zweifel scheiße. Nein, darum beneidet Sie sicherlich niemand.«

Marielle hielt ihm noch eine Duftprobe vor die Nase. »Ich will, dass er stolz auf uns ist.« Sie sagte bewusst, *uns*. »Ich hoffe, dass er sich erholt und dass er noch einmal nach Hause darf. Und dann möchte ich, dass der Laden hier brummt. Kann ich dafür auf Sie zählen?«

Bastien griff nach dem Duftstreifen, als überreichte sie ihm den Staffelstab. »Natürlich können Sie auf mich zählen. Das konnten Sie schon die ganze Zeit.«

»Dann lassen Sie uns keine Zeit mehr verlieren.« Marielle zog die handschriftlichen Notizen heran, die sie sich zu Duftprobe Nummer 1 gemacht hatte. »Ich habe mir überlegt, vielleicht braucht es noch eine kleine Nuance von etwas Herberem. Pinienharz zum Beispiel, das ist auch typisch für die Region.«

Bastien inhalierte noch einmal den ersten Duft, den sie komponiert hatte. »Aber höchstens eine ganz kleine Nuance, sonst zerstören Sie die Leichtigkeit. Eine winzige Abweichung kann das Ergebnis komplett verändern.«

Marielle lächelte zufrieden. »Na also, Sie verstehen ja doch etwas davon.«

Dann beugten sie sich beide wieder über ihre Duftprobe, ausnahmsweise in Eintracht.

Kapitel 8

»Vielleicht gibst du's jetzt endlich zu«, schlug Amélie vor. Die beiden Freundinnen lagen wieder am Pool des Chateaus unter einem ausladenden Sonnenschirm.

»Was soll ich zugeben?« Marielle blinzelte schläfrig in die Sonne.

»Dass du schon von Anfang an nur deshalb so garstig zu Bastien warst, weil du ihn auf den ersten Blick gut fandest, er dich aber nicht.«

Mit einem Ruck setzte Marielle sich auf und war plötzlich wieder hellwach. »Nein! Wie kommst du darauf? Ich fand ihn vom ersten Augenblick an unmöglich, und das tue ich immer noch!«

Es war später Nachmittag und Amélie war eigentlich gekommen, um Marielle ausgiebig von Yves und ihrem Rendezvous zu erzählen.

»Ich glaube, du verhältst dich ihm gegenüber so, weil du das Gefühl hattest, dass *er dich* unmöglich findet und dir nicht die Blöße geben wolltest, womöglich zurückgewiesen zu werden.« Amélie sah sehr überzeugt von ihrer Theorie aus.

»Pah! Von einem wie diesem Bastien würde ich mir auch

keinen Korb geben lassen. Aber ich will ihn ja überhaupt nicht.«

Marielle schob ihre Sonnenbrille zurück auf die Nasenwurzel und schnaubte entrüstet.

Völlig absurd! Als ob sie sich für einen so selbstverliebten Kerl auch nur im Ansatz interessieren könnte. Amélie kannte sie aber wahrlich schlecht.

»Er soll dich aber nach Möglichkeit schon wollen, oder?«, bohrte Amélie nach.

Marielle kaute auf ihrer Unterlippe. »Schadet zumindest nicht …«

»Noch mal zurück, wie hat er genau reagiert, als er dich da heulend im Labor vorgefunden hat?«

Marielle war über die Schilderung dieses für sie immer noch peinlichen Moments schnell hinweggegangen. Auch jetzt verspürte sie keinerlei Bedürfnis, ins Detail zu gehen. »Er hat dich in den Arm genommen?«, versuchte Amélie ihr auf die Sprünge zu helfen.

»Was? Nein! Hat er nicht! So weit kommt's ja noch«, protestierte Marielle sofort.

»Sondern?«

»Er hat die Scherben aufgekehrt, weiter nichts.«

»Aha.« Amélie klang nicht überzeugt.

Marielle ließ die Situation noch einmal Revue passieren. Bis auf die Tatsache, dass sie heulend wie eine psychisch labile Vierzehnjährige auf dem Boden gehockt hatte und er sie so überrascht hatte, war nichts passiert.

Gut, sie hatten sich irgendwie angenähert. Rein geschäftlich.

»Vielleicht können wir jetzt besser zusammenarbeiten«, überlegte Marielle laut.

»Aha!« Amélie wiederholte ihren Ausruf mit mehr Nachdruck dieses Mal.

Marielle sah zu ihr hinüber. »Was denn, aha? Gar nichts,

aha! Ich muss irgendwie mit ihm auskommen, ob ich will oder nicht. Und gestern war er zumindest nicht mehr ganz so … großkotzig.«

»Weil du ihm leidgetan hast«, ergänzte Amélie und grinste triumphierend. »Du hast eine weiche Seite in ihm geweckt. Das ist ein guter erster Schritt …«

»Ein Schritt wohin, möchte ich wissen«, grummelte Marielle und kreuzte die Arme vor der Brust.

Amélie machte ein vielsagendes Gesicht. »Wer weiß …?«

»Ach, Schluss jetzt! Du hörst das Gras wachsen. Dass wir uns jetzt nicht mehr gegenseitig die Köpfe einschlagen, ist kein Indiz für irgendwelche romantische Kacke, die du da zu sehen glaubst. Echt nicht. Ich versteh das ja, du schwebst gerade auf rosa Wolken mit deinem Yves und ich gönn es dir von Herzen, wirklich, aber deswegen müssen nicht alle Menschen um dich herum plötzlich auch in verliebter Glückseligkeit schwelgen.«

Marielle setzte sich auf und schwang die Beine von der Liege. Es hielt sie nicht mehr unter dem Sonnenschirm.

»Je mehr du dementierst, umso verdächtiger wird es«, stellte Amélie fest.

Marielle verdrehte die Augen zum Himmel. Dann streifte ihr Blick die Terrasse. Eben trat ihre Mutter aus der Tür.

Obwohl, *trat* war vielleicht das falsche Wort. Sie tastete sich mit kleinen Tippelschritten vorwärts, als müsste sie das Gehen erst neu erlernen. Mit der einen Hand hielt sie sich am Türstock fest, mit der anderen schirmte sie ihre Augen gegen das Sonnenlicht ab.

»Oh nein, meine Mutter kommt«, zischte Marielle ihrer Freundin zu. »Schnell, lass uns ein Stück gehen. Ich hab jetzt keinen Nerv, mich mit ihr auseinanderzusetzen.«

Bereitwillig stand Amélie auf und schlang sich ihr Handtuch um die Hüften. Marielle angelte mit den Zehen ihre Flipflops unter der Liege hervor und schlüpfte hinein. Dann wickelte sie sich ihr buntes Pareo-Tuch um und fixierte es um den Hals wie ein leichtes Sommerkleid.

Bevor Camille die Terrasse überqueren konnte, liefen die beiden jungen Frauen durch den Park davon.

Marielle starrte auf den Bildschirm. Was sie sah, erschreckte sie zutiefst. Ihr war klar gewesen, dass etwas in der Manufaktur nicht stimmte, aber das war schlimmer als alles, was sie hatte erahnen können.

»Ich wusste nichts davon«, murmelte sie. »Ich hatte ehrlich keine Ahnung …«

Sie wusste, dass das als Entschuldigung nicht gelten konnte. Jetzt lag die Geschäftsführung in ihren Händen und wissentlich oder nicht, sie war verantwortlich.

Es ärgerte sie, dass es wieder ausgerechnet Bastien war, dem sie diese Erleuchtung verdankte. Er stand neben seinem eigenen Schreibtischstuhl, den er an sie abgetreten hatte, und wartete, bis sie seine Aufstellungen durchgeschaut hatte.

Marielle hatte auf seinem Stuhl Platz genommen und scrollte durch die Tabellen, die er ihr zeigte.

»Dann wird es Zeit, dass Sie ins Bild gesetzt werden. Ich hatte schon angenommen, dass Ihr Vater vielleicht nicht das ganze Ausmaß dargelegt hat«, sagte Bastien.

Er bemühte sich um einen neutralen Ton. Tatsächlich war ihm seit ihrer Begegnung am Sonntagabend im Labor kein boshaftes oder überhebliches Wort mehr über die Lippen gekommen.

»Das sind die monatlichen Belastungen durch die beiden Kredite … und hier sehen Sie die Entwicklung unserer Absatzmärkte … Wir haben in den letzten zwölf Monaten fast dreißig Prozent unserer Kunden im europäischen Ausland verloren. Und hier …« Er beugte sich über sie, nahm ihr die Maus aus der Hand und klickte von einer Tabelle zur nächsten. »Hier können Sie deutlich den Einbruch auf dem amerikanischen Markt erkennen. Die Erlöse haben sich in dieser Sparte in den letzten Wochen wieder ein wenig erholt, aber wir sind noch weit von den Vorjahreszahlen entfernt.«

Marielle starrte auf den Bildschirm. Die Reihen und Spalten voller Zahlen begannen vor ihren Augen zu verschwimmen. Sie hörte nur noch mit halbem Ohr zu. Was Bastien berichtete, war auch so noch dramatisch genug.

»Das ist … grauenhaft …« Ihr fehlten die richtigen Worte. Sie rang nach Luft. »Und Sie wussten das die ganze Zeit und sagen kein Wort?«

»Ihr Vater weiß das auch«, rechtfertigte Bastien sich. »Ich bin davon ausgegangen, dass er Sie über die angespannte Lage der Manufaktur informiert hat. Immerhin sollen Sie die Geschäftsführung übernehmen.«

In Marielles Kopf schwirrten die Gedanken wie ein aufgescheuchter Vogelschwarm herum. Sie bekam keinen richtig zu fassen.

»Der Lieferant …«, fiel es ihr plötzlich wieder ein. »Wir haben ihn gar nicht deshalb nicht bezahlt, weil er schlechte Ware liefert. Wir können nicht. Richtig?«

Bastien hob die Schultern. »Die Qualität ist auch schlecht. Aber ja, vermutlich ist das nicht der wahre Grund, weshalb wir ihm Rechnungen schuldig geblieben sind.«

Marielle stützte den Kopf auf die Arme und bedeckte das Gesicht mit beiden Händen. »Wie sollen wir da jemals wieder rauskommen?«

Nachdem er sie schon hatte heulen sehen, war ihre Hemmschwelle gesunken, ihn an ihren wirklichen Gefühlen teilhaben zu lassen. Möglicherweise war das falsch, aber gerade hatte Marielle keine Kraft mehr, Charade zu spielen.

»Vielleicht sprechen Sie mit Baume. Wenn er seine Lieferungen an uns einstellt, können wir nicht mehr produzieren. Und wenn wir nichts mehr herstellen, können wir erst recht keinen Umsatz mehr generieren …«

Sie hob den Kopf wieder und sah ihn zweifelnd an. »Aber wenn er uns weiterhin nur die mindere Qualität liefert – was ich nach dem, was Sie mir gerade gezeigt haben, verstehen kann, ich würde auch nicht meine beste Ware an jemanden liefern, der seine Rechnungen nicht bezahlt – dann können wir auch unsere Produktqualität nicht halten. Die Absätze werden so und so weiter einbrechen.«

Bastien nickte schwach.

Da streifte Marielle ein Geistesblitz. Ohne eine Erklärung abzugeben, griff sie nach Bastiens Telefon und wählte Fleurs Durchwahl.

»Monsieur Darrieux, was kann ich für Sie tun?«, flötete die Sekretärin in den Hörer. Marielle war überrascht wie schmeichelnd Fleur ihren Assistenten vermeintlich begrüßte. Sie hätte wahrscheinlich locker seine Mutter sein können, und trotzdem verfehlte sein Charme offenbar nicht seine Wirkung.

»Ich bin es, Fleur«, stellte Marielle klar. »Kommen Sie bitte einmal rüber, ich möchte etwas mit Ihnen und Bastien besprechen.«

Wenig später hörten sie durch die angelehnte Bürotür Fleurs Absätze dienstbeflissen über den Vinylboden klappern. Sie klopfte und steckte dann den Kopf durch den Türspalt.

»Kommen Sie herein«, lud Marielle sie ein, als säße sie in ihrem Büro.

»Sie wollten mich sprechen, Madame la Directrice?«

Bastien holte den Stuhl heran und bot Fleur den Platz gegenüber des Schreibtischs an. Er selbst blieb stehen.

Marielle kam ohne Umschweife zur Sache: »Fleur, ich hatte Sie gebeten, mir Anbieter herauszusuchen, die organischen Anbau betreiben. Haben Sie die Liste?«

Fleurs übergroße Augen fixierten Marielle eifrig. »Selbstverständlich. Soll ich sie holen?«

»Nein, ich komme gleich mit.« Marielle erhob sich.

»Wollten Sie nicht etwas mit uns *besprechen?*«, erinnerte

Bastien sie. Es war ein Anflug der alten Ressentiments in seinem Tonfall hörbar.

Noch fiel es Marielle schwer, sich daran zu erinnern, aber er hatte recht, sie musste ihn in ihre Überlegungen besser einbeziehen.

Marielle ließ sich wieder zurück in den Drehstuhl sinken. »Also schön, ich habe vor, einiges umzustellen, und zwar möglichst sofort. Was wir brauchen, ist gute Qualität zu einem vernünftigen Preis, und wir müssen unsere Produktlinien anpassen. Ich möchte die genauen Absatzzahlen aller unserer derzeit produzierten Duftlinien sehen. Wir schmeißen alles raus, was zu wenig Umsatz bringt und konzentrieren uns auf einige wenige Hauptabnehmer. Außerdem will ich, dass unsere Rohstoffe ausschließlich in Bio-Qualität gekauft werden und wenn möglich hier aus der Region. Das wird unser neues Aushängeschild.«

Aufmerksam beobachtete sie jede Regung in Bastiens Miene. Fand er ihre Überlegungen gut? Oder hielt er sie für völlig übergeschnappt?

Da er nichts zu erkennen gab, fuhr sie fort: »Sie, Bastien, bitte ich darum, eine Aufstellung der Produktlinien nach Rentabilität zu erstellen. Welche unserer eigenen Linien bringen uns wirklich etwas ein und welche unserer Auftraggeber?«

Vielleicht bildete sie es sich auch nur ein, aber Marielle glaubte, einen beeindruckten Zug in seinem Gesicht zu lesen.

Er fuhr sich mit den gespreizten Fingern durch das ohnehin schon verwuschelte Haar und hinterließ darin einen Effekt, als sei er gerade aufgestanden. »Kein Problem. Mache ich.«

Marielle nickte abwesend. Sie hatte schon die nächste Idee im Kopf, die würde sie aber noch ein wenig für sich behalten. Dass Bastien auch gut einer Parfümwerbung entsprungen sein könnte, hatte sie schon mehrfach gedacht, warum nicht Profit daraus schlagen?

Statt teure Werbefotos mit professionellen Models zu schießen, würden sie selbst ihre Produkte bewerben und gleichzeitig Gesicht zeigen für die Menschen hinter der Produktion. Fleur war vielleicht keine klassische Schönheit, aber sie repräsentierte den Typus der reifen Dame mit Anspruch. Und sie selbst würde für die jüngere Generation posieren.

Die Idee gefiel ihr immer besser, je länger sie darüber nachdachte. Marielle erhob sich und klatschte in die Hände. »Dann mal los, an die Arbeit! Wir haben hier eine Fabrik zu retten.«

Der Besuch beim Lieferanten Baume fiel recht kurz aus. Es war genau so, wie Marielle befürchtet hatte. Die Qualität war erst schlechter geworden, nachdem ihr Vater mit der Bezahlung der Rechnungen in Verzug gekommen war. Als Baume hörte, dass Marielles Vater im Krankenhaus lag und sie vorübergehend die Geschäfte für ihn übernommen hatte, kündigte er rundheraus an, die Lieferungen komplett einzustellen. Baume war ein Mann im Alter ihres Vaters, der einer jungen Frau wie ihr offenbar nicht zutraute, die Geschäfte zu leiten, geschweige denn die Misere, in der die Fabrik steckte, lösen zu können.

Marielle machte sich nicht die Mühe, ihn über ihre Pläne zu unterrichten. Es war Teil ihres Rettungsprogramms, dass sie künftig mit Baume nicht mehr zusammenarbeiten wollte. Sie versicherte ihm, dass die offenen Posten vollständig beglichen werden würden und man anschließend getrennte Wege gehen wollte. Baume war einverstanden.

Danach fuhr sie direkt weiter zu einem der Anbieter, die Fleur ihr herausgesucht hatte. Sie kannte das Anwesen noch von früher, jedoch war es in der Zwischenzeit verkauft worden, und ein neuer Betreiber hatte den Anbau von Duftpflanzen komplett auf biologische Produktion umgestellt. Der Betrieb war noch nicht lange etabliert, weshalb Marielle hoffte, hier ein Geschäft abschließen zu können, von dem beide Seiten profitierten.

Marielle stieg aus dem Auto und sah sich interessiert um. Ein schlanker dunkelbrauner Hund kam schwanzwedelnd angelaufen und beschnupperte sie. Sie überquerte den geschotterten Vorplatz, vorbei an einem Rondell, das mit einer Auswahl der auf dem Hof produzierten Duftpflanzen bepflanzt war: weißer und lila Lavendel, Calendula, Zitronenverbene und provenzalischer Wermut. Das Zentrum bildete ein reichblühender Rosenstrauch, dessen Blüten bereits die Reife überschritten hatten und in einzelne Blätter zerfielen. Rund herum sah es aus, als hätte es geschneit.

Automatisch bückte Marielle sich, zupfte hier und dort ein paar Blätter ab und zerrieb sie zwischen den Fingern, um das Aroma hervorzubringen.

»Sie müssen Marielle de Montaux sein.«

Marielle fuhr erschrocken herum. Vor ihr stand ein Mann in Latzhose und Gummistiefel, die Hände in den Hosentaschen und sah sie aufmerksam an.

Rasch richtete sie sich wieder auf. »Ja, die bin ich. Und mit wem habe ich das Vergnügen?«

»Gérard Rocher. Ich bin der Landwirt hier. Das Vergnügen ist ganz meinerseits«, sagte er und streckte ihr nun doch eine Hand hin.

»Möchten Sie sich umsehen?«, fragte er, nachdem sie die formelle Begrüßung nebst Händeschütteln hinter sich gebracht hatten.

»Sehr gern.«

Er ging voran und Marielle folgte ihm. Der Hund lief ihnen hinterher. Sie umrundeten das Haupthaus und passierten ein paar Nebengebäude, dann erreichten sie mehrere große Gewächshäuser.

»Ich habe den Hof schon vor zehn Jahren übernommen und den kompletten Anbau nach und nach umgestellt. Es dauert einige Jahre, bis die Umstellung abgeschlossen ist. Die Böden sind ausgelaugt, wenn exzessive konventionelle Landwirtschaft auf ihnen betrieben wurde. Wir haben sie sukzessive wieder aufgebaut, auf natürliche Weise mit Nährstoffen angereichert, und jetzt produzieren wir auf allen Feldern und hier in den Treibhäusern ausschließlich Bio-Qualität. Inzwischen gehören wir zu den größten Produzenten in der Region«, erklärte Gérard nicht ohne Stolz.

Marielle musterte ihn verstohlen von der Seite. Sie konnte sein Alter schwer schätzen. Er war eindeutig älter als sie, doch um wie viel, vermochte sie nicht zu sagen. Sein Körper war schlank und drahtig, er verbrachte erkennbar viel Zeit draußen und mit körperlicher Arbeit. Irgendetwas macht ihn ihr auf den ersten Blick sympathisch.

Gérard spürte ihren Blick auf sich und wandte sich ihr zu. »Sie sind die Tochter von Raphaël de Montaux, richtig?«

»Ja, kennen Sie meinen Vater?«

»Nicht persönlich. Ich hatte ihm mal Proben von meinen Pflanzen geschickt, aber ich hatte den Eindruck, dass er sich nicht recht für den organischen Anbau begeistern lässt.«

Sie waren vor dem Eingang zu einem der Gewächshäuser stehen geblieben.

»Mein Vater legt eigentlich großen Wert auf die Qualität seiner Rohstoffe«, widersprach Marielle.

»Und jetzt möchten Sie auf Bio umstellen?«

Marielle überlegte, wie viel von ihrer Lage sie preisgeben sollte. »Ich möchte einige Veränderungen anstoßen«, sagte sie vorsichtig. »Die Umstellung auf Bio-Qualität soll eine davon sein.«

Er nickte. »Sind Sie in die Geschäftsführung eingestiegen? Oder übernehmen Sie nur den Einkauf für Ihren Vater?«

»Mein Vater ist leider krank. Ich habe die Geschäftsführung für ihn vorübergehend ganz übernommen.«

»Das tut mir sehr leid. Ich hoffe, es ist nichts Ernstes.«

Wie ernst die Lage war, wollte sie lieber nicht erzählen. Gérard Rocher würde sich womöglich davon abschrecken lassen, ebenso wie Baume. Zwar wirkte der Landwirt auf sie nicht wie einer, der Frauen gar keinen Geschäftssinn zutraute, aber wissen konnte man es nicht.

»Ich werde sowieso weiter in der Geschäftsleitung mitarbeiten, auch wenn mein Vater wieder genesen ist«, sagte Marielle stattdessen. »Wir sind an einer langfristigen Zusammenarbeit interessiert.«

»Das bin ich auch.« Ein Lächeln umspielte seine Mundwinkel.

Er öffnete die Tür zum Gewächshaus und hielt sie ihr auf. »Voilà, unsere Exoten«, erklärte er beim Eintreten. »Hier ziehen wir alles, was den Witterungsverhältnissen auf den Feldern nicht gewachsen wäre. Und wir ziehen auch unsere Schösslinge selbst heran, die wir dann später auf die Felder ausbringen.«

Eine tropisch feuchte Wärme schlug Marielle entgegen, gepaart mit einer Kakophonie an sich überlagernden Düften.

»Das ist unsere Orchideen-Abteilung«, erläuterte Gérard und führte Marielle an den Pflanztischen entlang, die die rechte Hälfte des Gewächshauses einnahmen.

»Ist das hier Tiare?«, fragte Marielle und blieb fasziniert vor einer Reihe von buschigen Sträuchern stehen.

»Gardenia tahitensis, richtig. Sie wird zur Produktion von Monoi-Öl benutzt, wie Sie vermutlich wissen.«

»Natürlich. Mir persönlich ist der Duft von Tiare de Tahiti zu schwer, aber die Herstellung hat in Französisch-Polynesien eine jahrhundertelange Tradition. Solche klassischen Düfte muss man als Parfümeur auf jeden Fall kennen.«

»Sie sind gelernte Parfümeurin?« Gérard blickte sie interessiert an.

»Ja, ich habe gerade meine Doktorarbeit an der Universität Kairo abgegeben. Dort habe ich mich mit den Düften der

Pharaonen beschäftigt. Tahiti gehört nicht zu meinem Fachgebiet, aber natürlich kenne ich Monoi-Öl und seine Herstellung.«

Anders als bei Bastien oder Baume hatte Marielle bei Gérard nicht das Gefühl, als würde er sie nicht ernstnehmen in dem, was sie sagte. Er wirkte offen und interessiert.

»Das klingt spannend. Vielleicht können Sie mir einmal mehr von Ihren Forschungen in Ägypten erzählen.«

»Gern. Über das Monoi-Öl weiß ich nur, dass der Eroberer James Cook bei seiner ersten Reise nach Französisch-Polynesien gesagt haben soll, das Einzige, was ihn an den Eingeborenen stört, sei der Geruch nach ranzigem Öl, mit dem sie sich einreiben, dem süßliche Blumen beigefügt seien. Man geht davon aus, dass er Monoi-Öl meinte.«

Gérard lachte. »Da mag er durchaus recht gehabt haben. Heutzutage verwendet man hochwertiges Kokosnussöl, dem durch Mazeration der Duft dieser Blüten beigefügt wird. Die Blüten werden vor der Morgendämmerung gepflückt, dann ist der Duftgehalt am höchsten und auch die Konzentration an feuchtigkeitsspendenden und hautpflegenden Inhaltsstoffen. Vermutlich hatte man im achtzehnten Jahrhundert noch nicht die technischen Möglichkeiten.«

Als Nächstes kamen sie zu einer Abteilung, wo an Bündeln aufgestellter Borke eine Orchideenart kletterte. An den langen, fleischigen Pflanzen hingen aparte gelbliche Blüten herab.

»Vanilla planifolia?«, rief Marielle überrascht aus.

»Echte Vanille, ja genau.« Gérard grinste stolz.

»Sie erstaunen mich! Ich dachte, wir sehen hier die üblichen Felder mit Lavendel und Calendula, provenzalischen Mohn und Jasmin. Stattdessen zeigen Sie mir die exotischsten Duftblüten, die man sich nur vorstellen kann.«

Auch Gérard freute sich über Marielles ehrliches Interesse, das war deutlich erkennbar. Bereitwillig erklärte er: »Wir möchten beides anbieten. Die klassischen Duftpflanzen der

Provence und die Exoten. Durch den Anbau im Treibhaus sparen wir den Produzenten lange Wege und können nicht nur preisgünstiger anbieten, sondern auch ökologischer. Der CO_2-Fußabdruck unserer Vanille ist deutlich besser als von der aus Madagaskar. Und ich verspreche Ihnen, sie duftet nicht weniger betörend.«

Marielle legte vorsichtig die Finger um eine der großen Orchideenblüten und zog sie ein wenig näher heran, um ihren Duft einsaugen zu können.

»Ist es schwierig, diese Pflanzen bei uns zu kultivieren?«, fragte sie.

»Das sind Tropenpflanzen. Sie brauchen nicht nur eine bestimmte Temperatur, sondern vor allem auch die passende Luftfeuchtigkeit. Draußen wäre es ihnen bei uns zu trocken und oft zu windig. Das vertragen sie nicht gut. Aber im Gewächshaus können wir die idealen Bedingungen für sie schaffen. Kennen Sie die hier auch?«

Er ging ein paar Meter weiter und deutete auf die nächste Pflanzenart.

Marielle begutachtete den Wuchs und die Blattform. Es handelte sich um eine Sukkulente, so viel war klar. Die dunkelgrünen, fleischigen Blätter ragten wie Schwerter in die Höhe. Am auffallendsten waren jedoch die fünfblättrigen, in sich gedrehten Blüten, deren Farben von sattem Pink außen zu einem kräftigen Orange in der Mitte zusammenliefen. Der charakteristische Duft, den sie verströmten, überlagert alles andere.

»Ich würde sagen, das ist Frangipani oder Plumeria, wie man sie auch nennen kann. Eine der teuersten Parfümpflanzen der Welt.« Fasziniert betrachtete sie die wunderschönen Blüten.

»Ganz genau. Ich sehe schon, Ihnen kann man nichts vormachen. Das gefällt mir.«

Sie hatten das Ende des Gewächshauses erreicht und verließen es durch den Hinterausgang. Die Luft draußen schlug ihnen beinahe erfrischend entgegen, obwohl es sommerlich warm war, aber die hohe Luftfeuchte für die Exoten wurde hier von einem lauen Lüftchen abgelöst.

»Wenn Sie möchten, zeige ich Ihnen jetzt noch die Freilandanbauflächen.«

Marielle nickte eifrig. »Ich bitte darum.«

Bisher gefiel ihr das, was sie sah, ausnehmend gut. Die Pflanzen wirkten gesund und blühten üppig. Alles war sauber und ordentlich und gut in Schuss. Außerdem wurde ihr Gérard mit jeder Minute, die sie sich mit ihm unterhielt, sympathischer.

Er führte sie einen Pfad entlang, der zwischen hohen Zedern bergabwärts führte. Dann erreichten sie den oberen Rand eines Abhangs, der mit Lavendel bepflanzt war. Der Anblick kam Marielle nun wieder sehr bekannt vor, Lavendelfelder gehörten ja auch zum Chateau ihrer Eltern.

»Wie begegnen Sie hier dem Lavendelsterben?« Marielle verwickelte Gérard in eine Fachdiskussion zur Bekämpfung der gefürchteten Seuche unter Lavendelbauern. Sie erzählt von den Lavendelfeldern ihrer Familie und dass sie auch vorhabe, diese langfristig ganz auf ökologischen Landbau umzustellen. Gérard hörte zu und gab seinen fachmännischen Rat dazu ab.

»Ich kann Sie gern einmal besuchen und Bodenproben mitnehmen, dann lässt sich genauer sagen, was Sie unternehmen müssen, damit der Boden sich erholt und Sie auf das Spritzen und Düngen mit chemischen Substanzen verzichten können.«

»Oh ja, sehr gern! Die Ernte steht jetzt an, ich denke, dass wir kommende Woche anfangen werden. Danach könnte man sich überlegen, wie man die Umstellung angeht.«

Sie ließen den Lavendel hinter sich und kamen zu Feldern voller Rosenbüschen. Die traditionelle Rose der Provence, Rosa Zentifolia, wuchs genau wie der Lavendel in Reihen. Marielle sah mehrere Arbeiter zwischen den Reihen, die jeden Busch einzeln bearbeiteten.

»Ernten sie gerade?«, fragte Marielle. Sie sah keine vollen Behälter mit den Rosenköpfen.

»Nein. Sie schneiden nur dürre Triebe aus. Die beste Zeit für die Rosenernte ist der frühe Morgen. Wir pflücken komplett von Hand. Diese Rosenart gibt es nur in der Region Grasse, wussten Sie das?«

»Tatsächlich?«

»Die Duftpflanzenproduktion um Grasse nimmt inzwischen wieder zu, wir sind nicht die Einzigen, die die Zentifolia wieder im großen Stil kultivieren. Eine Weile war die Produktion komplett eingeschlafen, weil sie aufwendig ist und vieles immer noch von Hand gemacht werden muss. Gegen synthetische Düfte konnte der Anbau nicht konkurrieren, aber jetzt geht der Trend wieder mehr zu natürlichen Düften. Gott sei Dank.«

»Was sind Ihre hauptsächlichen Anbaupflanzen? Neben Lavendel und Rosen?«, wollte Marielle wissen.

»Wie gesagt, im Freiland konzentrieren wir uns auf die traditionellen regionalen Duftpflanzen: Jasmin, Veilchen, Caldendula und Orangenblüten. Wissen Sie, wieso Grasse schon seit dem Mittelalter das Zentrum der Parfümproduktion ist? Bestimmt wissen Sie das.«

Gérard war wieder stehen geblieben. Sie überblickten jetzt von einer leichten Anhöhe die hügeligen Felder, die zu seinem Anwesen gehörten. Überall konnte Marielle die Arbeiter sehen, die mit Ernten oder Pflegen der Duftpflanzen beschäftigt waren.

»Durch die abschüssigen Gassen floss das Regenwasser, weshalb Gerber sich dort ansiedelten. Schon damals wuschen die Gerber ihr Leder mit parfümiertem Wasser. Aus der Gerberei entwickelte sich die Parfümerie in Grasse und hat die

Stadt schon im Mittelalter wohlhabend gemacht«, antwortete Marielle wie aus der Pistole geschossen.

»Das stimmt. Dazu kam aber noch die wirtschaftliche Unabhängigkeit vom Königshof in Paris. Grasse hatte schon damals einen eigenen Stadtrat und enge Beziehungen zu italienischen Städten wie der bedeutenden Hafenstadt Genua. Fabriken, industrielle Herstellung und die Eisenbahn brachten einen neuen Aufschwung für die Stadt und veränderten ihr Aussehen nachhaltig. Wir unterhalten in der Stadt einige der alten Lagerhallen für unsere Ware. Die kann ich Ihnen ein anderes Mal gern zeigen. Durch die Architektur der Hallen ist für die nötige Durchlüftung gesorgt, damit die empfindlichen Blüten nicht verderben, bevor sie verarbeitet werden. Das funktioniert bis heute ganz ohne Technik, denn die architektonischen Kniffe zum Bau der Hallen importierten die Händler schon vor Jahrhunderten über das Mittelmeer von maurischen Architekten aus Nordafrika. Die waren unseren Baumeistern damals weit überlegen.«

Sie spazierten weiter in einem Bogen zurück zum Hof und unterhielten sich angeregt dabei. Gérard war ganz offensichtlich nicht nur auf seinem Fachgebiet bewandert und er schien sich ehrlich für ihre Ansichten zu interessieren. Marielle hatte inzwischen das Gefühl, mit einem vertrauten Freund zu plaudern.

Als sie wieder vor dem Haupthaus angekommen waren, fragte Gérard. »Was denken Sie, Marielle, kommen wir ins Geschäft?«

Ihr spontaner Reflex war, sofort zuzusagen, doch sie hielt sich zurück. »Ich bräuchte einmal Ihre Preisliste und eine ungefähre Aufstellung, welche Blumen Sie uns in welchem Umfang anbieten könnten.«

»Möchten Sie die Rohpflanzenteile oder bereits fertige Auszüge davon? Destillieren Sie selbst?«

Marielle strich sich eine feuchte Haarsträhne aus dem Gesicht. Sie war auf ihrem Spaziergang über das Gelände ins Schwitzen gekommen. Die Temperatur war sicher bis an die dreißig Grad geklettert. Marielle freute sich auf ein kühlendes Bad im Pool, sobald sie zu Hause war.

»Sowohl als auch. Wir destillieren einige Düfte selbst, unter anderem bauen wir ja Lavendel an. Den können Sie aus Ihrem Angebot herausnehmen, wir werden mit der Ernte unserer eigenen Felder auskommen, denke ich.«

»Ich erstelle Ihnen ein Angebot.« Gérard hielt ihr die Hand hin.

Marielle ergriff sie. Beim Händeschütteln beugte er sich zu ihr hinüber und deutete Küsschen auf ihre beiden Wangen an, als verabschiedete er eine alte Freundin.

Sie hatte in den Jahren im Ausland diese recht französische Art der Verabschiedung und Begrüßung abgelegt, praktizierte sie allenfalls im engeren Freundes- und Familienkreis, trotzdem kam es ihr an der Stelle nicht übertrieben vor. Gérard Rocher war ein einnehmend freundlicher Mensch, der ihr Vertrauen im Sturm gewonnen hatte.

Auf der Fahrt zurück in die Stadt entschied Marielle, dass sie nicht mehr ins Büro fahren würde. Für heute hatte sie genug geschafft. Ein Abstecher ins Krankenhaus, und danach würde sie nach Hause fahren und sich noch ein Stündchen an den Pool legen.

Kapitel 9

»Sind Sie sicher, dass das ausschlaggebende Argument für die Zusammenarbeit mit Rocher dessen hervorragende Waren sind?« Bastien zog skeptisch die Augenbraue hoch.

Dieses Mal saßen sie sich wieder am Schreibtisch von Marielles Vater gegenüber. Er hatte lässig die Beine überkreuzt und die Arme verschränkt. Das Sakko hing über der Stuhllehne und seine Krawatte saß etwas schief. Marielle verzeichnete vor allen Dingen die Rückkehr seiner Überheblichkeit, als sie ihm ihren Besuch bei Gérard Rocher vom Vortag schilderte.

Irritiert hielt sie in ihrer Erzählung inne. »Was?«

»Ich fragte, ob Sie sicher sind, dass Sie wegen der guten Qualität mit Rocher zusammenarbeiten wollen, oder ob das möglicherweise nicht andere Gründe hat.«

Worauf wollte er hinaus?

Marielle hatte ihre Vorbehalte gegen Bastien noch längst nicht überwunden, sofort ging sie in Angriffshaltung über. »Was wollen Sie mir mit diesem Einwurf sagen?«, fragte sie.

»Nichts. Es wirkt nur so, als hätte der Inhaber mehr Eindruck auf Sie gemacht als das Produktangebot.«

Marielle stieß ein empörtes Brummen aus. Was ging ihn das denn an?

»Sie hören mir offensichtlich nicht zu. Ich habe doch gerade ausführlich …«

»Schon gut. Er unterbreitet uns sicherlich ein Angebot«, unterbrach Bastien sie. »Oder haben Sie ihm gleich unbesehen den Zuschlag gegeben?«

In wenigen Sätzen geriet der kurzzeitige Waffenstillstand zwischen ihnen bereits wieder ins Wanken. Marielle hatte das Gefühl, an die Decke gehen zu müssen.

»Natürlich, Menschen, die mir sympathisch sind, kaufe ich blindlings alles ab. Da bin ich überhaupt nicht kritisch. Nur bei Leuten, die mir zutiefst zuwider sind, frage ich lieber dreimal nach.«

»Bei mir beispielsweise, wollen Sie sagen …«

»Das ist wohl ein Henne-Ei-Problem. Mochten Sie zuerst mich nicht, oder ich Sie? Wir werden es wohl nie erfahren.« Marielle wusste, dass sie sich kindisch verhielt, doch er reizte sie einfach schon wieder tierisch.

Warum machte er so dämliche Bemerkungen über Gérard? Vielleicht hatte sie etwas zu sehr durchblicken lassen, dass sie den Menschen hinter den Angeboten sympathisch fand, aber das ging ihn doch wirklich nichts an.

Wie ein Gockel auf dem Mist, der jeden potenziellen Konkurrenten durch sein aufdringliches Krähen vertreiben musste. Fehlte nur noch, dass er die Federn spreizte. Marielle musste an die Pfauen zu Hause im Park denken. Genau so kam Bastien ihr vor. Ein boshaftes Lachen entfuhr ihr, als sie dachte: *Pfauengockel sind auch nur schön. Und sonst zu nichts zu gebrauchen.*

»Dann sind wir doch einfach froh, dass Gérard Rocher dieses Kunststück offenbar gelungen ist, von Ihnen gemocht zu werden.« Bastien stand auf, griff sich das Sakko, schlüpfte wieder hinein und knöpfte es zu. »Geben Sie mir seine Preisliste, wenn Sie sie haben.«

Marielle sprang ebenfalls auf die Beine. Wieso gab er hier schon wieder die Anweisungen?

»Was ist mit der Aufstellung der Rentabilität von …«, keifte sie.

»Haben Sie schon im Posteingang«, erwiderte Bastien im Hinausgehen.

Kaum war die Tür hinter ihm ins Schloss gefallen, schlug dort mit einem satten Plopp ein Stressball ein. Eigentlich waren die Gummi-Dinger dazu gedacht, dass man sie in der Hand knetete, wenn man gestresst war, Marielle fand, dass sie ihre Wirkung besser entfalteten, wenn man sie demjenigen, der den Stress verursachte, hinterherwarf.

»Ich dachte, es läuft besser mit euch?«

Marielle konnte förmlich hören, wie Amélie missbilligend den Kopf schüttelte. Vor ihr auf dem Schreibtisch stand ein Behälter mit Salat, Schinkenwürfeln, Ei und Avocado vom Lieferservice, Marielle stocherte lustlos darin herum, während sie mit Amélie telefonierte.

»Er führt sich schon wieder unmöglich auf!«

Amélie lachte. »Du kannst echt schlecht damit umgehen, wenn dir jemand widerspricht, oder?«

»Das stimmt doch gar nicht«, ereiferte Marielle sich. »Ich kann durchaus mit Kritik umgehen. Aber was er macht, ist keine begründete Kritik. Er kann es einfach nicht lassen, arrogant und herablassend zu mir zu sein.«

»Und du bist aber total fair zu ihm.« Amélies Sarkasmus brachte Marielle einen Moment aus dem Konzept.

»Na ja …« Sie rief sich ihr Gespräch noch einmal ins Gedächtnis. »Ich habe ihm nur von meinem Besuch bei Gérard Rocher erzählt. Und wie begeistert ich war von seinem Hof und allem. Ich erinnere mich noch daran, wie es dort früher ausgesehen hat. Er hat wirklich tolle Arbeit geleistet. Alles biologischer Anbau, und die Treibhäuser voller exotischer Duftpflanzen hättest du sehen sollen! Er hat ein irres Wissen darüber …«

»Ich verstehe …« Jetzt glaubte Marielle Amélies Grinsen hören zu können.

»Was verstehst du?«, fragte sie irritiert.

»Das hast du Bastien so erzählt?«

Marielle runzelte die Stirn. »Ja. Ich habe Gérard besucht, um eine Zusammenarbeit einzufädeln. Ich will unsere Rohstoffe auf organischen Anbau umstellen und suche einen neuen Lieferanten, deshalb …«

»Dann ist doch alles klar.«

Marielle verstand überhaupt nicht, worauf Amélie hinauswollte. »Was ist dir klar?«

»Na, du hast dem Knallfrosch von einem anderen Mann vorgeschwärmt! Ist doch klar, dass er so reagiert hat. Er ist eifersüchtig!« Amélie lachte.

»Quatsch!«

»Kein Quatsch! Diesen Bastien findest du doof, aber dass er sich von einem hübschen Häschen nach der Arbeit hat abholen lassen, das hat dich gestört, nicht? Und umgekehrt ist es genauso. Er ist vielleicht überheblich zu dir, aber wenn du ihm von einem anderen erzählst, das verkraftet sein Ego nicht.«

»Jetzt mach aber mal 'nen Punkt!« Marielle ließ die Gabel sinken. Eifersucht! Als ob sie eifersüchtig gewesen wäre, als sie Bastien mit der Schwarzhaarigen hatte davonfahren sehen!

Sie konnte sich immer noch nicht erklären, warum manche Frauen so dumm waren, auf Blender wie ihn hereinzufallen. Das hatte ganz sicher nichts mit Eifersucht zu tun!

»Dieser Rocher war dir sympathisch, oder?«

»Ja, netter Kerl. Jedenfalls sehr viel netter als Bastien«, antwortete Marielle.

»Du weißt aber schon, wie alt er ist, oder?«

»Nein, wieso? Weißt du's?« Marielle nahm das Stochern in ihrem Salat wieder auf.

»Allerdings«, sagte Amélie triumphierend. »Gérard Rocher ist mindestens fünfundvierzig. Er war verheiratet, bevor er hierherkam. Jetzt ist er geschieden und er hat eine Tochter, die bereits studiert. Frag die Apothekerin, wenn du Auskünfte zu irgendjemandem in der Stadt brauchst.«

Marielle gab sich unbeteiligt. »Das ist ja interessant. Aber weißt du, ich wollte geschäftlich mit ihm zusammenarbeiten und mich nicht mit ihm verabreden.«

»Ich sag's ja nur. Spricht außerdem nichts dagegen. Es gibt Paare, die … nun ja, mit einem größeren Altersunterschied. Jetzt mal nur vom Alter gesehen würde Bastien aber besser zu dir passen.«

»Woah, Amélie!«, entfuhr es Marielle. »Wirke ich so verzweifelt auf dich? Musst du jeden Mann im Umkreis von zwanzig Kilometern daraufhin abklopfen, ob er notfalls für eine Beziehung mit mir infrage käme? Wann meldest du mich bei Tinder an?«

Sie hörte Amélie kichern. Offenbar verursachte ihr das Gespräch einen Heidenspaß.

»Ich muss nicht, aber man kann die Optionen mal durchspielen …«

»Wie geht's eigentlich mit Yves voran?«

»Gut. Bestens. Wir sehen uns heute Abend, und ich hab schon mal vorsichtshalber Waschzeug eingepackt.« Amélie konnte die Vorfreude auf das Treffen kaum verbergen.

»Freut mich für dich«, stellte Marielle fest und eigentlich meinte sie es auch so, obwohl sie selbst merkte, dass sie nicht danach klang.

»Gib ihm doch mal eine Chance«, riet Amélie.

»Wem jetzt? Gérard oder Bastien?«

»Meinetwegen allen beiden.«

Marielle lachte nun auch. »Du spinnst doch ...«

»Ich dich auch. Du machst das schon. Lass dich von Bastien nicht ärgern, er ist einfach nur ein Alphamännchen, das sein Testosteron nicht in den Griff kriegt. Sieh es ihm nach.«

Der Pfauenvergleich drängte sich Marielle wieder auf.

»Du hast ja recht. Ich weiß auch nicht, wieso ich mich immer so von ihm triggern lasse. Viel Spaß heute mit Yves! Und tu nichts, was ich nicht auch tun würde.«

Amélie kicherte erneut. »Mach ich ... Bis dann.«

»Bis dann.«

Marielle legte das Handy beiseite und starrte ihren Salat an. Sie hatte keine Lust mehr auf das Grünzeug. Mit einem Blick auf den Bildschirm vor ihr stellte sie fest, dass sie auch keine Lust auf Zahlen hatte. Aber Letzteres würde sich nicht vermeiden lassen, wenn sie die Finanzen der Manufaktur in den Griff bekommen wollte. Darauf sollte sie sich konzentrieren und nicht auf irgendwelche Kerle, weder sympathischer noch unsympathischer Art.

Seufzend schob sie den Behälter mit Salat beiseite und widmete sich Bastiens Aufstellung der Produktlinien nach Rentabilität.

Nachmittags rief der Verwalter des Hofs an, der zum Chateau gehörte. Er berichtete Marielle vom Erntebeginn des Lavendels.

»Die Wettervorhersage ist nicht optimal, aber wir mussten jetzt anfangen, den Lavendel zu schneiden, sonst verliert er das Aroma.«

»Verstehe. Wie sieht es mit dem Lavendelsterben aus? Haben wir große Verluste?« Marielle drehte sich auf ihrem Bürostuhl vom Bildschirm weg, schlüpfte aus ihren Schuhen und legte die müden Beine auf der Tischplatte ab.

»Wir haben einige Reihen mit betroffenen Pflanzen im Tal beim Wäldchen. Dort blieben die Blüten weitegehend aus, alle

Pflanzen sind grau. Wir haben schon alles vorbereitet, um dort zu spritzen.«

»Nein, tun Sie das nicht!«, sagte Marielle sofort. »Stechen Sie die Pflanzen lieber aus, die betroffen sind, wir wechseln auch die obersten Schichten Erde aus, und dann pflanzen wir neue Setzlinge, die resistent sind gegen die Zikade. Ich will langfristig auf biologischen Anbau umstellen und …«

»Aber Ihr Vater hat …«

»Mein Vater ist nicht da. Solange er nicht da ist, habe ich das Sagen, ja?«

Sie streckte die Beine und bewegte die Zehen, die von den engen Schuhen schmerzten. Der Nagellack blätterte an mehreren Stellen ab. Sie hatte keine Zeit gefunden, sie neu zu lackieren.

Eine merkwürdige Pause entstand in dem Gespräch mit dem Verwalter. Dann sagte er zögernd: »Nun … eigentlich nicht … Deshalb rufe ich Sie an.«

Marielle verdrehte die Augen, was war denn nur los hier? Warum hatten die Leute im einundzwanzigsten Jahrhundert immer noch so eine Angst vor Frauen in Führungspositionen?

Sie holte Luft, um ihm eine Ansage zu machen. Doch da fuhr er schon fort: »Wenn ich richtig informiert bin, dann hat die Leitung des Hofes Ihre Mutter. So ist es notariell festgelegt.«

»Was?« Mit einem Ruck saß Marielle wieder aufrecht. »Wie kommen Sie denn darauf?«

»Ich kenne den Notar und …«

In Marielles Kopf rasten die Gedanken. War es möglich, dass ihr Vater ihr nur die Leitung der Fabrik überlassen hatte, den Hof mit dem Lavendelanbau hingegen ihrer Mutter? Er musste doch gewusst haben, dass die zu keinen geschäftlichen Entscheidungen fähig war! So etwas hätte er ihr niemals angetan.

Oder?

Sie konnte ihn nicht einmal fragen. Der Zustand ihres Vaters war unverändert. Sie konnte nicht mehr tun, als an seinem Bett zu sitzen, seine Hand zu halten und den Geräten zuzuhören, die ihm das Atmen abnahmen.

»Hören Sie, wir sind mitten in der Ernte. Es muss jetzt entschieden werden, wie viel Lavendel direkt destilliert werden soll und welche Chargen wir für die Feldtrocknung vorsehen. Die Zeit drängt, weil Gewitter angekündigt sind. Wenn es hagelt, ist die Arbeit eines ganzen Jahres dahin. Auch Starkregen können wir nicht gebrauchen, der würde alles verwässern. Ich habe Ihre Mutter nicht erreichen können, vielleicht sprechen Sie mit ihr«, schlug der Verwalter vor.

»Ja, natürlich, das werde ich.« *Worauf du dich verlassen kannst*, ergänzte Marielle im Geiste.

»Ich brauche bis heute Abend eine klare Antwort«, forderte er.

Völlig konsterniert starrte Marielle das Telefon an, noch lange nachdem der Verwalter aufgelegt hatte.

Was kam eigentlich als Nächstes?

Ihr Vater im Krankenhaus, ein wichtiger Auftrag auf der Kippe, die Manufaktur bis zum Hals verschuldet, der Großlieferant abgesprungen und jetzt sollte sie noch ihre Mutter in die Geschäfte einbeziehen, oder was?

Es reichte ja noch nicht, dass sie sich ständig mit Bastien besprechen musste!

Als ob sich ihre Mutter jemals für den Hof und den Lavendelanbau interessiert hätte.

Marielle schnaubte entnervt.

Schön, würde sie also nach Hause fahren und die Angelegenheit klären.

»Wenn Mutter wirklich die Geschäftsführung für den Hof hat, muss sie mir eine Vollmacht erteilen«, überlegte Marielle laut, während sie ihre Schuhe unter dem Schreibtisch suchte.

Wenig später riss sie die Tür auf und versetzte damit der

armen Fleur einen Schreck. »Um Himmels willen! Wo wollen Sie denn so rasch hin? Ist etwas passiert?«

Die Vorzimmerdame sah alarmiert aus.

»Nein, nein, entschuldigen Sie. Ich habe es nur eilig. Muss etwas abklären. Eine … äh familiäre Angelegenheit. Falls heute noch jemand nach mir fragt, ich bin erst morgen wieder erreichbar. Dringende Fälle verweisen sie an Monsieur Darrieux.« Der kann sich auch mal um was kümmern, setzte sie in Gedanken noch hinzu.

»Jawohl, Madame la Directrice. Das mache ich.«

Marielle hielt sich nicht mehr länger auf und verließ die Manufaktur. Draußen schlug ihr trockene Sommerluft entgegen. Es sah für sie nicht nach Regen aus. Hoffentlich würde die Ernte heute unbeeinträchtigt über die Bühne gehen, dachte Marielle, als sie ins Auto stieg.

Rückwärts manövrierte sie aus der Parklücke und schoss am Haupteingang vorbei. Gerade in dem Moment, als Bastien aus der Tür trat. Er sah ihr nach und hob den Arm zum Gruß. Marielle, die an der Ausfahrt den entgegenkommenden Verkehr abwarten musste, beobachtete im Rückspiegel, wie er den Parkplatz überquerte und ebenfalls zu seinem Auto ging.

Die erste Lücke im Verkehr verpasste Marielle, weil sie sich den Hals verrenkte, um zu sehen, ob ihn wieder die schwarzhaarige Frau von neulich abholte.

Verließ er seinen Arbeitsplatz deshalb so zeitig, weil er sich lieber mit seiner Freundin traf?

Was geht es dich an?, schalt Marielle sich selbst und zwang sich, den Blick wieder auf den Straßenverkehr zu richten.

Die Gelegenheit war verstrichen, jetzt reihte sich wieder Auto an Auto und sie musste in der Einfahrt warten. Dann würde sie wahrscheinlich gleich sehen, ob er allein war, wenn sein Cabrio sich hinter ihr einreihte.

Es ist meine Pflicht als seine Vorgesetzte, darüber zu wachen, dass er seine Arbeitszeiten einhält, rechtfertigte sie ihre

Neugier vor sich selbst. Er hat noch überhaupt nicht Feierabend!

Wieder ertappte sie sich dabei, wie ihre Aufmerksamkeit sich auf den Rückspiegel konzentrierte, anstatt nach vorn auf die Einmündung. Er brauchte ganz schön lange, um sein Auto auszuparken. Wahrscheinlich hockte er mit dieser Tussi im Wagen und knutschte.

Marielle entfuhr ein verächtliches Schnauben.

Es sollte ihr egal sein, was er tat und mit wem. *War es auch. Es geht nur um die Arbeitszeit.*

Das kam alles von Amélies dummem Gerede. Als interessierte sie sich heimlich für Bastien! So ein Blödsinn.

Das war eine Art Mann, die für eine ernsthafte Beziehung gar nicht infrage kam! Einer, der so sehr um sich selbst kreiste, konnte sich doch auf eine Partnerin auf Augenhöhe überhaupt nicht einlassen.

Dann schon eher so ein dummes Frauchen, das mit großen Kulleraugen zu ihm aufblickte und ihn anhimmelte. Genau. Das war es, was diese Art Kerl suchte!

Für so etwas war sie sich zu schade.

Was tat sie hier eigentlich?

Mit einem Ruck fädelte Marielle in die stark befahrene Straße ein, dass ihre Reifen Steinchen aufspritzen ließen. Es war reichlich knapp und der Wagen hinter ihr hupte empört.

So weit kam es noch, dass sie ihn heimlich beobachtete. Ihm gar nachspionierte!

Sollte er sich treffen, mit wem er wollte und den halben Nachmittag knutschend in seinem Cabrio auf dem Parkplatz sitzen. Ihren Segen dafür hatte er.

Marielle drehte das Radio auf, um sich auf andere Gedanken zu bringen. Sie hatte wahrlich andere Sorgen.

Ihre Hände krallten sich ins Lenkrad, während sie sich gedanklich auf das Gespräch mit ihrer Mutter vorbereitete. Wenn sie überhaupt zu sprechen war. Gut möglich, dass sie sich wieder in ihr Zimmer verkrochen hatte und niemanden zu sehen wünschte.

Wie um alles in der Welt hatte ihr Vater nur auf die Idee kommen können, den Hof der Leitung ihrer Mutter zu überlassen?

Es ist keine große Sache, rief sie sich ins Gedächtnis. Wenn es stimmt, dass sie das Sagen hat, dann brauchst du nur eine Vollmacht von ihr. Das ist schnell gemacht.

Sie musste doch selbst einsehen, dass sie nicht dazu in der Lage war, sich um die Ernte zu kümmern. Abgesehen davon, dass es sie auch nicht scherte, was mit dem Lavendel passierte.

Warum nur lag Vater im Koma?

Warum war er nicht da, wenn man ihn brauchte?

Marielle verließ die Stadt, deren Häuser wie Bauklötze aufeinandergestapelt auf der Anhöhe thronten, und folgte der Straße, die sich erst den Berg hinunterschlängelte, um dann kurze Zeit später wieder den Hang hinaufzukriechen. Die Luft flirrte vor Sommerhitze und es roch nach Kräutern und gemähtem Gras.

Einer plötzlichen Eingebung folgend, bog Marielle doch nicht zum elterlichen Chateau ab, sondern nahm die Abzweigung in die andere Richtung.

Sie brauchte den Rat eines erfahrenen Landwirts. Und sie wusste, wo sie den bekommen würde.

Als sie den Wagen vor dem Rondell zum Stehen brachte, fragte Marielle sich, ob es eine gute Idee gewesen war, hierherzukommen. Doch nun war sie schon einmal da.

Sie löste den Gurt und stieg aus dem Wagen. Ihre unbequemen Schuhe versanken mit dem Absatz im losen Kies des Vorplatzes. Sie schlug die Tür zu und sah sich fragend um.

Wo würde sie Gérard Rocher heute antreffen? Sicher nicht im Haus. Wahrscheinlich war er genauso mit der Lavendelernte beschäftigt, wie die Leute auf dem Hof ihrer Eltern.

Da sie den Weg zu den Feldern kannte, umrundete sie das Haus und schlug den Pfad zwischen den Gewächshäusern hindurch ein. Auf dem gestampften Boden konnte sie mit ihren Schuhen besser laufen als im Kies. Insgesamt war sie aber für einen Besuch auf den Feldern eindeutig falsch angezogen. Kurz entschlossen schlüpfte sie aus ihren Pumps und lief barfuß weiter.

Der große braune Hund kam ihr entgegen. Er beschnupperte sie und schien sich dann an sie zu erinnern. Schwanzwedelnd folgte er ihr zu den Feldern.

Sie fand Gérard auf einem Bänkchen unter ausladenden Palmen, die ein wenig Schatten spendeten. Er überblickte die abschüssigen Felder, wo seine Arbeiter und ein Allrad-Traktor mit dem Ernten beschäftigt waren.

Er hob den Kopf, als er sie kommen hörte.

»Oh, was für eine Überraschung, Marielle de Montaux. Sie hatte ich so schnell nicht erwartet«, begrüßte er sie und sah erfreut aus.

Er stand auf und küsste sie zur Begrüßung auf beide Wangen. Als er sich wieder setzte, rückte er ein Stück zur Seite, um ihr Platz zu machen. Sie nahm die stumme Einladung an.

Seine Klamotten waren staubig und der Schweiß stand ihm auf der Stirn. Offenbar hatte er nur eine kurze Pause gemacht.

»Haben Sie sich mein Angebot schon überlegt?«, fragte er.

»Nein. Also ja, ich denke, wir werden ins Geschäft kommen. Aber deswegen bin ich nicht hier.« Marielle knetete ihre Finger. Es kam ihr plötzlich bescheuert vor, dass sie mit ihren Familienangelegenheiten zu ihm kam, der doch eigentlich ein völlig Fremder für sie war.

»Weswegen dann?« Gérard sah sie aufmerksam von der Seite an.

»Weil ich … ach, ich weiß auch nicht. Weil ich Ihren Rat brauche, schätze ich.« Sie vermied es, ihn direkt anzusehen und heftete den Blick stattdessen in die Ferne. Aus Richtung des Meeres, das man im hügeligen Hinterland nicht sehen, sondern allenfalls erahnen konnte, zogen Schleierwolken heran. Vielleicht stimmte die Prognose doch, dass es Regen geben würde.

»Wie kann ich Ihnen helfen?«, fragte Gérard schlicht.

Jetzt wandte Marielle ihm doch das Gesicht zu. »Sie wissen doch, dass wir auch Lavendel anbauen. Also auf dem Hof meiner Eltern. Ich habe heute mit dem Verwalter gesprochen, er hat begonnen den Lavendel zu ernten. Aber es müssen Entscheidungen getroffen werden. Wie viel Lavendel soll direkt destilliert und wie viel davon soll auf den Feldern zum Trocknen liegen bleiben? Welchen schneiden wir zuerst? Und all so etwas …«

Gérard nickte. »Und damit haben Sie keine Erfahrung?«

»Doch. Also ich denke, dass ich diese Entscheidungen treffen könnte. Mit der Verarbeitung kenne ich mich aus, ich weiß, was guten Lavendel auszeichnet, weil ich weiß, wie man gutes Öl gewinnt, das sich für die Parfümproduktion eignet und nicht nur zur Seifenherstellung oder als Zugabe für Waschmittel.«

»Was ist es dann?«

»Der Verwalter sagt, er kann die Anweisungen von mir dazu nicht entgegennehmen, weil ich nicht die Vollmacht für den Hof habe. Anscheinend hat mein Vater mich zwar für die Geschäftsführung in der Manufaktur eintragen lassen, nicht aber für den Hof. Die liegt bei meiner Mutter und …« Marielle brach ab.

Wie sollte sie einem Außenstehenden das schwierige Verhältnis zwischen ihr und ihrer Mutter erklären?

»Waren Sie beim Notar?«, fragte Gérard ruhig.

»Nein, ich … ich wollte zuerst mit Mutter sprechen. Aber dann …« Sie hob hilflos die Arme und ließ sie wieder in den Schoß fallen.

»Sie haben kein besonders enges Verhältnis zu ihrer Mutter«, mutmaßte Gérard. Obwohl sie kaum etwas voneinander wussten, stellte er die richtigen Fragen.

»Nein. Ich war immer ein Papa-Kind.« Ein Lächeln stahl sich über ihr Gesicht. »Und ein Louise-Kind. Ich bin von unserer Haushälterin aufgezogen worden. Meine Mutter war … nun ja, sie war nicht viel für mich da.«

»Und das tragen Sie ihr nach?«

»Ja. Nein. Ich weiß auch nicht …« Es erstaunte sie selbst, wie offen sie vor ihm über ihre Familie sprach. Irgendwie flößte seine ruhige, aufmerksame Art ihr Vertrauen ein. »Ich hatte keine schlechte Kindheit. Also nicht in dem Sinne, wie man es in den Medien mitbekommt. Es gab keine Gewalt oder so und es war immer alles da, was ich brauchte …«

»Außer Liebe?« Gérard hatte außerdem eine entwaffnende Art, die Dinge auf den Punkt zu bringen.

»Es gab Liebe«, widersprach Marielle. Gleichzeitig fragte sie sich, was sie da eigentlich redeten.

»Nur nicht die Liebe einer Mutter«, präzisierte er.

»Louise hat die Mutterrolle übernommen. Und sie macht das wirklich gut. Aber zu meiner eigentlichen Mutter habe ich ein sehr gespaltenes Verhältnis. Bis heute.«

Er sah sie erwartungsvoll, aber ohne Drängen an.

Marielle beobachtete den Traktor dabei, wie er langsam die Reihen des Lavendels entlangschaukelte. Mehrere Arbeiter gingen hinterher und sammelten auf, was die Maschine verlor.

»Denken Sie, dass Sie Ihnen die Leitung des Hofs und der Ernte streitig machen wird?«, fragte er schließlich, als sie nicht weitersprach.

»Ich weiß es nicht. Eigentlich denke ich, es interessiert sie gar nicht, was außerhalb ihrer kleinen Welt passiert.«

»Und mit dem Verwalter würden Sie klarkommen, wenn sie die Vollmacht über den Hof hätten?«

»Wahrscheinlich.« Marielle ballte unwillkürlich die Hände zu Fäusten. Gérard registrierte es.

»Du bist eine Kämpferin, Marielle. Das ist gut so. Als junge Frau an der Spitze eines Familienunternehmens wie dem euren brauchst du Kampfgeist und du musst es verstehen, dich durchzusetzen. Aber Kämpfe gewinnt man nicht immer frontal. Es besteht keine Notwendigkeit immer mit dem Kopf durch die Wand zu gehen, wenn du verstehst, was ich meine.« Gérard lächelte. Ganz selbstverständlich war er zum Du übergegangen.

Es war keine Kritik, die aus seinen Worten klang, es war das, was sie sich erhofft hatte: ein väterlicher Ratschlag.

Trotzdem fühlte Marielle sich zu einer Erwiderung hingerissen. Wieso hielt er sie für dickköpfig?

Sie holte Luft, um etwas zu sagen, doch er ließ sie noch nicht zu Wort kommen. »Was du da vor dir hast, ist kein Sprint. Es ist ein Marathon. Du wirst einen langen Atem brauchen, und was noch wichtiger ist: Du brauchst Verbündete. Niemand schafft es, so ein Schlachtschiff allein zu manövrieren. Wenn ich das richtig sehe, dann liegen stürmische Gewässer vor dir und der Manufaktur. Du brauchst Steuermänner – oder *-frauen.* Und Matrosen, die dir folgen. Allein gehst du unter.«

Ihre Erwiderung war ihr vergangen. Sie nickte abwesend, während sie seine Worte im Kopf herumschob. Hatte er recht? Ging sie zu schnell auf Angriff?

»Gibt es die?«, hakte er nach.

»Wen?« Marielle sah ihn verständnislos an.

»Die Verbündeten. Hast du Verbündete? Im Betrieb oder in der Familie. Leute, auf die du dich verlassen kannst. Die dir sagen würden, wenn du dich in etwas verrennst oder auf dem Holzweg bist?«

Marielle schluckte. »Na ja, da ist die Sekretärin meines Vaters, die ist zuverlässig und kennt sich aus …«

»Das ist gut. Und sonst?«

»Beim Assistenten meines Vaters habe ich das Gefühl, er nimmt mich nicht für voll.« Marielle richtete den Blick wieder auf die grau-grünen Kuppen der Hügel in der Ferne.

»Manche Männer haben ein Problem damit, wenn Frauen wissen, was sie wollen.« Ohne ihn anzusehen, konnte Marielle Gérards Grinsen hören.

»Du nicht«, stellte sie fest und benutzte zum ersten Mal auch die vertraute Anredeform. Es klang noch ein wenig seltsam in ihren Ohren.

»Nein. Starke Frauen habe ich nie als Bedrohung wahrgenommen. Warum auch?«

Jetzt sah sie wieder zu ihm hinüber. Die Fältchen um seine Augen und die feinen grauen Haare entlang seiner Schläfen und im Bart ließen Marielle daran denken, was Amélie gesagt hatte.

»Wie alt bist du eigentlich?«, entfuhr es ihr, bevor sie sich selbst zügeln konnte.

Gérard lachte. »Ich klinge wie mein eigener Großvater, oder? Achtundvierzig. Eigentlich fast schon neunundvierzig.« Er verzog das Gesicht. »Ich kann's selbst kaum glauben.«

Sie musste ein erschrockenes Gesicht gemacht haben, denn er lachte wieder. »So schlimm ist das auch wieder nicht. Älter werden hat auch Vorteile. Wie alt ist denn der Assistent deines Vaters?«

Marielle überlegte. »Ich weiß nicht genau. Dreißig?«

»Dann sieh es ihm nach, er muss sich erst noch die Hörner abstoßen, bevor er gelassener im Umgang mit erfolgreichen Frauen werden kann. Gib ihm noch ein, zwei strenge Winter.«

Jetzt musste auch Marielle lachen. »Ich glaube, das muss ich erst noch beweisen, dass ich das bin. Erfolgreich …«

»Daran hab ich keine Zweifel.«

Marielle stand auf. »Ich fahre jetzt zu meiner Mutter. Es bringt nichts, es hinauszuschieben. Ich muss das klären.«

Gérard stand ebenfalls auf. »Komm, ich bring dich zum Auto.«

Der Hund, der in einiger Entfernung im Schatten gelegen hatte, sprang auf die Beine. Sie gingen den Weg zurück, den Marielle gekommen war. Das Tier folgte ihnen träge.

Gérard griff im Gehen kurz nach Marielles Hand und drückte sie. Sie ließ es sich gefallen. Dann gingen sie zurück zum Haus und drumherum zum Rondell, vor dem ihr Auto parkte.

Da fiel ihr noch etwas ein, das sie vergessen hatte, ihm zu erzählen. »Der Verwalter will gegen das Lavendelsterben spritzen. Wir haben wohl einige Sträucher, die von der Zikade befallen sind. Das würdest du doch sicher anders machen, oder?«

Er tätschelte beiläufig seinem Hund den Kopf. »Ja. Ich züchte selbst unter sterilen Bedingungen Setzlinge, die dann einigermaßen resistent gegen die Zikaden sind. Außerdem stärken wir die Pflanzen auf natürliche Weise mit biologischen Düngemitteln.«

»Das habe ich mir schon gedacht. Ich will, dass das bei uns auch so gemacht wird«, sagte Marielle entschieden. »Aber dazu brauche ich erst einmal die Vollmacht.«

Sie hatte die Fahrertür geöffnet. Die Verabschiedung mit Küsschen links und rechts fühlte sich jetzt bereits vertraut an.

»Du schaffst das«, sagte Gérard zum Abschied. »Wir stecken die nächsten Tage auch voll in der Lavendelernte, aber wenn ich wieder Luft habe, komme ich hinüber und schau mir das Problem an. Wenn du willst.«

Marielle nickte dankbar. Dann stieg sie in den Wagen und Gérard schloss die Tür hinter ihr. Sie setzte rückwärts aus der Einfahrt und er winkte ihr hinterher, dann machte er sich wieder auf zu seinen Feldern und sie schlug den Weg nach Hause ein.

Kapitel 10

»Das ist mir jetzt gerade zu viel, ma petite.« Camille schloss die Augen und legte zur Untermalung noch den Handrücken auf die Stirn.

Marielle ballte die Fäuste unter dem Tisch. »Die Zeit drängt, Maman. Wir müssen dem Verwalter eine Antwort geben, was er tun soll!«

»Morgen …« Camille legte die Serviette enervierend langsam zusammen, die sie sich auf den Schoß gelegt hatte. Dann erhob sie sich ebenfalls in Zeitlupe.

Marielle pfefferte ihre Serviette zusammengeknüllt auf den Tisch und sprang auf die Beine. »Dann ist es zu spät! Der Lavendel steht in voller Blüte! Die Ernte muss vom Feld!«

Ihre wässrig blauen Augen blickten vorwurfsvoll auf Marielle, als Camille betont langsam erwiderte: »Was du wieder für ein Benehmen hast. Warum schreist du so? Haben dich das die Araber in Ägypten gelehrt? Du bist hier nicht auf dem Basar.«

»Es gibt keine Araber in Ägypten. Das Land liegt in Afrika! Die Menschen dort nennt man Ägypter«, zischte Marielle zwischen zusammengebissenen Zähnen. Sie hatte sich so sehr vorgenommen, sich nicht wieder von ihrer Mutter aufbringen zu lassen. Der Vorsatz hatte nur knapp bis nach der Vorspeise gehalten.

Louise kam herein und sah von einer zur anderen. »Kann ich den Hauptgang servieren?«

»Für mich nicht«, erwiderte Camille. »Ich werde mich noch ein wenig an die frische Luft setzen, bevor ich zu Bett gehe. Und meine Tochter möchte sich vielleicht erst beruhigen, bevor sie weiter isst.«

Mit ihren kleinen Tippelschritten durchquerte Camille den Salon und öffnete die Tür zur Terrasse, was bei ihr aussah, als wäre es ein immens anstrengendes Unterfangen. Marielle folgte ihr auf dem Fuß.

»Maman! Du kannst mich nicht einfach so stehen lassen. Gib mir eine Vollmacht für den Hof und ich behellige dich nicht mehr mit den Entscheidungen. Aber sie müssen *jetzt* getroffen werden!«

Hinter sich hörte Marielle, wie Louise geräuschvoll den Tisch abräumte. Wieder einmal verschwand ein liebevoll von ihr zubereitetes Mahl im Gefrierschrank. Aber um Louise und ihre nachvollziehbare Verärgerung konnte Marielle sich erst anschließend kümmern. Das hier hatte Priorität.

»Du schreist schon wieder«, stellte Camille fest und setzte ihren Weg auf die Terrasse fort. Um zu unterstreichen, dass ihr die Lautstärke ihrer Tochter unangemessen erschien, hatte Camille ihre Stimme auf kaum mehr als ein Flüstern gesenkt.

Marielle versuchte sich durch bewusstes Ein- und Ausatmen zu beruhigen. Sie würde nichts erreichen, wenn sie sich so aufbringen ließ.

»Der richtige Zeitpunkt ist für die Lavendelernte ganz entscheidend«, versuchte Marielle es noch einmal mit den Fakten. »Wir müssen festlegen, wie viel sofort in die Destillation gehen soll und ob wir einen Teil der Ernte trocknen lassen wollen. Es hat Auswirkungen auf das Öl, ob der Lavendel frisch vom Feld oder angetrocknet destilliert wird. Wir brauchen für die Produktion in der Manufaktur beides. Und wir brauchen eine möglichst hohe Qualität. Willst du, dass wir die ganze Ernte am Ende nur für die Seifenherstellung verwenden können?«

Camille hatte sich einen Sessel zurechtgerückt und ließ sich umständlich hineinfallen.

»Es ist doch schon ein wenig frisch. Holst du mir bitte meinen Schal, Liebes?«

Marielle war versucht mit dem Fuß aufzustampfen wie ein frustriertes Kind. »Warum hörst du mir nicht zu?«, fauchte sie.

»Ich hör dich ja. Obwohl ich dir lieber zuhören würde, wenn du weniger außer dir wärst.«

Camille hatte die geschlossenen Augen den letzten Sonnenstrahlen zugewandt, die gerade im Begriff waren, hinter dem Chateau zu verschwinden.

»Verstehst du auch, was ich sage?«

Camilles Augen öffneten sich wieder. »Ich bin nicht dumm, Marielle, falls deine Frage das implizieren sollte.«

Jetzt glaubte Marielle, auch der Stimme ihrer Mutter einen Hauch Verärgerung zu entnehmen. Immerhin eine Gefühlsregung!

»Warum lässt dein Vater uns mit dieser Bürde allein? Er hätte wissen müssen, dass wir Frauen mit diesen Dingen überfordert sind«, seufzte Camille und schloss wieder die Augen.

Oh ja, das hätte er, dachte Marielle wütend. Zumindest, was dich betrifft.

»Du kannst nicht alles allein regeln«, fuhr Camille fort. »Die Fabrik und den Hof, die Lavendelernte. Ich werde dem Verwalter eine Vollmacht erteilen. Er wird am besten wissen, was zu tun ist. Und für die Fabrik sollten wir vielleicht einen

Geschäftsführer einstellen, dann musst du dich nicht um alles kümmern.«

Der Vorsatz nicht wieder laut zu werden, verpuffte.

»Ich *will* mich kümmern! Maman, ich habe mein ganzes Studium darauf ausgerichtet, eines Tages die Manufaktur zu übernehmen. Ich weiß auch, was zu tun ist. Und ich käme deutlich besser zurecht, wenn mir nicht ständig irgendwer sagen würde, was seiner Meinung nach das Beste für mich wäre!«

»Das habe ich nie verstanden, weshalb du so weit weggehen wolltest, bis nach Ägypten! Wozu? Du könntest dein Leben hier genießen. Es ist alles da, was sich ein Mädchen wünschen kann …«

»… und wie lange noch?« Marielles Hände zitterten unkontrolliert vor Wut. »Das kann doch alles nicht dein Ernst sein, Maman. Weißt du eigentlich, dass die Fabrik hochverschuldet ist? Weißt du, dass Papa jeden Tag darum gerungen hat, dass er das alles irgendwie erhalten kann? Ist dir überhaupt bewusst, wie fragil dein Kleinmädchen-Traum hier ist?«

»Er war schon lange krank«, erwiderte Camille erstaunlich ungerührt. »Es wäre besser gewesen, er hätte beizeiten einen fähigen Geschäftsführer eingestellt, dann stünde die Fabrik jetzt nicht so schlecht da. Aber was willst du daran ändern?«

Marielle lief wie ein Tiger im Käfig vor ihrer Mutter auf und ab. Doch auch die Bewegung vermochte ihre Wut nicht zu kühlen.

»Du sprichst von Papa, als wäre er schon unter der Erde! Solange er im Krankenhaus ist, werde ich die Geschäfte für ihn weiterführen und ich alles daransetzen, dass die Fabrik wieder auf stabile Füße kommt. Alles, was ich von dir erwarte, ist, dass du mir dabei nicht noch im Weg stehst!«

Camille erhob sich wieder. »Du bist unsachlich. Mit dir kann man heute nicht vernünftig sprechen. Ruh dich aus, morgen sieht die Welt schon wieder anders aus, ma chérie.«

Damit ging sie zurück ins Haus.

Kaum war sie außer Hörweite, stieß Marielle ein wütendes Fauchen aus. Es war zum Die-Wände-hochgehen.

Als Marielle am nächsten Morgen noch vor der Manufaktur als Erstes auf die Felder hinausfuhr, traf sie auf den Verwalter, der eine Gruppe Arbeiter und Traktoren dirigierte.

»Wir haben das untere Drittel gestern noch geschnitten und liegen gelassen. Ich wollte nicht mehr länger warten, wegen des Wetters«, erklärte er ihr.

»Danke, das war gut so. Ich habe mit meiner Mutter gesprochen, wegen …«, setzte Marielle an, doch er unterbrach sie gleich. »Weiß ich schon. Wunderbar. Sie hat mir heute in aller Frühe die Vollmacht übergeben. So ist es mir natürlich noch lieber.«

Marielle hatte ein ungutes Gefühl, als sie fragte: »Welche Vollmacht?«

»Na, für mich. Sie hat mir eine Vollmacht ausgestellt, dass ich den Hof in der Abwesenheit Ihres Vaters in seinem Sinne führen kann. Dass hätten Sie auch gestern schon sagen können, dass Ihnen das alles zu viel wird. Das verstehe ich doch! Sie haben schon die Fabrik am Hals.«

Darauf wusste Marielle nichts mehr zu sagen, außer: »Ich möchte bitte trotzdem über alles informiert werden. Ich komme heute Abend noch einmal her, wenn's recht ist …«

Der Verwalter zuckte die Schultern, als wollte er sagen: mir egal.

Er ließ Marielle stehen und wandte sich wieder den Erntehelfern auf dem Feld zu.

Marielle blieb wie erschlagen am Feldrand zurück.

Sie fühlte sich hintergangen und ausgebremst und aufs Unerträglichste missverstanden. Warum hatte ihre Mutter das getan?

Ohne wenigstens noch einmal mit ihr darüber zu sprechen!

Es war wie immer. Ihre Mutter traute ihr nichts zu, sie verstand sie nicht und es interessierte sie auch überhaupt nicht, was sie dachte oder fühlte. Camille war wie eine Gefangene in ihrer eigenen kleinen Welt, die zimmerte sie sich nach ihren Vorstellungen zurecht und was außen herum passierte, registrierte sie überhaupt nicht.

Marielle spürte heiße Tränen der Wut aufsteigen und wandte sich rasch ab. Aber es nahm sowieso niemand mehr Notiz von ihr.

»Bis später«, rief sie noch lahm über die Schulter, dann sah sie zu, dass sie ins Auto kam.

Sie fuhr schneller, als die kurvige Straße eigentlich erlaubte und sie musste sich dabei immer wieder Zornestränen aus den Augen wischen, um überhaupt sehen zu können, wo sie hinfuhr. Ein Wunder eigentlich, dass es ihr gelang heil an der Manufaktur anzukommen, ohne in den engen Straßen und Gassen von Grasse jemanden umzufahren.

Sie parkte ihren Wagen und blieb noch sitzen, um sich zu beruhigen. Die kurze Fahrt von den Lavendel-Anbauflächen im Tal hinauf in die Stadt hatte nicht ausgereicht, ihre Wut zu kühlen.

Es musste ihr gelingen, den Ärger beiseitezuschieben und sich auf die Belange der Manufaktur zu konzentrieren. Hier hatte sie noch das Sagen. Und auch hier standen wichtige Entscheidungen an.

Sie musste mit Bastien dessen Aufstellung durchgehen. Sie würden sich von einigen ihrer eigenen Duftlinien trennen müssen und auch die Zusammenarbeit mit ein paar Kunden auslaufen lassen, die nicht mehr ertragreich war. Das alles wollte gut überlegt sein. Außerdem die Umstellung auf den neuen Lieferanten. Für Marielle stand außer Frage, dass sie künftig mit Gérard zusammenarbeiten wollte. Und am Freitag mussten die neuen Duftproben in Nizza vorgeführt werden. Fleur musste das Hotel dafür buchen.

Während sie in Gedanken ihre übervolle Arbeitsliste durchging, klappte Marielle die Sonnenblende herunter und schob das Verdeck des kleinen Spiegels auf, der dort eingelassen war. Ihr Make-up war natürlich verlaufen. Sie wühlte in ihrer Handtasche nach einem Taschentuch und der Mascara, um sich wieder herzurichten. Zum Schluss zog sie noch ihre Lippen nach, dann betrachtete sie das Ergebnis im Spiegel.

Auf gar keinen Fall wollte sie, dass man ihr den Ärger mit ihrer Mutter und dem elterlichen Hof ansah. Es reichte schon, dass Bastien sie einmal in einem derart schwachen Moment erlebt hatte. Auf keinen Fall wollte sie ihm auch noch Grund zu der Annahme geben, sie wäre hysterisch oder zu nah am Wasser gebaut für die Führung der Geschäfte.

»Auf geht's!«, sagte sie zu sich selbst und klappte die Sonnenblende wieder hoch.

Wenig später saß sie an ihrem Platz.

Fleur brachte ihr die Post herein. Marielle blätterte die Umschläge durch. Da fiel ihr einer ins Auge, der das Logo ihres Kunden trug. Sie hatten doch den Termin am Freitag, warum schrieb er ihr jetzt?

Sie riss das Kuvert auf.

Darin fand sie eine Einladung. »Anstatt des vereinbarten Termins möchten wie Sie zur Präsentation ihrer neuen Produktvorschläge zu uns einladen, wie folgt …«

Marielle verglich das Datum. Sie verschoben die Präsentation um eine Woche nach hinten.

Weshalb das?

Sie hatten es doch so eilig gehabt.

Eine Begründung stand nicht in dem Schreiben. Marielle las es wieder und wieder. Dann zuckte sie die Schultern und rief Fleur im Vorzimmer an. Immerhin bekamen sie auf diese Weise noch ein paar Tage Aufschub.

»Madame la Directrice?«, fragte Fleur dienstbeflissen. »Kommen Sie bitte kurz zu mir herein.«

Fleur kam herein und brachte ihr Kaffee mit.

»Haben Sie die Hotelbuchung für Nizza schon gemacht?«, fragte Marielle sie.

»Noch nicht«, räumte Fleur ein und rückte ihre Brille gerade.

»Gut. Die Pläne unseres Kunden haben sich geändert. Wir brauchen das Hotel erst für nächste Woche.«

Fleur nickte. »Ich kümmere mich sofort darum.«

Die Vorzimmerdame verschwand wieder in ihr Reich und Marielle hörte sie durch die offene Tür telefonieren.

In der Zwischenzeit kümmerte Marielle sich um das Tagesgeschäft, sie telefonierte mit Kunden, bestätigte Gérard das Angebot, das er ihnen gemacht hatte, und führte dann noch ein unangenehmes Gespräch mit dem Vertreter ihrer Hausbank, der in Anbetracht der Erkrankung ihres Vaters um die Rückzahlung der Kredite fürchtete.

Gegen Mittag kehrte Fleur zu ihr zurück und berichtete: »Es ist leider ziemlich voll nächste Woche, irgendein Kongress in der Stadt. Ich habe aber ein richtig süßes kleines Boutique-Hotel mit Blick aufs Meer gefunden, es ist nur etwas außerhalb.«

Na prima, genau das Richtige für einen geschäftlichen Aufenthalt mit dem Knallfrosch.

Fleur schien Marielles Gedanken an ihrer Mimik ablesen zu können. »Soll ich etwas anderes suchen?«

»Nein, lassen Sie mal. Mir ist es egal, wo wir schlafen.«

»Die Zimmer sind ganz bezaubernd. Und es gibt ein gutes Frühstücksbüfett und eine Terrasse mit Meerblick«, versicherte Fleur und nickte dazu so enthusiastisch, dass ihre Locken wie Sprungfedern hüpften und die Kette an ihrer Brille klingelte.

»Reizend«, bestätigte Marielle sarkastisch.

»Weiß Monsieur Darrieux schon, dass der Termin verschoben wurde? Weiß er überhaupt, dass er Sie begleiten soll?«

»Ich befürchte es«, entfuhr es Marielle.

»Nizza ist wundervoll. Sie sollten eine Nacht länger bleiben und sich ins Nachtleben stürzen«, schlug Fleur vor.

Ihre Begeisterung schien keine Grenzen zu kennen.

»Bastien und ich? Ins Nachtleben stürzen? Klingt verlockend. Aber ich glaube, ich kann mich beherrschen.«

Fleurs übergroße Augen hinter den Brillengläsern fixierten sie. »Sagen Sie das nicht. Oftmals entdeckt man doch Gemeinsamkeiten, wenn man sich erst ein bisschen besser kennenlernt. Es würde Ihrer Zusammenarbeit sicher nicht schaden, wenn Sie einen netten Abend zusammen verbringen würden.«

Schneller als sie sich selbst zügeln konnte, rutschte Marielle heraus: »Wenn man Menschen ohne Grund scheiße findet, sollte man einfach mit ihnen reden. Oft findet man dann sogar eine ganze Reihe Gründe ...«

Jetzt sah Fleur bestürzt aus.

Marielle verzog das Gesicht zu einem schiefen Grinsen. »Ist ja schon gut, so schlimm wie ich anfangs dachte, ist er nicht. Wir kommen schon klar. Zwei Tage Nizza kriegen wir auf jeden Fall hin. Aber übertreiben wollen wir es dann auch nicht gleich und noch ein romantisches Wochenende dranhängen, ja?«

»Schade ...« Fleur zuckte die Schultern und trollte sich wieder zurück an ihren Schreibtisch.

Nachmittags steckte Bastien den Kopf zur Tür herein. »Stör ich Sie?«

»Nein. Ich wollte sowieso mit Ihnen sprechen«, sagte Marielle und rollte mit dem Schreibtischstuhl zur Seite.

»Wegen der Rentabilitätsaufstellung?« Bastien setzte sich unaufgefordert ihr gegenüber.

»Ja, auch. Ich wollte zuerst noch wegen Nizza sprechen. Unser Termin wurde verschoben. Keine Ahnung weshalb, aber sie wollen uns jetzt erst in einer Woche dort sehen. Und anscheinend ist es zu der Zeit schwierig, ein Hotel dort zu kriegen, Fleur hat irgendwas von einem Kongress gesagt. Sie hat nur Zimmer in einem kleinen Strandhotel außerhalb gefunden. So weit ist das ja nicht bis Nizza. Ich dachte, es wäre besser, wenn wir am Vorabend schon anreisen und dann am Morgen alles noch einmal vor Ort ganz entspannt durchgehen können. Aber das muss nicht unbedingt sein. Ich kann das auch allein vorbereiten. Wenn Sie lieber zu Hause schlafen wollen, bei ihrer Freundin oder so, dann verstehe ich das.«

Das mit der Freundin war Marielle schneller herausgerutscht, als sie darüber hatte nachdenken können. Das ging sie nichts an. Und obendrein wirkte es so, als spionierte sie ihm hinterher. Sie biss sich auf die Lippen.

Natürlich war Bastien die Bemerkung nicht entgangen. In seinen Augen blitzte der Schalk auf, als er sagte: »Oh, ich hab Zeit. Auf mich wartet niemand zu Hause.«

Was war das jetzt für eine Unterhaltung?

»Wie auch immer. Ich wollte es Ihnen freistellen, ob Sie schon einen Tag vorher mit nach Nizza kommen wollen, oder lieber erst am Morgen anreisen.«

»Nein, kein Problem. Kleines Hotel am Stadtrand klingt doch gut. Ich komme mit.« Lässig lehnte er sich zurück und grinste sie auffordernd an.

Was um alles in der Welt sollte das jetzt?

Dachte er, sie versuchte zu flirten?

Das fehlte ja gerade noch.

So geschäftsmäßig wie sie nur konnte, sagte sie: »Gut, hätten wir das geklärt. Dann zur Frage der Rentabilität. Ich habe mir Ihre Aufstellung angesehen und ich denke, wenn wir wieder auf die Beine kommen wollen, müssen wir uns von mindestens fünfzig Prozent unserer eigenen Linien trennen. Ebenso von etwa zehn Kunden, bei denen der Aufwand zu den Erlösen in keiner Relation mehr steht. Wir sollten außerdem über ein neues einheitliches Erscheinungsbild unserer Düfte und eine neue Kampagne nachdenken.«

Sie schob ihm eine Tabelle hin, die sie ausgedruckt hatte. Darauf hatte sie alle Geschäftsfelder markiert, die sie einzustampfen gedachte.

Bastien überflog das Papier.

»So eine radikale Verjüngungskur hätte ich Ihnen gar nicht zugetraut«, stellte er mit einem Hauch Bewunderung fest. »Was wird Ihr Vater dazu sagen, wenn er wiederkommt? Wie geht es ihm überhaupt?«

»Unverändert. Ich darf ihn täglich für maximal zehn Minuten besuchen.«

Das Telefon klingelte. Marielle war versucht, es einfach klingeln zu lassen. Doch dann warf sie doch einen Blick aufs Display, es war der Hofverwalter.

»Moment«, sagte sie zu Bastien.

Dann nahm sie das Gespräch an.

»Ich wollte Ihnen gerade die erste Fuhre rüberschicken zur Destillation, aber auf dem Feld hier ist mindestens die Hälfte der Pflanzen befallen. Das ganze Ausmaß ließ sich erst bei der Ernte feststellen. Die Qualität wird Sie, glaube ich, nicht überzeugen. Wir haben gestern schon Lavendel zum Trocknen geschnitten, aber ich befürchte, der hier eignet sich auch dafür nicht. Was sollen wir damit machen?«

Beinahe war Marielle versucht zu sagen, dass er doch die Vollmacht ihrer Mutter hatte und diese Entscheidungen deshalb, wie die vorangegangenen, selbst treffen sollte. Doch dann besann sie sich eines Besseren.

»Ich muss das sehen. Ich komme vorbei. Wir treffen uns in einer Viertelstunde im Tal.« Damit legte sie auf.

Bastien sah sie überrascht an. »Was ist los?«

»Lavendelernte. Ich muss nach dem Rechten sehen. Sie

entschuldigen mich.« Sie ließ ihn an ihrem Schreibtisch sitzen und griff sich ihre Tasche. Im Vorzimmer gab sie nur kurz die Info »Ich bin für mindestens eine Stunde außer Haus!« ab, dann hetzte sie an Fleurs Schreibtisch vorbei und zur Tür hinaus.

Minuten später saß sie in ihrem Wagen und lenkte ihn zur Stadt hinaus und den Berg hinunter.

Es hatte ganz leicht angefangen zu regnen. Einzelne Tropfen zerplatzten auf der staubigen Scheibe, als sie den Scheibenwischer anstellte, verschmierte er alles. Sie betätigte die Wischanlage.

Über den Hügeln zogen Wolken vom Meer her Richtung Hinterland. Gut möglich, dass sich dahinter ein Gewitter zusammenbraute.

Auch das noch!

Dann war der Lavendel, den sie zum Trocknen geschnitten hatten, auch noch verdorben. Marielle gab Gas.

Sie erreichte das Tal. Schon von Weitem sah sie den Anhänger. Ein Traktor zog seine Bahnen. Einige Arbeiter standen am Feldrand.

Marielle setzte den Wagen an den Straßenrand und stieg aus. Der Verwalter erkannte sie und kam auf sie zu.

»Wir sind hier noch nicht fertig«, sagte er überflüssigerweise, denn Marielle sah selbst, dass die Reihen noch weitgehend lila waren. »Und oben steht auch noch Lavendel, der geschnitten werden muss. Am steilsten Stück muss ich von Hand schneiden lassen. Ich habe nicht genügend Leute, um alle Felder gleichzeitig zu bearbeiten. Was wollen Sie zuerst sehen?«

»Die befallenen Sträucher«, entschied Marielle. Sie schlüpfte aus ihren Absatzschuhen und warf sie auf den Beifahrersitz. Barfuß folgte sie dem Verwalter in die Reihen Lavendel. Sie musste sich dringend angewöhnen, anderes Schuhwerk zum Wechseln im Auto zu haben.

»Hier.« Er blieb stehen und wies auf die Reihe vor ihnen. Die Pflanzen waren viel kleiner, sie sahen grau aus und die wenigen Stängel trugen kaum Blüten.

Marille zupfte ein paar Stiele ab und zerrieb sie zwischen den Fingern.

»Der taugt nichts«, stellte sie fest.

»Wir hätten spritzen sollen«, merkte der Verwalter an.

Marielle hatte keine Lust, noch eine Diskussion über ökologischen Anbau mit ihm zu führen, das brachte sie jetzt auch nicht weiter. »Dafür ist es zu spät. Die Pflanzen müssen raus. Am besten Sie verbrennen sie gleich auf dem Feld.«

Der Verwalter zuckte die Achseln. »Wenn Sie meinen …«

»Ich hab ja nichts mehr zu meinen«, erwiderte Marielle spitz. »Aber das ist es, was *ich* tun würde. Sie hatten nach meiner Meinung gefragt, da haben Sie sie. In der Manufaktur kann ich dieses Zeug jedenfalls nicht gebrauchen. Das kann ich nicht einmal mehr Waschmittel zusetzen. Wie steht's mit dem Rest?«

»Wie gesagt, ich habe nicht genügend Leute …«

»Dann werden wir tun, was wir schon in meiner Kindheit getan haben, wenn die Ernte schnell eingeholt werden musste«, erklärte Marielle entschieden.

Der Verwalter sah sie fragend an.

»Alle anpacken.« Sie wandte sich wieder zum Gehen. Über die Schulter rief sie: »Ich fahre nach Hause und ziehe mich um. Auf dem Weg rufe ich noch ein paar Leute an. Schicken Sie die Arbeiter, die Sie entbehren können, zum Südhang! Sie bleiben hier und machen den Leuten Dampf. Ich nehme mir mit ein paar Leuten den steilen Hang oben vor!«

Seine Erwiderung wartete sie nicht mehr ab. Marielle sprang wieder in ihren Wagen und wendete ihn mit drei Zügen auf der schmalen Straße, dann preschte sie zur Abzweigung zurück, die zum Chateau führte. Unterwegs wählte sie die Nummer der Fabrik. Fleur antwortete.

»Fleur, hören Sie, die Ernte ist in Gefahr! Schicken Sie mir so viele Leute wie möglich zum Chateau. Alle, die schon mal Lavendel geschnitten haben, brauche ich sofort auf dem Feld! Aber behalten Sie genügend Leute für die Destillation in der Fabrik, was wir heute schneiden, muss sofort destilliert werden.«

»Jawohl, Madame la Directrice! Ich gebe die Anweisung weiter!«

Marielle legte auf. Auf dem Hof vor dem Chateau angekommen, riss sie die Tür auf, kaum dass das Auto zum Stehen gekommen war. Den Zündschlüssel ließ sie stecken und rannte zum Stall hinüber. In der Sattelkammer tauschte sie ihre Bluse, den Etuirock und die Pumps gegen alte Klamotten und Gummistiefel. Das Haar band sie sich mit einem Tuch zurück, dann lief sie zum Schuppen und holte sich das Arbeitswerkzeug für die Lavendelernte: Sichel und Sammeltuch.

Es war einige Jahre her, dass sie zuletzt selbst Lavendel geschnitten hatte, doch sie war sicher, dass man so etwas nicht verlernte.

Wenig später erreichte sie den Teil der Anbauflächen, der für die Ernte mit dem Traktor zu steil war. Es waren bereits ein paar Leute im Feld, die mit geübten Schwüngen der Sichel die Halme schnitten.

Es hatte aufgehört zu tröpfeln. Dafür stach die Sonne wieder vom nahezu blauen Himmel. Zum Glück.

Die Lavendelpflanzen hier oben sahen gesund aus, die Blüten waren offen und verströmten einen betörenden Duft. Genau so sollte es sein.

Marielle machte sich daran, die langen Halme mit den lila und violetten Blütenrispen abzutrennen, zu bündeln und in dem dafür vorgesehenen Umhängetuch zu verstauen.

Die Ernte mit der Sichel war natürlich wesentlich langwieriger als mit dem Traktor. Es konnte nur gut sein, wenn sie noch ein paar helfende Hände bekamen.

»Sie arbeiten auf dem Feld mit?«, fragte Bastien belustigt.

Marielle streckte den schmerzenden Rücken durch. Wo war der denn plötzlich hergekommen?

Die Leute aus der Fabrik, die Fleur geschickt hatte, waren schon lange auf dem Feld und packten tüchtig mit an. Dass der feine Anzugträger auch mithelfen wollte, auf die Idee war sie überhaupt nicht gekommen.

»Was gibt es da zu lachen? Dachten Sie, ich sitze im Liegestuhl am Feldrand und schaue den Arbeitern dabei zu, wie sie die Ernte einholen?« Marielle stemmte entrüstet die Arme in die Seite.

Abwehrend hob Bastien die Hände. »Schon gut, schon gut. Ich habe ja inzwischen gesehen, dass Sie durchaus anpacken können. Warum dann nicht auch auf dem Feld?«

Misstrauisch musterte Marielle ihn. War das ernst gemeint?

Er kam ein paar Schritte auf sie zu. »Fleur hat mich gebeten, Ihnen den Lieferwagen der Manufaktur zu bringen. Sie könnten ihn gebrauchen, um damit den Lavendel einzubringen, meinte sie. Und? Wie ist die Ernte dieses Jahr?«

Tatsächlich stand unweit des Feldes, oben am Kamm der Lieferwagen mit dem Logo der Manufaktur.

Marielle wischte sich mit dem Handrücken eine schweißnasse Strähne aus dem Gesicht, die sich aus ihrer Frisur gelöst hatte. »Gut, würd ich behaupten.«

Bastien ließ den Blick über den Abhang schweifen, wo die Männer und Frauen mit ihren Sicheln den Lavendel in Büscheln abschnitten und in die große, weiße Umhängetücher aus Leinen packten.

»Ihr macht das alles noch per Hand?«, fragte er skeptisch.

»Auf den flacheren Feldern wird mit dreireihigen Traktoren geerntet, da schaffen wir ungefähr einen Hektar pro Stunde. Hügeliges Gelände kann teilweise noch mit Allrad-Traktoren bearbeitet werden, aber hier oben wird traditionell mit der Sichel geerntet«, erklärte Marielle, nicht ohne Stolz.

»Ich habe unten den Verwalter getroffen. Er sagte etwas von Lavendelsterben? Ist es schlimm?«, fragte Bastien.

»Hier oben fehlt nichts. Wenn es nach mir geht, dann setzen wir künftig Weinreben oder Trüffeleichen zwischen die Lavendelreihen, das hilft gegen die Ausbreitung der Zikaden, die das Lavendelsterben auslösen.«

Bastien nickte. »Davon hab ich gehört. Manche spritzen ja einfach dagegen ...«

»Die Pestizide töten nicht nur die Zikaden, die das Lavendelsterben auslösen, sondern auch die Bienen. Das ist Ihnen als Biochemiker doch sicher klar«, unterbrach Marielle ungeduldig. »Haben Sie mal unseren Honig probiert? Lavendelhonig ist ein Nebenprodukt des Lavendelanbaus. Wir produzieren das Öl und halten Bienen für den Honig. Es gibt Studien, die belegen, dass vor allem der Einsatz von Pestiziden für den massenhaften Tod von Honigbienen verantwortlich ist!«

»Schon klar. Also keine Pestizide«, bekräftigte Bastien.

Marielle hatte nicht erwartet, bei ihm ein offenes Ohr für ihr Öko-Landwirtschaftsprojekt zu finden. Manchmal gelang es ihm tatsächlich, sie positiv zu überraschen.

Sie schlenderten ein Stück die Lavendelreihe entlang. Marielle bückte sich und schnitt weiter Stängel ab. Die Bündel geernteten Lavendels steckte sie in ihr Umhängetuch.

»Wir haben es mit Kaolinit versucht. Aber tatsächlich hilft eigentlich nur, die befallenen Lavendelstöcke zu ersetzen. Gérard wird mir nach der Ernte helfen.«

»Gérard, hm?« Den Blick, den Bastien ihr dabei zuwarf, wusste Marielle nicht zu deuten.

»Gérard ... Sie wissen schon, der Lieferant für öko...«

Er unterbrach sie: »Sie sind schon beim Vornamen?«

»Sie nenne ich doch auch beim Vornamen.« Marielle fragte sich, was dieser Einwurf jetzt sollte. Störte er sich daran, dass sie mit Gérard so schnell auf eine persönliche Ebene gekommen war?

Sie beschloss, die Bemerkung zu ignorieren und fuhr fort: »Er produziert seine eigenen Setzlinge im Labor unter absolut sterilen Bedingungen, damit sicher keine Larven an den Wurzelstöcken sind.«

»Mit Klontechnik?«, fragte Bastien.

Marielle nickte anerkennend. »Ich sehe, Sie kennen sich ja doch ein bisschen aus.«

»Mit der Laborarbeit, ja. Mit der Landwirtschaft weniger.« Bastien hielt ihr die Hand auffordernd hin. »Darf ich?«

»Was?«

»Na, schneiden. Darf ich es auch versuchen?«

Marielle sah von seiner ausgestreckten Hand, die in einem sauberen hellblauen Hemd steckte, zur Sichel in ihrer und wieder zurück.

»Sie wollen Lavendel schneiden? Sicher? Na gut, …« Sie überreichte ihm die Sichel.

Marielle war noch unschlüssig, ob sie ihm das Interesse abnehmen konnte. Dass er ihr den Lieferwagen gebracht hatte, rechnete sie ihm jedenfalls zu.

»Weniger schnell auf Angriff gehen, Verbündete suchen«, mahnte Gérards Stimme in ihrem Kopf. Sie schluckte eine spöttische Bemerkung hinunter und bemühte sich um ein Lächeln.

Er ließ das gebogene Messer durch die Stängel fahren, so wie er es bei ihr gesehen hatte. Der Winkel, in dem er die Sichel anlegte, stimmte nicht, deswegen schnitt das Messer nicht glatt durch die Stängel, sondern rupfte sie ab. Aber es gelang ihm, ein Büschel zu ernten.

»Ja, ganz okay fürs erste Mal«, sagte Marielle, um ihn nicht vor den Kopf zu stoßen.

Sie nahm ihm die Stängel aus der Hand und stopfte sie in ihr Tuch. Dann übernahm sie die Sichel wieder. Ein paar Minuten vergingen schweigend, während Marielle den Lavendel abschnitt und Bastien ihr interessiert dabei zusah.

»Wo geht der Lavendel hin, den ihr heute schneidet?«, wollte Bastien wissen.

»Sollten Sie als Parfümeur nicht wissen, wie das Lavendelöl produziert wird, das wir in unsere Kreationen mischen?«, fragte sie spöttisch.

»Es wird destilliert, das ist mir schon klar. Ich wollte wissen, ob Sie es dazu in die Fabrik bringen.« Und schon zeigte sich wieder ein Anflug der üblichen Arroganz.

»Richtig. Alles, was hier geerntet wird, wird noch heute in der Fabrik destilliert. Das ist aber nur eine Methode, um Lavendelöl zu gewinnen. Frisch destilliert, hat das Öl einen grünen Charakter, es wird frischer und blumiger. Die andere Methode wenden wir weiter unten im Tal an. Da bleiben die geschnittenen Büschel auf dem Feld liegen und trocknen, bevor sie destilliert werden. Durch das Vortrocknen entfaltet der Lavendel einen reicheren, aromatischeren Duft. Es geht also bei der Wahl der Methode nicht um die Steigerung der Qualität, beide Öle sind hochwertig, sondern um die unterschiedlichen Charaktere.« Sie wusste, dass sie belehrend klang, und sie kostete es weidlich aus, dass sie Dinge wusste, von denen er keine Ahnung hatte.

»Ist das nicht gefährlich?«

»Was?«

»Dieses Trocknen auf den Feldern«, präzisierte er, dabei hob er den Blick in den Himmel, wo sich in der Ferne immer noch Wolken auftürmten. Noch waren sie weiß, doch das Wetter konnte rasch umschlagen.

»Das stimmt«, bestätigte Marielle und sah ebenfalls in den Himmel. »Unten auf dem anderen Feld liegt der Lavendel seit gestern zum Trocknen. Bis morgen sollte er mindestens noch liegen bleiben, aber wenn ein Gewitter kommt, kann die ganze Ernte auf einen Schlag kaputt sein. Hagel wäre fatal. Aber auch Starkregen verwässert den Lavendel so, dass er für hochwertige Öle nicht mehr taugt. Deshalb trocknen wir nur noch ganz kleine Chargen. Das hier«, sie klopfte auf den inzwischen gut gefüllten Umhängebeutel, »das ist sicher. Wir packen es gleich in den Transporter, und dann kann eigentlich nichts mehr schiefgehen.«

Gemeinsam stiegen sie zum Kamm des Abhangs hinauf, wo er den Lieferwagen geparkt hatte.

Den Nachmittag verbrachte Marielle im Schweiße ihres Angesichts im Hang und schnitt Lavendel, bis sie glaubte, die Finger müssten ihr abfallen. Der Rücken schmerzte von der ungewohnten körperlichen Arbeit, und der Staub, den sie aufwirbelte, juckte in den Augen, der Nase und überhaupt überall am ganzen Körper.

Mit der Sichel ging es langsam vorwärts, aber nach einigen Stunden konnte man dennoch ein Ergebnis sehen.

Das Wetter hatte bis jetzt gehalten, obwohl mittlerweile Wolkenberge über den Himmel zogen und sich bedrohlich aufbauschten. In der Ferne zuckten Blitze.

Ihre Belegschaft aus der Fabrik tat ihr Bestes, die wertvolle Ernte rechtzeitig vom Feld zu bringen. Bastien hatte sich zum Fahrer erklärt, er brachte den vollen Lieferwagen zur Fabrik, wo der geerntete Lavendel sofort in die Destillation ging. Dann kehrte er mit dem leeren Wagen zu den Erntenden zurück.

Das Sakko seines Maßanzugs hatte er abgelegt und die Hemdsärmel hochgekrempelt. Auch die Krawatte fehlte, die obersten Knöpfe des Hemds hatte er aufgeknöpft. Das war mithin das legerste Outfit, das Marielle je an ihm gesehen hatte. Etwas Profanes wie eine Jogginghose besaß er vermutlich gar nicht. Entgegen ihrer Überzeugung musste sie eingestehen, dass der legere Business-Look ihm ausgezeichnet stand. Während sie das Gefühl hatte, mit ihrem verschwitzten alten

Hemd und der aufgelösten Frisur wie eine Landstreicherin auszusehen, wirkte Bastien mehr denn je wie ein Fotomodell. Heute vielleicht für den sportiven Duft einer Männerkosmetik-Linie.

»Wenn ihr die Reihen fertig habt, sind wir dann durch?«, fragte er, als sie zum dutzendsten Mal ihr inzwischen fleckiges Umhängetuch ins Innere des Lieferwagens leerte.

Marielle streckte sich und legte die flache Hand zur Beschattung über die Augen. »Ich glaube, hier sind wir dann fertig, ja.«

»Aber noch nicht komplett?«

Sie lehnte sich gegen den Lieferwagen. Bastien reichte ihr aus der Fahrerkabine eine Flasche Wasser. »Wenn es Sie nicht stört, dass ich schon davon getrunken habe …«

»Ich würde gerade auch aus einer Pfütze trinken«, erwiderte sie lachend und nahm die Flasche dankbar entgegen.

»Also sind wir noch nicht komplett fertig, wenn der Hang abgeerntet ist?«, fragte er noch einmal.

Sie setzte die Flasche erst wieder ab, nachdem sie fast die Hälfte in einem Zug geleert hatte. »Doch. Aber wir müssen das Wetter im Auge behalten. Falls das Unwetter doch noch kommt …«

»Aber der Lavendel ist doch dann im Trockenen?«

»Der hier schon. Aber den geschnittenen zur Trocknung müssen wir dann schnell einholen.« Marielle nahm noch einen Schluck aus der Flasche, dann hielt sie sie ihm wieder hin.

»Behalten Sie die Flasche. Ich bringe auf der nächsten Runde von der Fabrik noch mehr Wasser mit.«

Plötzlich beugte er sich zu ihr hinüber und zupfte ihr einen Lavendelhalm aus den Haaren. Unwillkürlich zuckte Marielle zurück.

»Vergebene Liebesmüh, da hilft nur duschen, fürchte ich«, versuchte sie den seltsamen Moment zu überspielen.

Er lachte. »Das können Sie ja bald.«

Einer Eingebung folgend, lud sie ihn ein: »Kommen Sie doch später noch mit zum Chateau. Es gibt einen kleinen Imbiss für die Erntehelfer, und Louise hat bestimmt für eine ganze Kompanie gekocht, so wie ich sie kenne. Sie würde sich sicher freuen, wenn auch mal jemand isst, was sie zubereitet.«

Er schien überrascht. »Danke für die Einladung. Ich komme gern.«

Weitere Helfer kamen heran und leerten ihre Umhängetücher in die Säcke im Lieferwagen um. Auch Marielle raffte sich noch einmal auf und kehrte aufs Feld zurück.

Als sie endlich die letzte Reihe Lavendel geschnitten und im Lieferwagen verstaut hatten, glaubte Marielle, keinen Schritt mehr tun zu können. Jeder einzelne Muskel tat ihr weh. Die Lebensgeister kehrten erst unter der Dusche teilweise zurück. Sie blieb minutenlang unter dem heißen Strahl stehen und ließ ihre schmerzenden Muskeln von der Wärme massieren.

»Ich will nie wieder Lavendel sehen«, murmelte sie mit geschlossenen Augen, während sie sich die Haare shampoonierte.

Schon seit sie zurückdenken konnte, gehörte zur Lavendelernte auch das abendliche Erntehelfer-Büfett. Obwohl Marielles Bett eine geradezu magnetische Anziehungskraft auf sie ausübte, wusste sie, dass sie Louise nicht mit ihrer Abwesenheit verärgern durfte. Frisch geduscht und umgezogen, erschien sie schließlich auf der Terrasse, wo Louise für die vielen Erntehelfer gedeckt hatte. Leo hatte Tische herangeschleppt, sie standen auf der Terrasse und unten am Pool und auch noch auf dem Rasen.

Ein hübsches sommerliches Kleid, die Haare frisch geföhnt und zu einem lockeren Pferdeschwanz gebunden, fühlte Marielle sich wieder besser.

Camille aber war in Hochform. Von ihren Leiden konnte man heute nichts mehr erkennen. Sie gab sich gesellig und in bester Stimmung. Nie war Camille glücklicher, als wenn sie der Mittelpunkt einer großen Gesellschaft sein konnte.

Marielle suchte sich einen Platz möglichst weit von ihrer Mutter entfernt. Sie gesellte sich zu den Leuten aus der Manufaktur. Da sie kurzfristig als Erntehelfer eingesprungen waren, hatte sie sie natürlich alle zum Imbiss eingeladen. Der Einzige, der noch fehlte, war Bastien. Marielle konnte ihn unter den Helfern nirgends entdecken.

Louise hatte ein Büfett vorbereitet, unter dem sich die Tische bogen. Es gab Tartes Dijon, Auberginen mit Ziegenkäsefüllung, Mini-Quiche Lorraines und kleine Elsässer Flammküchlein, herzhafte Mini-Croissants, Cake salé aux lardons, Linsen-Radicchio-Salat mit Pinienkernen, Feigen mit Ziegenkäse und Datteln im Speckmantel, Knoblauch-Minz-Baguette und frische Brioche. Außerdem Pains au chocolats, Crème brulée, Mousse au chocolat, Crêpes mit Erdbeerfüllung, Macarons in verschiedenen Variationen, Schokoladensoufflés mit flüssigem Kern und Louises sagenhafte Tarte Tatin.

Marielle hatte seit Tagen kaum mehr richtig gegessen, doch die körperliche Arbeit auf dem Feld hatte den Appetit befeuert. Sie lud sich den Teller ordentlich voll. Dafür, dass ein kleiner Imbiss vereinbart gewesen war, hatte Louise wieder einmal weder Kosten noch Mühen gescheut. Aber Marielle hatte nichts anderes erwartet.

Sie kehrte mit ihrem vollen Teller an den Tisch zurück, gerade als Bastien auf die Terrasse trat. Er hatte ein frisches lachsfarbenes Hemd an, zumindest auf die Krawatte hatte er verzichtet. Und dazu trug er überraschenderweise eine Jeans. Marielle hatte vermutet, dass es so etwas Schnödes wie eine Jeans in seinem Kleiderschrank gar nicht gab.

Er erblickte Marielle und die übrigen Kollegen und gesellte sich zu ihnen.

»Sie können sich ja richtiggehend locker machen«, entfuhr es Marielle gleich zur Begrüßung.

»Ich bin völlig locker«, versicherte er und ließ sich neben ihr auf einen der Stühle fallen.

»Es war toll, dass Sie heute geholfen haben.« Marielle dachte, dass ein wenig Anerkennung ihrem Verhältnis sicher nicht schaden konnte.

Bastien zuckte die Schultern. »Fleur meinte, alle, die können, sollen bei der Ernte helfen. Ich sagte zu ihr, dass ich keine Erfahrung bei der Lavendelernte hätte und was ich sonst tun kann, und dann hatte sie den Einfall mit dem Lieferwagen.«

»Das war uns wirklich eine Hilfe«, versicherte Marielle, konnte das Sticheln aber doch nicht ganz lassen und fügte hinzu: »Auch wenn Sie über die Lavendelernte noch einiges lernen müssen.«

Er ließ sich nicht provozieren. »Da haben Sie recht. Sie können mich ja in Zukunft öfter mit aufs Feld nehmen.«

Marielle verschluckte sich fast an einer Dattel im Speckmantel. Na, das hatte sie nun wirklich nicht bezwecken wollen!

Das Büfett leerte sich. Die ersten Helfer verabschiedeten sich bereits. Irgendjemand hatte Musik aufgelegt, Camille ließ sich auf das rasch zwischen den Tischen improvisierte Tanzparkett führen und schwang reihum mit allen das Tanzbein, die sich dazu bereitfanden. Marielle fand die Ausdauer und das plötzlich überraschend gute Befinden ihrer Mutter höchst erstaunlich.

Sie half Louise dabei, die leeren Tische abzuräumen und überließ Bastien dem Geplauder der Fabrikbeschäftigten an ihrem Tisch. Er schien sich gut zu amüsieren, machte keine Anstalten aufzubrechen.

»Na, ihr scheint euch ja inzwischen doch zu verstehen, der Assistent und du«, stellte Louise zufrieden fest, als sie Marielle in der Küche einen ganzen Arm voll Geschirr abnahm. Ihre von Falten wie Sonnenstrahlen umgebenen Augen fixierten Marielle.

»Wie kommst du darauf?«, wich diese aus.

»Ich habe euch am Tisch angeregt miteinander reden sehen.«

Louise begann die Geschirrspülmaschine zu beladen. Auf den ersten Blick sah Louises Reich im Gewölbe des Untergeschosses recht altertümlich aus, doch hinter den Schranktüren verbargen sich die Annehmlichkeiten der Neuzeit, auf die Louise inzwischen auch nicht mehr hätte verzichten wollen. Marielle lehnte an der Küchenzeile und sah ihr dabei zu, wie sie die Körbe belud.

»Das allein ist ja noch kein Zeichen für eine besonders innige Beziehung, oder?«

Louise hob den Kopf und warf ihrer Ziehtochter einen wissenden Blick zu.

»Was denn?«, forderte diese zu wissen.

»Ich sehe, was ich sehe …« Mit dieser kryptischen Ansage wandte Louise sich wieder dem Geschirr zu.

»Ihr habt sie doch nicht mehr alle«, brummte Marielle.

»Wer ist wir?«

»Na alle! Du, Amélie, Fleur … ihr tut alle so, als wäre Bastien eigentlich der Ritter auf dem weißen Ross und ich die Prinzessin, die zu blind ist, ihn zu erkennen.«

»Vielleicht sieht man von außen manchmal klarer …«

Bevor sie sich weiter über Bastien auslassen konnte, ließ Marielle Louise mit dem Geschirr allein zurück und ging wieder hinaus auf die Terrasse.

Es dämmerte bereits und Wind war aufgekommen. Er zerrte an den Tischtüchern und rauschte in den Wedeln der Palmen. Klirrend fielen an einem unbesetzten Tisch zwei Gläser zu Boden. Jemand lief hin und fing das wie eine Fahne flatternde Tischtuch ein. Der Hofverwalter hatte den Blick auf sein Handy gerichtet, das er nicht mehr aus der Hand legte.

Wahrscheinlich verfolgte er über irgendeine App den Regenradar. Direkt neben der Tür zum Salon tanzten einige Paare unbeirrt zur etwas blechern klingenden Musik aus einer Bluetooth-Box. Darunter auch Bastien mit einer Kollegin aus der Manufaktur. Es sah recht geübt aus. Marielle blieb am Durchgang stehen und beobachtete die Szenerie.

Als das Lied aus war, brachte Bastien seine Tanzpartnerin an ihren Tisch zurück. Dann stand er plötzlich vor Marielle.

»Wie sieht's aus, tanzen Sie?«, fragte er und hielt ihr den Arm hin.

Ihre schmerzenden Knochen sagten etwas anderes, aber Marielle nickte. »Warum eigentlich nicht?«

Sie ließ sich vom Takt der Musik mitreißen.

Bastien war ein geübter Tänzer. Scheinbar mühelos dirigierte er sie über die Terrasse. Auf den langsamen Walzer, mit dem sie begonnen hatten, folgte ein Foxtrott und dann eine Rumba. Marielle beherrschte die Grundschritte aus der Tanzstunde, aber er führte sie sogar in diverse Figuren.

»Wo haben Sie das alles gelernt?«, fragte sie atemlos zwischen zwei Promenaden.

Bastien grinste. »Es hat sich schon früh als hilfreich erwiesen, tanzen zu können. Kam schon in der Schule gut an.« Er wirbelte sie in einer Solodrehung herum, bevor er sie wieder sicher in seinem Arm auffing.

»Das kann ich mir vorstellen …« Den Verdacht, dass er ein Womanizer war, hegte sie ja nun schon länger, dabei kam ihm sicher auch sein Aussehen zugute.

Mit einer letzten schwungvollen Drehung kamen sie zum Stehen. Der Handybesitzer suchte nach einem bestimmten Lied, weshalb die Musik vorübergehend verstummt war.

»Dann haben Sie tanzen gelernt, um Mädels abzuschleppen?«, fragte Marielle spöttisch nach.

»Anfangs, ja«, gab er offen zu.

»Und später?« Ohne Musik standen sie etwas verloren mit

den anderen Paaren herum. Sie hatten die Tanzhaltung aufgegeben.

»Später hatte ich eine feste Freundin, die auch meine Tanzpartnerin war und mit der ich zum Tanztraining ging«, gab er bereitwillig Auskunft.

»Dann machen Sie das richtig professionell?«

»Jetzt nicht mehr, und was heißt außerdem professionell? Wir waren in einem Tanzclub und sind damit auch auf Wettbewerbe gegangen. Besonders erfolgreich waren wir allerdings nie. Wir haben es mehr aus sportlichen Beweggründen gemacht und aus Spaß.«

Die Musik setzte wieder ein. Bastien lauschte ein paar Takte, dann griff er ihre Hand. »Tango«, sagte er. »Wie sieht's aus?«

»Passe. Ich kann kaum den Grundschritt.« Marielle wollte sich seinem Griff entziehen, doch er hielt sie fest.

»Kommen Sie schon. So schwer ist das gar nicht. Ich führe Sie.«

Unvermittelt setzte er sich in Bewegung. Prompt stolperte Marielle über ihre eigenen Füße, fing sich jedoch schnell wieder. Er bewegte sich mit routinierten Schritten vorwärts, während sie Mühe hatte, hinterherzukommen und ihm dabei nicht auf die Füße zu treten.

»Ich kann das nicht«, bemerkte sie.

»Doch. Ganz locker.« Mit der Hand, die unterhalb ihrer Schulterblätter lag, zog er sie näher an sich heran.

Beim Wiegeschritt stießen ihre Hüften aneinander. Marielle gönnte ihm den Triumpf, sie aufgeben zu sehen, nicht. Mit neuem Kampfgeist folgte sie seinen Schritten. Die nächste Kombination klappte unfallfrei.

Doch kaum hatte sie ein wenig Sicherheit gewonnen, variierte er die Schrittfolge leicht. Prompt patzte Marielle wieder. Ein unwilliges Schnauben entfuhr ihr.

Bastien lachte. »Warum so verbissen? Es ist nur ein Tanz.

Geben Sie doch mal die Kontrolle ab. Fällt Ihnen das so schwer?«

Das brachte Marielle endgültig aus dem Konzept. Sie blieb stehen. »Ich habe kein Problem damit, die Kontrolle abzugeben.«

»Doch, haben Sie.«

Der Tango war zum Glück zu Ende. Eine flottere Melodie folgte.

Marielle wollte fluchtartig die Terrasse verlassen, doch Bastien hielt sie zurück. »Das ist ein Chachacha. Kommen Sie, Rumba hat gut geklappt, dann geht auch Chachacha.«

Da war Marielle sich jetzt zumindest des Grundschritts wieder sicher. Also tat sie ihm den Gefallen.

Mit zurückgewonnener Selbstsicherheit gelang es ihr auch, einigermaßen den Figuren zu folgen, in die er sie dirigierte. Plötzlich harmonierten sie wieder.

»Na sehen Sie, es geht doch.« Er lächelte aufmunternd.

Sie quittierte es mit einer Grimasse.

Inzwischen waren sie das einzige Paar, das noch tanzte. Ein paar wenige Helfer saßen noch an den abgeräumten Tischen und unterhielten sich.

Die Musik wechselte zu einem alten Hit aus dem Film »La Boum« mit Sophie Morceau. Bastien zog sie wieder näher und bewegte sich mit ihr in kleinen Kreisen zum wiegenden Rhythmus von »Reality«. Sein markantes Parfüm stieg ihr in die Nase.

»Warum verhalten Sie sich ständig so, als wäre ich Ihr Feind?«, fragte Bastien leise.

Sie hob den Blick und sah ihm in die braunen Augen. Seine Iris war haselnussbraun und wurde zum Rand hin dunkler. Wieso fiel ihr das jetzt auf?

Die Nähe verwirrte sie.

»Warum vermitteln Sie mir ständig das Gefühl, Sie wären

es?«, gab sie zurück, merkte dabei selbst, dass sie so verunsichert klang, wie sie sich fühlte.

»Das tue ich doch gar nicht …«

Ihre Rechte hing immer noch in Tanzhaltung in seiner Linken, etwa eine Armlänge vom Oberkörper abgestreckt in der Luft. Bastien veränderte den Griff um ihre Hand und zog sie an seine Brust heran. Jetzt lag ihre Hand von seiner bedeckt ungefähr auf der Höhe seines Herzens.

Plötzlich lag eine Spannung in der Luft, die nicht von den in der Ferne über den Bergkuppen zuckenden Blitzen herrührte.

Marielle versuchte die Nervosität zu überspielen, die sie auf einmal befallen hatte, indem sie scherzte: »Diese alten Gassenhauer verfehlen ihre Wirkung nie, oder? Ist das die Masche, mit der Sie die Damen in der Tanzstunde um den Finger gewickelt haben?«

»Der Film war gut«, erwiderte er, ohne auf ihre Stichelei einzugehen.

»Keine Ahnung, das war vor meiner Zeit.«

»Vor meiner auch. Aber die junge Sophie Morceau hätten die Jungs meiner Generation sicher auch nicht von der Bettkante geschubst. Wissen Sie, dass Sie eine gewisse Ähnlichkeit mit ihr haben?«

Das Gespräch entwickelte sich in eine merkwürdige Richtung, registrierte Marielle.

»Flirten Sie gerade mit mir?«, fragte sie. Ihre Lippen fühlten sich mit einmal trocken an. Wenn sie sie jetzt mit der Zunge befeuchtete, sendete sie womöglich Signale aus, die sie vielleicht gar nicht senden wollte.

»Möglich …«

Ein Tropfen traf Marielle auf die Stirn. Marielle war beinahe dankbar für die Ablenkung. Sie hob den Blick und sah in dunkle Wolken.

»Scheiße …«, entfuhr es ihr.

Bastien blieb stehen und folgte ihrem Blick in den Himmel.

Die Tropfen mehrten sich rasch.

Ein Ruck ging durch die noch übrig gebliebenen Erntehelfer. Louise rannte, um ihre Tischdecken zu retten, andere brachten Stühle und Tische ins Trockene.

»Der Lavendel!«, rief Marielle, der die Möbel auf der Terrasse gerade völlig egal waren. »Wir müssen den Lavendel einholen!«

Bastien reagierte als Erster. »Ich hole den Lieferwagen!«

Marielle scheuchte die letzten Helfer wieder zusammen. Sie machte sich nicht die Mühe, sich wieder umzuziehen, lediglich ihre hochhackigen Schuhe tauschte sie gegen flache. Gemeinsam rannten sie ums Haus und bestiegen die Autos.

Als sie am Feldrand ankamen, regnete es bereits beständig. Mit Heugabeln und Rechen rückten sie aus, um den kostbaren Lavendel zu retten.

Zwei über die kurvige Straße tanzende Lichter kündigten Bastien und den Lieferwagen der Fabrik an. Er parkte am Feldrand und riss die Ladeklappe auf.

»Hierher!«, dirigierte Marielle ihn.

Mit den riesigen Säcken unter dem Arm kam er auf sie zu.

Marielles Haare klebten bereits an ihrer Stirn, der Regen lief ihr über das Gesicht und durchweichte das Sommerkleid.

Bastien hielt den Sack auf und sie stopfte mithilfe einer Heugabel den Lavendel hinein. Auch auf seinem Hemd verschwanden rasch die letzten trockenen Stellen. Das oft verwuschelt aussehende Haar hing ihm in nassen Strähnen ins Gesicht.

»Die Säcke sind hier!«, brüllte Bastien den anderen Helfern zu. »Packt sie voll und in den Wagen!«

Ein greller Blitz zuckte in unmittelbarer Nähe über den Himmel und erhellte die Szenerie für den Bruchteil eines Augenblicks, gefolgt von markerschütterndem Donner.

Unwillkürlich zuckte Marielle zusammen.

Bastien mühte sich damit ab, den Sack zuzubinden. Gemeinsam schleppten sie ihn zum Lieferwagen. Dort hievten gerade zwei Kollegen einen weiteren Sack in die Ladeklappe.

»Wir kriegen das nie alles auf einmal in den Lieferwagen«, rief der eine Bastien und Marielle zu.

»Ich fahre zur Fabrik und leere aus.« Bastien zog den Schlüssel des Lieferwagens aus der Hosentasche.

»Jemand muss mitfahren und die Destillation in Gang setzen. Wenn der Lavendel über Nacht liegt, verdirbt er endgültig. Jetzt ist er eh schon feucht geworden«, gab Marielle zu bedenken.

Zwei der Fabrikmitarbeiter fanden sich spontan bereit, noch in der Nacht die Destillation zu beginnen. Marielle dachte, dass sie sich glücklich schätzen konnte, dass ihre Mitarbeiter ohne zu zögern die Überstunden in Kauf nahmen, um die Ernte noch zu retten. Sie würde einen freien Tag ausrufen, wenn das alles vorbei war.

»Kommen Sie mit?«, fragte Bastien sie.

»Nein, ich helfe, den Rest zusammenzurechen. Fahren Sie zur Fabrik und kommen Sie bitte so schnell wie möglich wieder zurück.«

Bastien tippte sich an die Schläfe, als salutierte er. »Wird gemacht.«

Marielle sah den roten Lichtern nach. Sie konnte sich nicht nur glücklich schätzen, dass sie ihre Belegschaft hatte, auch um ihren Assistenten konnte sie froh sein. Die Erkenntnis mischte sich mit etwas schlechtem Gewissen, sie hatte sich ihm gegenüber wirklich oft unfair verhalten. Trotzdem war er sofort zur Stelle, als sie ihn brauchte. Marielle nahm sich vor, bei der nächsten sich bietenden Gelegenheit Abbitte zu leisten, dann lief sie wieder aufs Feld und griff sich einen Rechen.

Die letzten Halme verschwanden in einem Sack. Der Lieferwagen war noch nicht wieder zurück, doch Marielle rief ihre Helfer zusammen. Alles war patschnass. Ihr Kleid klebte an ihren Beinen, das Wasser lief ihr in Sturzbächen über das Gesicht und tropfte von ihren Wimpern. Sie registrierte es überhaupt nicht mehr.

»Danke für Ihre Mithilfe! Ich weiß gar nicht, wie wir das ohne Sie geschafft hätten. Bitte fahren Sie jetzt nach Hause. Ich warte hier auf den Transporter.«

Nur zögernd ließen sich ihre Mitarbeiter von ihr wegschicken. Sie hatte gerade dem letzten Auto hinterhergewinkt, als sie die Scheinwerfer des Lieferwagens durch den prasselnden Regen näher kommen sah.

Bastien hielt und sprang vom Fahrersitz.

»Sie sind ja klatschnass«, stellte er überflüssigerweise fest.

»Ja, stellen Sie sich vor, es regnet«, Marielle lachte.

Zusammen hoben sie die letzten Säcke auf die Ladefläche.

»Da vorn steht noch einer, dann haben wir's geschafft«, versprach Marielle und rannte schon wieder los.

Im Laufen merkte sie, wie die Anspannung von ihr abfiel. Die ganzen Tage hatte sie nur die Ernte im Kopf gehabt und dass sie alles von den Feldern bekamen, bevor womöglich ein Unwetter hereinbrach. Nun war es da und sie hatten es dennoch geschafft, den Lavendel zu retten.

Wie zuvor auf der Terrasse drehte Marielle sich im Regen im Kreis, dass sich ihr nasser Rock bauschte, hielt das Gesicht in den Regen und ließ die Tropfen auf der Zunge zergehen.

Bastien holte sie ein. Wie selbstverständlich griff er nach ihrer Hand und tanzte mit ihr zusammen durch den Regen.

Sie war sich sicher, dass sie furchtbar aussah, nass, das Make-up verschmiert, und plötzlich war es ihr völlig egal, was er von ihr dachte. Sie ließ sich von ihm im Kreis herumwirbeln und lachte aus vollem Herzen.

Am Ende war ihr schwindelig. Sie fielen lachend gegen den Sack mit Lavendel, es war der letzte. Jetzt war es Marielle auch schon egal. Bastien hielt sie immer noch im Arm und es fühlte sich gar nicht mehr so seltsam an.

»Danke«, sagte sie.

»Wofür denn?«

»Ohne dich hätte ich das heute nicht geschafft.« Ganz selbstverständlich ging sie zum Du über.

Bastien schien es nicht zu stören. Er strich ihr eine nasse Strähne aus dem Gesicht.

»Quatsch. Du schaffst doch alles, was du dir in den Kopf setzt.« Es klang beinah zärtlich.

Im Nachhinein hätte Marielle nicht mehr zu sagen gewusst, wie es dazu gekommen war, doch auf einmal küssten sie sich. Bastien beugte sich zu ihr, oder vielleicht kam sie ihm auch entgegen. In jedem Fall trafen sich ihre Lippen.

Bastiens waren weich und warm und sie schmeckten ein wenig nach Lavendel.

Noch während sie ihn küsste, formte sich in Marielles Kopf ein Gedanke: *Was zur Hölle machen wir da?*

Sie sollte sich von ihm lösen und eine Entschuldigung murmeln. Es war ganz sicher keine gute Idee, ihn zu küssen. Ganz sicher nicht.

Doch ihr Körper gehorchte ihren Gedanken nicht. Statt ihn wegzuschieben, schlang Marielle ihre Arme um seinen Hals und Bastien zog sie an sich. Sie konnte seinen Herzschlag fühlen.

Minuten verstrichen, bis ein Donnerknall sie jäh in die Realität zurückholte.

»Der Lavendel …«, murmelte Marielle etwas verlegen.

»Dann wollen wir ihn mal in Sicherheit bringen.« Bastien lächelte schief, er wirkte auch befangen.

Sie liefen durch den Regen, den letzten Sack zwischen sich. Als sie den Wagen erreichten, spürte Marielle die Regentropfen wie kleine Geschosse auf sich niedergehen.

»Es hagelt!« Bastien riss die Schiebetür am Transporter auf

und ließ Marielle vor sich einsteigen. Dann sprang er hinter ihr in den Wagen. Die Tür rollte schwungvoll ins Schloss.

Der Hagel trommelte über ihnen auf das Dach.

Marielle ließ sich einfach auf dem Boden nieder und lehnte sich gegen die Säcke. Auf dem Boden lagen noch ein paar leere Säcke und Lavendelstroh herum. Sie sollten eigentlich die letzte Ladung Lavendel zur Manufaktur bringen, dort wartete man wahrscheinlich schon auf sie, um die Destillation abzuschließen und endlich Feierabend machen zu können. Doch Marielle konnte sich nicht entschließen, wieder aufzustehen.

Bastien stand unschlüssig vor ihr. Er musste den Rücken krümmen, weil er mit dem Kopf an die Decke des Transporters stieß.

Marielle klopfte neben sich auf den Boden. »Komm schon, setz dich. Ist doch auch schon egal.«

Er zuckte die Schultern und ließ sich neben sie fallen. Auf die Unterarme gestützt, sah er sie an.

»Ist dir nicht kalt? Willst du meine Jacke haben?«

Marielle schüttelte den Kopf. Plötzlich war sie sich der Wärme, die von seinem Körper ausging, sehr bewusst. Diese seltsame Stimmung lag wieder in der Luft, die sie schon auf der Terrasse gespürt hatte.

Dieses Mal war es eindeutig seine Initiative. Er beugte sich zu ihr hinüber, legte die Hand sanft unter ihr Kinn und küsste sie erneut.

Regentropfen und Hagelkörner lärmten auf dem Dach des Transporters und hüllte sie in eine Geräuschkulisse, die Worte ohnehin fast unmöglich machte. Das Prasseln um sie herum klang, als schieße jemand mit Schrot auf den Transporter.

Es klang, als habe der Himmel nun endgültig alle Schleusen geöffnet. Dazwischen brachten Blitze für einen kurzen Augenblick Licht ins Innere des Transporters, unmittelbar gefolgt von krachendem Donner.

Marielle kümmerte das Wetter draußen nicht mehr. Auch die Destillation des Lavendels war vergessen.

Sie schloss die Augen und genoss die unvermutete Zärtlichkeit.

Bastien wühlte seine Hand in ihr nasses Haar. Seine Lippen glitten über ihr Kinn zu ihrem Ohr. Sein Atem kitzelte sie.

Der Wagen war nicht unbedingt bequem, aber auch das störte sie nicht. Wenn es nach Marielle gegangen wäre, hätte sie auch die ganze Nacht neben dem Lavendelsack im Inneren des Wagens verbracht. Eingehüllt in das Toben der Natur, wie in einem Kokon, nur sie und er.

Wie aufs Stichwort ließ Bastien sich nach hinten sinken und zog sie mit sich. Nun lag sie mit ihrem Körper halb auf seinem. Seine Hand wanderte über ihren Rücken, während seine Lippen wieder die ihren suchten.

Oh Gott, wir sollten das wirklich nicht tun, durchfuhr ein letzter Rest Vernunft Marielle wie einer der grell zuckenden Blitze draußen vor dem Fenster. Doch die Stimme in ihrem Kopf hatte keine große Überzeugungskraft.

Seine Hand strich über die nackte Haut ihrer Schultern und den Rückenausschnitt ihres Kleides hinunter. Sie war vom Regen so durchnässt, sie fühlte, wie kalt ihr Rücken im Vergleich zu seiner Hand war. Er strich über ihre Wirbelsäule und zeichnete Wirbel für Wirbel mit den Fingerspitzen nach.

Am Verschluss ihres Kleides hielt er kurz inne und sah ihr im Halbdunkel in die Augen. Das wäre der Moment gewesen, ihn sanft, aber bestimmt in seine Grenzen zu verweisen.

Doch sie ließ ihn verstreichen. Bis gerade vorhin hätte sie noch behauptet, Bastien auf den Tod nicht leiden zu können und jetzt war sie plötzlich heiß auf ihn. Ja, sie wollte ihn haben, hier und jetzt. Umgeben von strömendem Regen und Hagel, auf der Ladefläche des Transporters, ganz egal.

Statt ihm Einhalt zu gebieten, schmiegte sie sich an seine Brust und ergab sich in einen atemlosen Kuss.

Bastien verstand das als Zustimmung. Mit einer Hand zog er den Reißverschluss auf und streichelte mit der anderen das freigelegte Stück Haut und knipste endgültig jeden vernünftigen Gedanken in ihr aus.

Bastien stützte seine Arme links und rechts neben ihrem Kopf ab und sah ihr in die Augen. »War's das, was du wolltest?«

Sie lächelte schief. »Also eigentlich hatte ich es nicht darauf angelegt. Aber dann hast du mich auf Ideen gebracht …«

»Die Idee hatte ich schon länger, allerdings hätte ich nicht gedacht, dass du … nun ja, dass das für dich jemals eine Option sein könnte.«

Sie grinste. »Du dachtest, ich lass dich nicht ran?«

»Ja. So abweisend, wie du die ganze Zeit warst …« Er küsste sie wie zur Rückversicherung noch einmal.

»Du hast aber angefangen. Du warst schon vom ersten Moment an, in dem wir uns auf unserer Terrasse das erste Mal gesehen haben, ablehnend mir gegenüber«, verteidigte sie sich.

»Vielleicht habe ich dich anfangs falsch eingeschätzt.«

Nun, da die Erregung abebbte, kam das Bewusstsein für die Kälte, die sie umgab zurück. Marielle fröstelte auf dem kalten Innenboden des Transporters. Mit eindeutigem Bedauern löst Bastien sich von ihr, um kniend seine und ihre Kleider auseinander zu sortieren.

»Es ist zu kalt hier, nicht dass du dich noch erkältest.« Damit reichte er ihr ihre Sachen, die immer noch patschnass waren.

Es dauerte eine Weile, bis sie sich in die feuchten Stoffschichten gewühlt hatte, und wärmer wurde es davon auch kein bisschen. Bastien griff sich einen der Säcke und legte ihn ihr wie einen Mantel um die Schultern.

»Besser als nichts.« Er war genauso nass wie sie, doch er schien nicht zu frieren. Eingehüllt in den Sack, der intensiven Lavendelduft verströmte, zog er sie in seine Arme und küsste sie erneut.

»Und was jetzt?«, fragte Marielle, als sie sich schließlich wieder voneinander lösten.

»Jetzt fahre ich dich nach Hause«, schlug er vor. Er kletterte zwischen den Sitzen nach vorn und erklomm den Fahrersitz.

»Aber der Lavendel muss in die Destillation!«

Marielle krabbelte hinter ihm her und setzte sich auf den breiten Beifahrersitz.

»Ich mach das schon«, erwiderte er. »Jetzt bringe ich dich erst einmal ins Trockene und dann kümmere ich mich um den letzten Lavendel.«

Marielle wusste, dass sie protestieren sollte. Es war der Hof ihrer Eltern, ihr Lavendel und ihre Manufaktur, er war lediglich ein Angestellter ihres Vaters und hatte heute schon weit mehr geholfen, als sein Arbeitsvertrag vorsah, doch die Kälte und der ereignisreiche Tag forderten ihren Tribut. Sie unterdrückte ein herzhaftes Gähnen und widersprach nicht.

Es war nur eine kurze Fahrt, dann parkte der Transporter auch schon vor dem Chateau. Sie ließ den Sicherheitsgurt aufschnappen.

Marielle fühlte sich plötzlich seltsam befangen. Wie sollte es nun weitergehen? Was war das überhaupt, was da eben zwischen ihnen geschehen war?

»Kommst du … Willst du noch mit reinkommen?«, fragte sie.

Bastien lächelte. »Besser nicht.«

Marielle biss sich auf die Lippen.

»Ich muss mich noch um den Lavendel kümmern«, erinnerte er sie.

Trotzdem hatte Marielle das leise Gefühl, zurückgewiesen

worden zu sein. Das übermächtige Bedürfnis ihn noch einmal zu bitten, bei ihr zu bleiben, kämpfte sie nieder.

»Du hast recht«, sagte sie knapp und rutschte auf dem Doppelsitz nach rechts zur Tür.

Es war nicht gut, was da passierte. Sie hätte es nicht so weit kommen lassen dürfen. Was war nur in sie gefahren?

Sie tastete nach dem Türgriff und drückte die Wagentür auf.

Da klickte Bastiens Gurt. Seine Hand legte sich um ihr Handgelenk. Marielle sah zu ihm hinüber. Er beugte sich über den Schaltknüppel und legte ihr die Hand in den Nacken. Anschließend zog er sie zu sich heran und küsste sie, dass ihr fast die Luft wegblieb.

»Lass uns vernünftig sein«, sagte er.

»War ja gerade mega vernünftig«, entfuhr es ihr.

Ein Grinsen stahl sich in Bastiens Gesicht. »Nee, war es nicht.«

»Bereust du's schon?«, fragte sie herausfordernd.

»Quatsch. Du?«

Marielle zuckte unschlüssig die Achseln. Sie wand sich aus seinem Griff und rückte aus seiner Reichweite. »Bis dann …«, sagte sie.

»Bis dann.«

Sie sprang aus dem Wagen und knallte die Tür vielleicht eine Spur fester zu als nötig.

Kapitel 11

Marielle schälte sich – zum zweiten Mal an diesem Abend – aus ihren nassen Klamotten und stellte sich zum Aufwärmen unter die heiße Dusche.

Es kam ihr fast surreal vor, was gerade passiert war.

Ein Kind von Traurigkeit war Marielle nun nicht. Während des Studiums hatte es den einen oder anderen Mann in ihrem Leben und ihrem Bett gegeben. Der Wunsch nach einer längerfristigen Beziehung war dabei nicht unbedingt ausschlaggebend gewesen. Von Kollegen hatte sie sich allerdings immer wohlweislich ferngehalten.

Das eine oder andere Mal hatte der Alkohol ein Übriges getan. Aber darauf konnte sie es heute nicht schieben. Sie war vollkommen nüchtern, auch wenn sie sich wie beschwipst fühlte.

Nach der Dusche schlüpfte sie in einen Pyjama und putzte ihre Zähne, dann kroch sie unter die Decke. Sie programmierte ihr Handy, sodass es noch eine Stunde lang Musik spielte. Davon, dass sie schnell einschlafen würde, ging sie nicht aus.

Sie lag im Dunkeln in ihren Kissen. Der Hagelschauer hatte sich verzogen, es regnete immer noch, aber das Gewitter war vorüber. Jetzt war sie sehr dankbar für den Aufschub ihrer Präsentation, sonst hätte sie den Tag schon in Nizza verbringen müssen.

Wenn sie einmal die Tatsache außer Acht ließ, dass er ihr Mitarbeiter war, sie schon am Montag wieder zusammenarbeiten mussten und er sie dabei häufig an den Rand des Wahnsinns trieb, dann musste sie einräumen, dass sie einen wunderschönen Abend gehabt hatte.

So viele Männer vielen ihr nicht ein, mit denen sie mal eben die Lavendelernte retten, im strömenden Regen erst tanzen und dann wild hätte knutschen können und zum Schluss auch noch auf der unbequemen Ladefläche eines Lieferwagens …

Ein Grinsen stahl sich auf ihre Lippen.

Dabei wirkte er so unfassbar steif in seinen feinen Anzügen mit den immer top abgestimmten Hemden und Krawatten. Wer hätte das gedacht …?

Doch, sie hatte sich auch vorher schon gedacht, dass er wahrscheinlich ein Frauenheld war. Die Schwarzhaarige aus seinem Auto fiel ihr wieder ein.

Die Vorstellung, dass sie nur eine unter vielen sein könnte oder ein einmaliges Abenteuer, gefiel Marielle ganz und gar nicht. Was sich bereits bei ihrer ersten Begegnung mit der schwarzhaarigen Frau abgezeichnet hatte, wurde jetzt zur Gewissheit: Sie war eifersüchtig.

Er hatte gesagt, dass niemand zu Hause auf ihn warte, rief sie sich ins Gedächtnis. Als sie über die Übernachtung in Nizza gesprochen hatten, hatte er die Frage nach einer festen Freundin indirekt verneint.

Was ja nicht viel zu heißen hatte …

Sie wohnte nicht bei ihm, und er betrachtete sie nicht als seine Partnerin. Aber er chauffierte sie in seinem Cabrio herum und legte dabei wie zufällig den Arm um ihre Schultern.

Wer konnte schon sagen, ob er mit ihr nicht auch … in einem passenden Moment …

Marielle schob die Gedanken beiseite. Sie würde nie Schlaf finden, wenn sie sich jetzt über sein Liebesleben den Kopf zerbrach.

Sie tat ja gerade so, als hätte sie durch das einmalige Ereignis irgendeinen Besitzanspruch.

Das will ich doch auch überhaupt nicht, redete sie sich selbst ein. Dass das passiert ist, ist ja nicht so schlimm. Aber wiederholen sollte es sich besser nicht.

Eine Beziehung konnte sie jetzt sowieso nicht gebrauchen. Und eine Büro-Affäre schon gleich gar nicht.

Viel zu kompliziert.

Und kompliziert war ihr Leben gerade schon genug. Aber sie brauchte ihn in der Manufaktur. Es musste ihnen irgendwie gelingen, trotz des Ausrutschers weiterhin zusammenzuarbeiten.

Allerdings … schön war es trotzdem gewesen …

Marielle rollte sich zur Seite, zog die Knie an und schloss nun doch die Augen. Sofort hatte sie Bastien wieder im Kopf. Wie er sich regenüberströmt über sie beugte und an den Lavendelsack gelehnt das erste Mal küsste. Sie konnte die Gänsehaut immer noch spüren, die er damit ausgelöst hatte. Und später dann seine Hände auf ihrer nackten Haut.

Über diese Gedanken schlief Marielle irgendwann ein.

»Was hast du?« Amélies Stimme klang schrill durch das Telefon.

Marielle musste das Handy ein Stück von sich weghalten. »Schrei doch nicht gleich so. Du hast schon richtig gehört.«

»Mit Bastien?«, fragte Amélie zur Sicherheit noch einmal, obwohl sie diese Information bereits hatte.

»Ja, mit Bastien. Ich weiß auch nicht, was in mich gefahren

ist.« Marielle ließ sich nur in ihren Morgenmantel gewickelt wieder auf ihr frisch gemachtes Bett fallen.

»Nur damit ich das richtig verstehe: Der Bastien, der dich im Büro zu Tode nervt? Der dir nichts recht machen kann? Den meinst du?«

»Ja doch …«

»Und der hat dir jetzt geholfen, im letzten Moment vor dem Regenguss den Lavendel einzuholen, der sonst verdorben wäre? Und nachdem das geschafft war, hast du dich vor lauter Dankbarkeit von ihm im Transporter flachlegen lassen?«

»Boah, wie das klingt! So war's nicht«, begehrte Marielle lachend auf.

»Nein? Wie war's dann?«

»Keine Ahnung … Da war plötzlich so eine seltsame Stimmung zwischen uns. Und dann hat er mich geküsst. Also … *wir uns.*«

Marielle rollte sich herum und schob sich ein Kissen in den Nacken. Louise arrangierte beim Bettenmachen immer eine ganze Armada aus Paradekissen auf der Tagesdecke. Marielle sah darin wenig Sinn, weil sie sie beim Zubettgehen jedes Mal einsammeln musste und sie empfing normalerweise keine Gäste in ihrem Schlafzimmer, denen sie die liebevoll aufgebauten Kissenberge hätte präsentieren können.

Obwohl … Bastien hätte sie nach gestern Nacht durchaus hier willkommen geheißen …

Aber er hatte nicht noch mit zu ihr kommen wollen. Der kleine Stachel, den sie seit ihrer Verabschiedung spürte, stach sie wieder.

»Und dann?«, wollte Amélie wissen.

»Und dann kam eins zum anderen.«

Amélie stieß erneut ein Quietschen aus. »Ich fass es nicht!«

»Ja, frag mich mal …«, murmelte Marielle.

Nein, sie bereute es nicht. Seit dem Abend zuvor hatte sie sich diese Frage ungefähr hundert Mal selbst gestellt. Sie sollte es vermutlich tun. Mit Kollegen kein intimes Verhältnis einzugehen, war eigentlich immer einer ihrer Grundsätze gewesen. So etwas brachte nur Chaos mit sich. Und am Ende hatte man Herzschmerz und konnte dem Auslöser dafür noch nicht einmal aus dem Weg gehen!

Sie war sehr dankbar, dass jetzt erst einmal das Wochenende vor ihr lag. So hatte sie noch etwas Bedenkzeit, bevor sie ihm in der Manufaktur wieder gegenübertreten musste.

Der Abend hatte einen etwas schalen Nachgeschmack hinterlassen. War sie ihm womöglich in die Falle gegangen? War es genau das, worauf er es angelegt hatte?

»Und jetzt?«, stellte Amélie die Frage, die auch Marielle umtrieb, seit sie aus dem Wagen gestiegen war.

»Was weiß ich …«

»Na ja, ich meine, seid ihr jetzt zusammen, oder was?«

Marielle stieß ein verächtliches Grummeln aus. »Nur weil man einmal miteinander geschlafen hat, ist man doch nicht gleich verheiratet.«

»Sagst du das oder er?«

Marielle drehte sich wieder auf den Bauch und umschlang das Kissen, als wollte sie es erwürgen. »Ich.«

»Also bleibst du dabei, dass du nichts von ihm willst?« Marielle konnte die Skepsis aus Amélies Worten hören.

»Ja. Nichts«, antwortete sie bestimmt. Gleichzeitig fragte sie sich, wen sie gerade mehr überzeugen wollte, Amélie oder sich selbst.

Amélie ließ nicht locker. »War's denn so schlecht, dass du's bei einmal belassen willst?« Sie kicherte.

Marielle musste ebenfalls lachen. »Nein, war es nicht. Es war überhaupt nicht schlecht, wenn du's genau wissen willst!«

»Ja, lass es mich genau wissen«, feixte Amélie.

»Nein, keine Details. Die Lady genießt und schweigt. Ich geh mich jetzt mal anziehen. Ich will gleich ins Krankenhaus zu meinem Vater.«

»Genau, gesteh ihm besser gleich, was du getan hast. Im Moment kann er dich nicht ausschimpfen.«

Marielle lachte. Dann verabschiedeten sich die Freundinnen voneinander.

Vor dem langen Spiegel an ihrem Kleiderschrank betrachtete Marielle ihr Spiegelbild. Sie war zufrieden mit dem, was sie sah. Vielleicht hätten ihre Brüste eine Spur voller sein können, sie nahm die Hände zu Hilfe, um den Effekt zu erzielen. Ein gut sitzender BH erfüllte diesen Zweck auch. Ihr Bauch war flach, aber ein wenig mehr Sport hätte sicher nicht geschadet. Wenn sie nur Zeit dafür finden würde. Die Oberschenkel waren fest, das kam vom Reiten. Marielle zwickte sich selbst, um die Spannkraft ihres Bindegewebes zu testen. Alles okay.

Sie versuchte sich mit den Augen eines Mannes zu betrachten. Es war ihr eigentlich nie schwer gefallen, Männer kennenzulernen. Wenn schon, dann haperte es eher daran, die potenziellen Bewerber zu halten. Darin war sie nicht so gut.

Beziehungsunfähig? Nun, das vielleicht auch nicht, dachte sie. Aber schwierig. Um ehrlich zu sein, war es für sie immer schon schwer, sich auf jemanden wirklich einzulassen. Sie ließ sich nicht gern reinreden und Kompromisse eingehen, darin war sie auch nicht gut. Sie wusste nicht, ob sie je Kinder wollte. Nestbau war ihr kein Bedürfnis. Sie war auch nicht häuslich, konnte nicht gut kochen, begeisterte sich nicht für romantische Dinner und Kerzenlicht. Man beeindruckte sie nicht mit roten Rosen und aus einem Diamantring machte sie sich auch nicht viel. Am Ende hatte sie damit alle ernsthaften Interessenten um den Platz in ihrem Herzen verscheucht.

Und jetzt?

Hatte sie einfach nur einer Laune nachgegeben? Ein One-Night-Stand mit dem attraktiven Kollegen, weiter nichts?

Marielle ging in die Hocke und öffnete die unterste Schublade, in der sie ihre Unterwäsche aufbewahrte. Automatisch griff sie nach einem Baumwollslip und einem sportlichen Bustier. Sie wollte ins Krankenhaus und später mit Filou ausreiten. Ihr Blick jedoch streifte die teure Satin-Wäsche, die sie für spezielle Gelegenheiten gekauft und bisher kaum getragen hatte.

Was, wenn sie sich bei Bastien meldete? Oder war das blöd nach gestern?

Sollte sie warten, bis er sich meldete?

Würde er es denn tun?

Es war Samstag. Was, wenn sie ihn um ein Date bat?

Sie ließ die Alltagsunterwäsche zurück in die Schublade fallen und zog den Hauch von schwarzem Satin heraus. Das gestern war ja nur der Situation geschuldet gewesen. Die Aufregung wegen des plötzlichen Gewitters, die Plackerei mit der Lavendelernte und dann die Erleichterung, als endlich alles geschafft gewesen war. Das konnte man nun wirklich nicht ernstnehmen.

Oder?

Während ihre Finger über den schimmernden Stoff strichen, war sie kurzzeitig wirklich versucht, ihn anzurufen.

Dann fing sie sich wieder.

Nein.

Nein, sie würde sich nicht bei ihm melden.

Sie würde einfach abwarten, wie Bastien sich weiter verhielt. Auf keinen Fall wollte sie den Eindruck erwecken, sie liefe ihm jetzt hinterher wie eine liebeskranke Vierzehnjährige, nur weil sie sich einmal hatten hinreißen lassen.

Das hatte für ihn womöglich keinerlei Bedeutung. Sie wollte dem nicht mehr beimessen, als gut für sie war.

Hastig stopfte sie die schöne Unterwäsche ganz nach hinten und nahm die andere heraus, die sie zuvor in der Hand gehabt hatte. Krankenhaus, Stall und vielleicht ein paar Runden im Pool. So würde ihr Tag heute aussehen. So und nicht anders.

Den Samstag über gelang es Marielle, sich mit anderen Dingen zu beschäftigen und ihre Gedanken abzulenken, doch schon am Sonntag verließ sie ihre zusammengezimmerte Souveränität.

Bastien hatte sich nicht gemeldet.

Marielle jagte mit Filou über die abgeernteten Lavendelfelder bis sie beide nassgeschwitzt waren. Danach rieb sie ihr Pferd trocken und versorgte es. Und dann wusste sie nichts mehr mit sich anzufangen.

Sie hätte froh sein müssen, einmal keine Termine und wichtigen Entscheidungen vor sich zu haben, doch stattdessen tigerte sie durch das Chateau wie eine Raubkatze im Käfig. Sie begann ein Buch, legte es aber nach wenigen Seiten wieder weg. Sie versuchte Ordnung in das Chaos des Arbeitszimmers von ihrem Vater zu bringen, doch auch das gab sie rasch wieder auf. Sie setzte sich an den Pool und starrte aufs grünliche Wasser, konnte sich aber nicht entschließen, ob sie schwimmen gehen wollte oder nicht.

Amélie war mit Yves zusammen, Louise hatte ihren freien Tag und ihre Mutter ließ sich zum Glück auch nicht blicken. So war Marielle auf ihre eigenen Gedanken zurückgeworfen, und ob sie es nun wahrhaben wollte oder nicht, sie drehten sich immer wieder im Kreis und landeten wie die Nadel eines Kompass unvermeidlich immer wieder auf demselben Fleck.

Sie ging in Gedanken jeden Moment noch einmal durch, versuchte sich ihre Gespräche genau ins Gedächtnis zu rufen, um daraus zu ergründen, wie er zu ihr stand.

Hatte er eine Venusfalle aufgestellt und sie war hineingetappt?

Sicher war er daran gewöhnt, dass ihm die Frauen zu Füßen lagen. Er war attraktiv und er wusste es. Diese Art Männer kannte sie und nichts reizte so einen mehr, als eine Frau, die anscheinend keinerlei Interesse an ihm zeigte.

Sie hatte keinen Zweifel daran gelassen, dass sie seine arrogante Art nicht abkonnte. Hatte sie ihn damit herausgefordert?

Und war dann dumm genug, ihm doch auf den Leim zu gehen?

Wahrscheinlich lachte er sich schon tot über sie.

Und sie brachte das ganze Wochenende nichts mehr zustande, weil sie ihn nicht aus dem Kopf bekam!

Das musste aufhören!

In weniger als vierundzwanzig Stunden standen sie sich wieder in der Fabrik gegenüber. Nicht auszudenken, wenn es sich herumspräche. So schnell konnte man sich als Junior-Chefin demontieren.

Dass ausgerechnet ihr so etwas passieren musste.

Anfängerfehler …

Automatisch griff sie wieder nach dem Handy. Es war ein Reflex, sie konnte ihn nicht unterdrücken. Sie musste kontrollieren, ob irgendjemand sich gemeldet hatte. Nichts. Keine neue Nachricht.

Nein, sie würde es auch nicht tun.

Jetzt bloß nicht alles noch schlimmer machen.

Aber was, wenn er schlicht genauso verunsichert war wie sie?

Als das Handy schließlich klingelte, zuckte Marielle erschrocken zusammen. Augenblicklich klopfte ihr das Herz bis zum Hals.

Sie warf einen Blick auf das Display. Es war nicht Bastien. Die Nummer kannte sie nicht.

Die Enttäuschung, die sich sofort in ihr breitmachte, ließ wenig Interpretationsspielraum über ihre Gefühlslage. Marielle schob die Gedanken schnell zur Seite und antwortete.

»Entschuldige, dass ich dich so überfalle. Deine Nummer

stand auf der Auftragsbestätigung. Ich wollte wissen, wie ihr mit der Ernte vorankommt. Hat euch das Gewitter am Freitag einen Strich durch die Rechnung gemacht?« Es war Gérard.

Marielles Miene hellte sich augenblicklich auf. »Das ist ja lieb, dass du fragst. Nein, wir haben es geschafft, alles in Sicherheit zu bringen. Und bei dir?«

»Wir waren noch mittendrin. Der Hagel hat einiges kaputt gemacht. Aber halb so schlimm, wir kriegen genug Lavendel für die Bestellungen unserer Kunden.« Er erzählte ihr noch ein wenig von seiner Ernte. Dann schwenkte er auf ein anderes Thema um. »Es hat tatsächlich noch einen anderen Grund, weshalb ich dich am Sonntag überfalle.«

»So? Welchen denn?« Marielle streckte ihre nackten Füße in die Sonne.

»Du hattest vom Lavendelsterben gesprochen und dass du alternative Methoden zur Bekämpfung anwenden willst. Meine Arbeiter kommen jetzt allein zurecht, ich habe mir den Sonntag freigeschaufelt und würde, wenn du Zeit hast, schnell vorbeikommen und mir das Ausmaß der Misere bei euch anschauen.«

Marielle hatte noch einmal ins Krankenhaus fahren wollen, doch das konnte warten. Nachdem sie Freitagnacht alles eingeholt hatten, war der Verwalter nicht auf dem Hof. Es war eine ideale Gelegenheit, Gérard die Felder zu zeigen.

»Das passt mir prima. Ich freue mich, wenn du herkommst.«

Gérard klang auch erfreut, als er erwiderte: »Ich mach mich gleich auf den Weg.«

Sie legten auf. Marielle ging in die Küche, um nachzusehen, ob Louise irgendetwas vorbereitet hatte, was sie ihrem Gast danach anbieten konnte. Sie fand eine Tarte au Citron in der Vorratskammer. Sie konnten also noch gemütlich Kaffee trinken.

Die Türglocke klingelte. Marielle machte sich nicht die

Mühe von der Küche hinauf in die Halle zu gehen und dort die Eingangstür zu öffnen, stattdessen verließ sie die Küche durch den Hintereingang und lief um die Ecke des Hauses herum. Gérard stand auf der obersten Stufe der Eingangstreppe. Heute ausnahmsweise nicht in Gärtnerklamotten, sondern in Jeans und Shirt. Da er sie nicht kommen gehört hatte, stand er mit dem Rücken zu ihr. Sie stellte fest, dass seine Rückenansicht ziemlich ansehnlich war. Das machte vermutlich die viele körperliche Arbeit im Gewächshaus und auf den Feldern.

Als sie ihn begrüßte, fuhr er erschrocken herum.

»Ich hatte dich im Haus vermutet«, sagte er entschuldigend und überreichte ihr einen Straus seiner Duftblumen.

Marielle nahm ihn und schnupperte gleich daran.

»Ich war in der Küche«, sagte sie zur Erklärung. »So rum ist es näher zur Tür.«

Sie führte ihn wie einen Familienangehörigen über die Küche ins Haus, stellte die Blumen ins Wasser und bot ihm dann Kaffee an. Doch Gérard verneinte dankend.

»Erst einmal möchte ich eure Felder sehen«, sagte er. »Dafür bin ich hergekommen. Erst die Arbeit, dann das Vergnügen.« Er lachte.

Also verließen sie das Chateau wieder durch den Haupteingang und Marielle führte Gérard herum. Während sie über das Anwesen liefen, unterhielten sie sich angeregt über Lavendelanbau, ökologischen Landbau und die Parfümherstellung. Marielle empfand den Austausch mit Gérard als sehr fruchtbar für ihre eigene Arbeit, sie wünschte, sie könnte gleich alles umsetzen, was er ihr riet. Aber leider hatte sie ja momentan keine Befugnis, die Landwirtschaft des Chateaus nach ihren Vorstellungen umzukrempeln.

Noch nicht, rief sie sich in Erinnerung. Denn dass sie es nicht dabei bewenden lassen würde, dass ihre Mutter ihr die Leitung vorenthielt, das stand fest.

»Sobald Papa wieder ansprechbar ist, werde ich in die Wege leiten, dass ich auch die Geschäfte des Chateaus führen kann.«

Gérard nickte ernst. »Wie geht es ihm denn?«

»Die Ärzte sind zuversichtlich, dass sie ihn bald aus dem künstlichen Koma holen können. Die Entzündungswerte haben sich gebessert. Aber noch nicht stark genug«, berichtete Marielle.

»Und wie läuft es mit deiner Mutter?« Gérard hatte die Hände in den Hosentaschen vergraben.

Marielle zuckte die Achseln. »An sich ist mit meiner Mutter leicht auszukommen. Sie ist ja nie da. Bis ich aus der Fabrik komme, hat sie meistens schon gegessen und ist wieder in ihrem Allerheiligsten verschwunden. Wenn ich morgens aus dem Haus gehe, ist sie häufig noch gar nicht auf.«

Sie erreichten den Hof wieder und Marielle fragte: »Willst du noch den Stall sehen?«

»Ihr haltet auch Vieh?« Gérard sah überrascht aus.

»Nein. Also keine Kühe, Schweine oder so was. Wir haben Pferde.«

Er signalisierte mit einem Nicken, dass er sich auch den Stall gern ansehen wollte. Marielle ging voran.

Als sie die Tür öffnete, schnaubte Filou zur Begrüßung und scharrte in seiner Box. Er erhoffte sich wohl einen Ausritt von seiner Besitzerin.

Marielle ließ die anderen Boxen links liegen und steuerte sofort auf ihren Wallach zu.

»Das ist Filou«, stellte sie Gérard das Pferd vor. »Er gehört mir.«

Sie öffnete die Boxentür und klopfte ihrem vierbeinigen Freund den Hals. Gérard näherte sich ihm vorsichtig. Filous Ohren spielten und seine großen braunen Augen musterten den Fremden interessiert.

»Brav …«, sagte Gérard und berührte mit der ausgestreckten Hand das weiche Pferdemaul.

Filou schnupperte, hatte sich aber mehr erwartet. Nachdem er sich vergewissert hatte, dass Gérards Hände leer waren, schob er die Hand zur Seite und untersuchte seine Hosentaschen.

Gérard musste ihn regelrecht abwehren.

»Er mag dich«, stellte Marielle fest und lachte.

»Ich habe eher das Gefühl, er unterzieht mich einer Leibesvisitation. Ich bin ihm wohl nicht geheuer.« Gérard trat vorsichtshalber wieder aus der Box, um sich außer Reichweite des Tieres zu bringen.

Filou wandte sich an seine Besitzerin und bettelte bei ihr um Leckerli.

»Er ist einfach nur verfressen«, erklärte sie. Sie griff in ihre Hosentasche, wo sich eigentlich immer ein paar Leckerli befanden, und wurde fündig.

Zufrieden mahlte Filou mit seinen kräftigen Kiefern.

Sie klopfte ihm noch ein wenig den Hals und kraulte seine Stirn, dann ließ sie ihn wieder allein in der Box.

Die anderen Pferde zeigte Marielle Gérard nur durch die Gitterstäbe der Boxen, da sie den Eindruck hatte, dass ihm die Tiere nicht ganz geheuer waren. Anders als bei Hunden konnte Marielle zwar nicht nachvollziehen, warum Menschen Angst vor Pferden hatten, aber sie wusste, dass das vorkam.

Als sie das Haus wieder erreichten, schlug sie vor: »Wollen wir uns auf die Terrasse setzen? Louise hat Kuchen gemacht. Oder hast du's eilig?«

»Ich habe es überhaupt nicht eilig. Aber wenn du Lust hast, würde ich lieber irgendwo mit dir essen gehen. Ich habe noch nichts gegessen heute und Kuchen erscheint mir da keine Lösung.«

Marielle lachte. »Na, wenn das so ist … Dann warte doch bitte kurz, ich geh mich nur rasch umziehen.«

»Ich sehe zwar nicht, wieso das nötig sein sollte, aber wenn du dich hübsch machen willst, warte ich solange.«

Marielle führte Gérard doch auf die Terrasse, damit er es bequem hatte, bis sie fertig war, dann hetzte sie die Treppe hinauf, immer zwei Stufen auf einmal nehmend.

Oben rannte sie beinahe in ihre Mutter hinein, die gerade die Treppe hatte hinuntergehen wollen. Camilles Miene drückte wieder einmal tiefste Missbilligung aus.

»Ma chérie, was hetzt du denn so? Gibt es einen Notfall?«

Ihre schmale Hand umklammerte den Handlauf.

»Ich hab's eilig«, ließ Marielle sie wissen. »Muss mich nur eben umziehen. Mein Freund Gérard wartet unten auf mich, wir gehen essen.« Damit wollte sie ihre Mutter stehen lassen und in ihr Zimmer verschwinden, doch Camille hielt sie zurück.

»Dein Freund? Davon weiß ich ja gar nichts. Stellst du ihn nicht erst einmal vor?« Die Aussicht, ihre Tochter könnte endlich einen passenden Mann gefunden haben, entlockte Camille ungeahntes Interesse.

Marielle verdrehte die Augen zur Decke. »Maman, nicht *so* ein Freund. Gérard ist nur *ein* Freund. Und wir gehen spontan zusammen essen, ich wollte keinen Staatsakt daraus machen.«

»Das ist das Problem«, stellte Camille fest. »Du nimmst die Sache nicht ernst genug. Darauf hat kein Mann Lust. Männer wollen ernstgenommen werden und das volle Interesse einer Frau, nicht immer nur so zwischen Tür und Angel. So wird das nie etwas mit deiner Hochzeit!«

»Du hast völlig recht«, sagte Marielle sarkastisch. »Ich werde Gérard gleich nachher fragen, ob ich vielleicht in meiner Unaufmerksamkeit einen Heiratsantrag verpasst habe. Dann kann er ihn gern nachher im Restaurant wiederholen.«

Camille machte sich an den Abstieg der Treppe, dabei

schüttelte sie den Kopf und murmelte: »Was habe ich dir eigentlich beigebracht?«

Marielle stürmte in Richtung ihres Zimmers davon, jetzt war es der Ärger über ihre Mutter, der sie antrieb.

Gérard hatte nicht verraten wollen, wohin er Marielle entführte. Also saß sie auf dem Beifahrersitz seines Pick-ups und ließ sich überraschen.

Obwohl sie sich so beeilt hatte, war es ihr leider nicht gelungen, die peinliche Begegnung zwischen Camille und Gérard zu verhindern.

Ihre Mutter hatte sich verhalten, als habe sie den potenziellen Schwiegersohn vor sich und Marielle hatte das Bedürfnis, vor Scham im Boden zu versinken. Gérard nahm es zum Glück mit Humor.

»Wie kommt deine Mutter darauf, ich könnte in eure Familie einheiraten wollen?«, fragte er jetzt und warf ihr einen amüsierten Blick über den Rand seiner Sonnenbrille hinweg zu.

Marielle seufzte tief. »Weil sie sich nicht vorstellen kann, dass eine Frau in meinem Alter irgendetwas anderes im Sinn haben könnte als endlich geheiratet zu werden.«

»Und du hast das absolut nicht im Sinn?«

»Nein. Also na ja, möglicherweise … irgendwann … vielleicht …« Marielle richtete den Blick auf die Landschaft.

Sie durchquerten die Ausläufer von Grasse und setzten ihren Weg dann nach Osten durch die Hügellandschaft fort.

»Weil dir der Richtige noch nicht begegnet ist?«, fragte Gérard weiter.

»Gibt es den?«, fragte sie zurück. »Den oder die Richtige?«

Gérard hielt den Blick auf die kurvenreiche Straße gerichtet. »Das ist eine philosophische Frage. Sokrates sagte dazu: Heirate auf jeden Fall, wenn du eine gute Frau bekommst, wirst du glücklich, wenn du eine schlechte Frau bekommst, wirst du Philosoph.«

»Demnach hat es bei ihm mit der Ehe nicht geklappt«, stellte sie fest.

»Bei mir auch nicht.« Es war eine bloße Feststellung, in der Marielle keinen Groll mehr gegen die Ex erkennen konnte.

»Und? Bist du Philosoph geworden?« Marielle begann sich wieder zu entspannen. Sie musste endlich lernen, sich von ihrer Mutter nicht immer so aus der Ruhe bringen zu lassen.

»Das vielleicht nicht, aber ich beschäftige mich ganz gern mit Philosophie.« Jetzt riskierte er doch wieder einen Seitenblick auf Marielle, wohl um ihre Reaktion auf diese Aussage zu sehen.

»Aha.« Sie wusste nicht recht, wie sie darauf reagieren sollte.

»Überrascht?«

»Ich weiß nicht genau. An der Sorbonne hatte ich ein Semester lang Philosophie als Wahlfach, aber um ehrlich zu sein, mir war das alles etwas zu trocken.«

»Dann hattest du die falschen Professoren.«

Sie erreichten eine Anhöhe. Dort stand ein Gebäude mit zwei Giebeln. Die schlichte Fassade war hellbraun gestrichen und die Fenster hatten dunkelbraune Läden. Nach vorn begrenzte eine Natursteinmauer die vorgelagerte Terrasse zum Parkplatz hin. Es mochte in früherer Zeit auch ein Bauernhof gewesen sein, jetzt stand in großen Lettern »Auberge de Provence« über den Fenstern im Erdgeschoss.

Gérard parkte den Wagen.

Marielle stieg aus und sah sich um. Sie hatte schon von dem Restaurantbetrieb gehört, der in aller Munde war, selbst war sie aber noch nie da gewesen.

Sie folgte Gérard, der auf die Terrasse zusteuerte. Links und rechts begrenzten zwei Olivenbäume, die in alte Weinfässer gepflanzt waren, den Eingang. Ein paar Tische waren schon besetzt. Eine Kellnerin kam auf sie zu.

»Ein Tisch für zwei«, sagte Gérard.

»Sehr gern, folgen Sie mir bitte.« Die Kellnerin führte sie dann zu einem kleinen Tisch etwas abseits.

Sie setzten sich. Marielle griff nach der Speisekarte, die die Kellnerin ihr hinhielt. Da klingelte Gérards Handy.

Er warf einen Blick auf das Display. »Entschuldige mich bitte für einen Moment«, bat er und erhob sich wieder.

Marielle blätterte durch die Karte. Das Restaurant wies sich selbst als Spezialist für südfranzösische Küche und Delikatessen der Provence aus. Die Preise waren durchaus gehoben.

Sie ließ den Blick über die Terrasse wandern, außer ihnen saßen lauter Paare an den Tischen. Die Tischdeko war rustikal, aber liebevoll. In der Mitte stand eine Gießkanne, aus der üppige Petunien quollen. Wenn ihre Mutter recht gehabt hätte, so wäre dies sicherlich ein geeigneter Ort für ein Rendezvous gewesen. Für einen Augenblick überlegte Marielle, ob Gérard das so gemeint haben könnte.

Dass er ihr auf den ersten Blick sympathisch gewesen war, schien auf Gegenseitigkeit zu beruhen. Aber kam sie für ihn tatsächlich auch für mehr infrage? Sie war viel jünger als er.

Diese Tatsache allein wäre ihr eigentlich egal gewesen. Sie glaubte nicht daran, dass sich unbedingt nur gleich und gleich zusammentun sollte. Unterschiede konnten durchaus befruchtend wirken. Aber bei einem derart großen Altersunterschied lebten sie doch in zwei vollkommen unterschiedlichen Welten. Sie befand sich in einer ganz anderen Lebensphase als Gérard. Während sie bei vielem noch am Anfang stand, hatte er damit schon abgeschlossen. Er hatte eine Tochter, die nur unwesentlich jünger war als sie.

Tatsächlich hatte sie sich seit ihrer ersten Begegnung nie ernsthaft Gedanken darüber gemacht, ob Gérard für mehr als eine freundschaftliche Beziehung infrage käme. Sie war nicht auf der Suche. Und dann war da ja noch die Sache mit Bastien, die sich jetzt unnötig verkompliziert hatte …

Während sie noch darüber nachdachte, kehrte er zurück und ließ sich wieder ihr gegenüber nieder.

»Tut mir leid«, sagte er. »Es ging um die Ernte.«

»Ist alles in Ordnung?«

Er nahm die Speisekarte auf. »Ja, ja, schon geklärt. Weißt du schon, was du möchtest?«

Marielle schüttelte den Kopf. »Ich hab noch gar nicht genau geschaut.«

»Bist du in Gedanken noch bei deiner Mutter?« Gérard sah sie aufmerksam an.

»Nein, bei dir.« Die Antwort war ihr schneller herausgerutscht, als sie sich hatte bremsen können.

Gérard wirkte überrascht. »So?«

Marielle überlegte, wie viel von der Überlegung, die sie gerade angestellt hatte, sie preisgeben wollte. »Ich habe mich gefragt, ob du dich nicht womöglich langweilst mit mir.«

»Langweilen? Warum sollte ich?«

»Was den ökologischen Landbau betrifft, bin ich völlig unwissend. Ich kann mir nur anhören, was du mir rätst. Und bei Themen wie Philosophie bin ich leider auch raus.« Sie versuchte es mit einem entschuldigenden Lächeln.

»Dass ich dich bei einer möglichen Umstellung auf Öko-Landbau unterstütze, hatte ich dir angeboten. Ich habe mich quasi aufgedrängt. Und über Philosophie könnten wir, müssen wir aber nicht reden.«

Die Kellnerin kam, um ihre Bestellung aufzunehmen. Gérard schickte sie mit einer Entschuldigung noch einmal weg, sie hatten beide noch keinen wirklichen Blick in die Karte geworfen. Marielle nutzte die Gelegenheit, sich darauf zu konzentrieren.

Der peinliche Auftritt ihrer Mutter hatte sie mal wieder

völlig aus dem Konzept gebracht. Ohne sie wäre Marielle nie auf die Idee gekommen, Gérard könnte ein weitergehendes Interesse an ihr haben.

Für einen Moment schwiegen sie beide und studierten die Karte.

»Die Socca ist phänomenal gut hier«, sagte Gérard, und Marielle war froh, dass sie das Thema nicht mehr weiter vertiefen mussten.

»Habe ich lange nicht gegessen.« Dieses typische Gericht aus Nizza, bestehend aus Kichererbsenmehl und Öl, gehörte zu Louises Repertoire und Marielle hatte es in ihrer Kindheit oft bekommen.

»Lass uns mit Socca und einem schönen kühlen Rosé beginnen«, schlug er vor. »Sie machen sie hier ganz traditionell in einer Kupferpfanne auf dem Holzofen.«

Marielle war einverstanden und wandte sich den Hauptgängen zu. »Hast du noch mehr Empfehlungen? Du scheinst hier ja schon öfter gewesen zu sein.«

»Ich glaube, ich nehme die Bavette Angus aux échalotes. Aber was ich auch dringend empfehlen kann, sind die Nudelgerichte: Ravioli Niçois oder Tagliatelles légumes et basilic. Oder Gnocchi au pistou.«

Als die Kellnerin erneut an ihren Tisch kam, hatten sie die Wahl getroffen. Gérard bestellte für sie beide die Socca und den Rosé und dann für sich die Bavette vom Angus-Rind. Marielle entschied sich für die Gnocchi mit Basilikum-Pesto.

Bis ihre Vorspeise serviert wurde, unterhielten Gérard und Marielle sich über alles Mögliche. Die Aussicht von der Terrasse über das hügelige Umland von Grasse war wunderschön. Marielle genoss den Abend und Gérards Gesellschaft.

Warum konnten nicht alle Gespräche so einfach sein wie eine Unterhaltung mit ihm?

Für einen Moment drängte sich Bastien wieder in ihr Bewusstsein. Morgen früh musste sie ihm gegenübertreten.

Rasch schob Marielle den Gedanken zur Seite. Darüber konnte sie sich auch später noch den Kopf zerbrechen.

Sie würde einfach abwarten, wie er auf sie reagierte. Kinder waren sie ja nun beide nicht mehr, sie würden schon einen halbwegs professionellen Umgang finden mit dem, was da zwischen ihnen passiert war.

Die Socca wurde direkt in der verzinnten Kupferpfanne serviert. Gérard ließ aus der Pfeffermühle, die mit der Socca gebracht worden war, noch ordentlich frischen Pfeffer auf die dünnen Kichererbsenfladen rieseln. Dann zupfte er sich ein Stück mit den Fingern ab.

»Entschuldige bitte aber Socca isst man bei uns mit den Fingern«, sagte er dazu.

»Bei uns nicht. Louise hätte das vermutlich nicht gestört, aber du hast meine Mutter ja nun kennengelernt. Ihr geht die Etikette über alles.« Marielle lachte und langte gerade deswegen beherzt mit den Fingern zu.

»Du bist eben auf einem Chateau aufgewachsen. Meine Eltern waren Arbeiter, da ging es mit Sicherheit weniger vornehm zu.«

Gérard hob sein Glas und wartete, bis Marielle sich die Finger an der Serviette abgeputzt hatte und ihrerseits ihr Glas erhob.

»Auf einen schönen Abend«, schlug er vor und sah ihr in die Augen.

Die Gläser klangen gegeneinander.

Dann machten sie sich erneut über ihre Socca her.

Langsam füllte sich die Terrasse. Marielle saß mit dem Rücken zum Eingang, deshalb bekam sie davon wenig mit. Sie redeten weiter und die Themen schienen unerschöpflich. Gérard erzählte von seiner Scheidung und vom Verhältnis zu seiner Tochter, das auch nicht immer ganz stressfrei war. Marielle berichtete von Kairo und ihrer Forschungsarbeit an den Parfümen der Antike.

Bevor der Hauptgang kam, entschuldigte Marielle sich auf die Toilette. Sie betrat das Haus und fand sich zunächst in einem modern eingerichteten Restaurantbereich wieder. Die Einrichtung war hell und freundlich und gleichzeitig unverkennbar provenzalisch. Auch die Toiletten waren hübsch und sauber. Marielle wusch sich die Hände und erkannte dabei sofort, dass die Seife auf Lavendelöl-Basis hergestellt worden war. Solche Seife produzierten sie auch in der Manufaktur.

Sie kehrte zurück auf die Terrasse und erstarrte in der Tür.

Was ihr dadurch, dass sie mit dem Rücken zu den anderen Tischen gesessen hatte, entgangen und auch beim Weg zum Haus nicht in ihr Blickfeld gekommen war, stach ihr nun sofort ins Auge: Am anderen Ende der Terrasse saß Bastien mit seiner schwarzhaarigen Begleiterin von neulich an einem Zweiertisch und offensichtlich angeregt in ein Gespräch vertieft.

Der Anblick raubte Marielle für einen kurzen Moment den Atem.

Die Kellnerin, die gerade mit einem vollen Tablett zur Tür kam, erkannte, dass etwas nicht stimmte und blieb neben Marielle auf der Treppe stehen.

»Alles in Ordnung bei Ihnen, Madame?«, fragte sie.

Marielle musste zweimal ansetzen, bis sie erwidern konnte: »Ja, danke, geht schon wieder.«

Aber es ging überhaupt nichts.

Seit zwei Tagen kreisten alle ihre Gedanken, ob sie es sich nun eingestehen wollte oder nicht, um ihn. Sie fragte sich in einem fort, ob sie ihn anrufen oder sich auf anderem Weg bei ihm melden sollte, und wieso er es nicht bei ihr tat. Darüber, ihn um ein Rendezvous zu bitten, hatte sie sogar nachgedacht!

Doch offensichtlich maß sie dem, was zwischen ihnen passiert war, mehr Bedeutung bei als er. Oder wieso saß er hier, in diesem noblen Restaurant mit diesem herrlichen Ausblick, in Begleitung einer anderen Frau?

Die Sonne stand schon tief und warf lange Schatten auf die Terrasse. Die Schwarzhaarige hatte ihre Sonnenbrille abgenommen, ihr Blick ruhte auf Bastien. Sie sah gut aus.

Natürlich sah sie gut aus. Ein Mann wie Bastien umgab sich wahrscheinlich nicht mit Mauerblümchen. Warum auch? Er hatte vermutlich eine große Auswahl.

Etwas in Marielles Magen krampfte sich schmerzhaft zusammen.

Darum hatte er sich nicht bei ihr gemeldet.

Darum traf er sich nicht mit ihr zum Abendessen.

Mit ihr hatte er sich heimlich vergnügt, aber diese Frau führte er für alle sichtbar zum Essen aus. Die Antwort auf alle ihre Fragen war so offensichtlich wie simpel:

Weil die Schwarzhaarige seine offizielle Freundin war und sie, Marielle, nur ein Seitensprung, der aus der Laune heraus passiert war.

Irgendwie schaffte Marielle es zurück an den Tisch zu Gérard. Sie rückte mit dem Stuhl noch ein wenig zur Seite, in der Hoffnung, dass Bastien sie von hinten nicht erkannte. Wahrscheinlich hatte er allerdings eh keine Augen für etwas anderes als die Frau an seiner Seite.

Das Essen kam.

Marielle verspürte plötzlich keinerlei Appetit mehr.

Gérard sah sie über den Tisch hinweg an. »Ist etwas passiert? Du siehst plötzlich ganz blass aus.«

Das Lächeln, zu dem sie sich zwang, misslang. Gérards Miene wurde noch eine Spur besorgter. »Ist dir nicht wohl?«

Es gelang Marielle nicht, die Herrschaft über ihre Gefühle zurückzugewinnen.

Warum bloß ließ sie sich von diesem Kerl so kleinmachen?

Sie musste etwas sagen, Gérard hatte noch nicht einmal nach der Gabel gegriffen. Er wirkte ehrlich um sie besorgt.

»Es ist nichts. Lass uns essen«, presste sie hervor und langte ihrerseits nach dem Besteck.

Die Gnocchi dufteten hervorragend, doch leider war ihr der Appetit vergangen. Sie zwang sich eines der Kartoffelklößchen aufzuspießen und zum Mund zu führen.

Gérard glaubte ihr kein Wort. Obwohl sie sich erst so kurze Zeit kannten, hatte er bereits ein feines Gespür für ihre unausgesprochenen Stimmungen entwickelt. Oder vielleicht verfügte er einfach bei jedem Menschen über dieses Gespür. Während er ein Stück von seinem wunderbar aussehenden Rindersteak abschnitt, sah er immer wieder zu ihr herüber.

Nach ein paar Bissen begann er von Neuem. »Vielleicht geht es mich nichts an, aber ich habe den Eindruck, du hattest grad eine Begegnung der dritten Art auf dem Weg zur Toilette. Irgendetwas ist los. Möchtest du mir nicht sagen, was passiert ist?«

Marielle legte die Gabel weg und sagte: »Schau jetzt nicht zu auffällig hin, aber an dem Tisch neben dem Eingang, wenn du über meine rechte Schulter schaust, da sitzt der Assistent meines Vaters mit seiner Freundin.« Sie musste sich auf jedes einzelne Wort konzentrieren.

Gérard ließ den Blick unauffällig von ihrem Gesicht nach links gleiten. Er musterte Bastien und seine Begleiterin verstohlen, dann sah er wieder Marielle an.

»Der, von dem du letztens erzählt hast? Mit dem du Ärger hattest?«, vergewisserte er sich.

Marielle nickte stumm.

Du machst dir keine Vorstellung vom Ausmaß des Ärgers.

»Und der Anblick verleidet dir sogar das leckere Essen? Das ist er nicht wert«, versicherte Gérard ihr. »Schau nicht hin. Du musst ihn erst morgen früh wieder sehen. Jetzt ist Wochenende. Du hast frei und er auch.«

Dasselbe hatte sie sich auch vorgesagt. Doch wie sollte sie

ihm jetzt gegenübertreten, wo sie wusste, dass sie sich hatte benutzen lassen?

Gérard studierte ihre Miene. »Das ist es nicht, richtig?«

Marielle schüttelte stumm den Kopf.

»Da ist irgendetwas anderes zwischen euch«, stellte Gérard fest. Nachdem sie keine Worte fand, um ihm zu sagen, was los war, verlegte er sich darauf, es selbst herauszufinden. »Ich lehne mich mal aus dem Fenster und vermute, du hast eigentlich ganz andere Gefühle für ihn. Hast du dich in deinen Kollegen verguckt?«

Es klang himmelschreiend banal, wenn Gérard das so aussprach.

War es das? War es so einfach?

»Mein Gott, das ist uns doch allen schon passiert«, versuchte er sie zu beruhigen. »Und er? Interessiert er sich nicht für dich? Ärgerst du dich deshalb so über ihn?«

Marielle sagte immer noch nichts darauf.

»Wenn er nicht merkt, was für eine tolle Frau du bist, dann ist ihm nicht zu helfen. Das hast du nicht nötig, ihm hinterherzulaufen. Mach die Augen auf, dann finden sich garantiert ein ganze Reihe Männer, die gern für dich da wären und dich zu schätzen wüssten.«

Unwillkürlich musste Marielle lachen, obwohl ihr gar nicht danach zumute war. »Das ist lieb von dir. Aber so einfach ist das nicht …«

»Natürlich nicht«, bestätigte Gérard. »Es ist überhaupt nichts Einfaches daran, zurückgewiesen zu werden. Es gibt nichts Verletzenderes, als Gefühle für jemanden zu hegen, der diese nicht erwidert. Glaub mir, ich weiß, wovon ich spreche. Wer ist die Frau in seiner Begleitung? Kennst du sie?«

»Nein. Aber ich habe sie schon mal mit ihm gesehen. Ich befürchte, es ist seine Freundin.« Nachdem er ihr auf den Kopf zu gesagt hatte, wo das Problem lag, fiel es Marielle plötzlich nicht mehr so schwer, offen mit Gérard zu sprechen.

Gérard kniff die Augen zusammen und musterte das Paar aus der Entfernung. »Möglich. Muss aber nicht sein. Sie wirken sehr vertraut miteinander, das könnte aber auch andere Gründe haben. Weißt du denn, dass er liiert ist?«

»Nein, weiß ich nicht. Ich bin einfach davon ausgegangen …«

»Du bist eifersüchtig«, erkannte Gérard mit nachsichtigem Lächeln.

»Ich bin nicht …« Marielle wollte widersprechen, besann sich dann jedoch. Vielleicht war es an der Zeit, ehrlich gegenüber Gérard zu sein, wenn sie es schon nicht fertigbrachte, ehrlich mit sich selbst zu sein. »Na schön, vielleicht hast du recht … Es ist nur … Eifersucht würde ich es nicht nennen, aber es geht schon irgendwie in die Richtung, ja.«

»Eifersucht ist die unnötige Besorgnis um etwas, das man nur verlieren kann, wenn es sich ohnehin nicht lohnt, es zu halten«, zitierte Gérard.

»Wer sagt das, Victor Hugo?«

»Nein, Ambrose Bierce. Amerikanischer Schriftsteller. Er gilt aufgrund seines schwarzhumorigen, oft zynischen Erzählstils als ebenbürtig zu Edgar Allan Poe und hat dadurch mutmaßlich Schriftsteller wie Hemingway beeinflusst«, kam es wie aus der Pistole geschossen zurück.

»Du bist nicht nur auf dem Gebiet der Philosophie bewandert, sondern auch in der Literatur«, sagte Marielle amüsiert.

Inzwischen hatten sie beide vergessen zu essen.

»Das geht ja quasi nahtlos ineinander über, oder nicht? Viele große Philosophen waren auch Schriftsteller beziehungsweise haben große Schriftsteller auch immer einen philosophischen Ansatz in ihren Werken hinterlassen. Bestes Beispiel dafür wäre Tolstoi. Aber du wolltest jetzt vermutlich keinen Vortrag über die Philosophie im Prosawerk der großen russischen Dichter, habe ich recht?«

Marielle empfand es als Erleichterung, dass er sie zum Lachen brachte, obwohl ihr überhaupt nicht danach zumute war.

»Du machst es einem echt nicht schwer, dich zu mögen. Wieso verliebt man sich eigentlich immer in die Verkehrten?« Es war das erste Mal, dass ihr das Wort Verliebt im Zusammenhang mit Bastien über die Lippen kam, und sie erschrak beinahe selbst darüber, als sie es ausgesprochen hatte.

»Da könnte ich dir eine Reihe Menschen aufzählen, die nicht mit dir übereinstimmen würden, dass ich es ihnen so leicht machen würde. Im Gegenteil …« Sie konnte sehen, dass er sich trotzdem geschmeichelt fühlte.

»Kann ich mir nicht vorstellen. Ich mochte dich auf den ersten Blick. Ehrlich Gérard, wenn du bloß nicht so alt wärst!« Marielle lachte und obwohl er bemüht war, empört zu gucken, musste auch Gérard über ihre Worte lachen.

Er fasste sich theatralisch an die Brust. »Du brichst mir das Herz!«

Dann wurde er schlagartig wieder ernst. »Weiß dein Kollege überhaupt, dass du auf ihn stehst? Ich meine, *könnte* er es gemerkt haben? Oder verhältst du dich ihm gegenüber so abweisend, wie du von ihm sprichst?«

Marielle dachte an den Abend im Gewitter auf der Ladefläche des Lieferwagens und spürte, wie ihr die Röte ins Gesicht stieg. »Ich glaube, er könnte es bemerkt haben.«

»Man hört von Leuten, die vor lauter Liebe den Verstand verloren haben. Aber es gibt auch viele, die vor lauter Verstand die Liebe verlieren. Jean Paul«, zitierte Gérard.

»Was willst du mir damit sagen?«

Marielle begann nun doch wieder, in den inzwischen kalt gewordenen Gnocchi zu stochern.

»Ich habe dich als fleißige und sehr gewissenhafte Parfümeurin und Geschäftsführerin kennengelernt, du machst deine Arbeit mit sehr viel Herzblut und Hingabe. Und du machst dir zu allem sehr viele Gedanken. Aber vielleicht vergisst du vor lauter Kopf, einfach mal auf dein Herz zu hören.«

Marielle verzog das Gesicht. »Damit habe ich keine besonders guten Erfahrungen gemacht. Ich verlasse mich lieber auf Logik als auf das Gefühl.«

»Die Liebe funktioniert aber nicht nach den Gesetzen der Logik.«

Gérards Blick wanderte wieder über ihre Schulter an den anderen Tisch. Er runzelte die Stirn.

Marielle war versucht sich umzudrehen, widerstand dem Impuls jedoch und fragte stattdessen: »Was ist?«

»Er hat ihre Hand genommen«, antwortete Gérard. Es lag Bedauern in seinem Ton.

Obwohl Marielle sich schon die ganze Zeit vorsagte, dass er sie benutzt hatte und diese Frau offiziell die Frau an seiner Seite war, versetzte ihr dieser neue Beweis einen Stich.

»Ich glaube, ich möchte gehen«, sagte sie leise.

Gérard nickte und stand auf. »Das Essen ist sowieso kalt geworden. Wir lassen es uns einfach einpacken. Ich kümmere mich mal eben darum.« Damit verschwand er in Richtung Eingang.

Marielle starrte auf ihren angefangenen Teller. Die Versuchung war groß, sich nach den beiden umzudrehen. Vielleicht half es, wenn sie sich mit eigenen Augen ansah, dass sie sich keine Hoffnung zu machen brauchte.

Ich mache mir keine Hoffnungen, korrigierte sie sich im Geiste. *Er* macht mir welche.

Wie kann er erst mit mir ins Bett steigen und jetzt mit ihr hier sitzen, als wäre nichts gewesen?

In den Lieferwagen, verbesserte ihre innere Stimme wieder.

Sie hätte es besser wissen müssen. So etwas tat einfach nie gut. Von Kollegen und Mitarbeitern ließ man die Finger.

Gérard stand an der Tür zum Restaurant und sprach mit

der Kellnerin. Marielle beobachtete ihn, wie er gestikulierte. Auch ein attraktiver Mann, ohne Zweifel. Und die knapp zwanzig Jahre, die er ihr voraushatte, sah man ihm nicht an.

Warum hatte sie ihr Herz an solch einen Windhund verlieren müssen?

Mit Gérard wäre ihr so etwas sicher nicht passiert. Er wirkte wie ein Mann, der wusste, was er wollte. Einer, der mit beiden Beinen im Leben stand und es trotzdem zu genießen wusste. Gérard würde sicherlich nicht mit einer Frau intim werden und dann die nächstbeste zum Essen ausführen und mir der herumturteln.

Nun wandte Marielle sich doch um. Verstohlen warf sie einen Blick über die Schulter.

Ja, da saß Bastien, den Arm über den kleinen Tisch ausgestreckt und die Hand der Schwarzhaarigen in seiner. Sie lächelte ihn an.

Lach du nur, dachte Marielle boshaft. Wer weiß, mit wie vielen außer mir er dich schon betrogen hat.

Ein Glück bin ich nicht du, überlegte sie weiter. Da war es doch immer noch besser, die Wahrheit zu kennen, als die Betrogene zu sein. Nur ein schwacher Trost, aber immerhin.

Gérard kam mit der Kellnerin an den Tisch zurück und holte ihre halb aufgegessenen Teller, um die Reste einzupacken. Während sie abräumte, unterhielt sie sich fröhlich mit Gérard.

»Ich hoffe, es lag nicht an uns, dass Sie kaum etwas gegessen haben. Unsere Küche ist immer sehr darum bemüht, alle Wünsche zu erfüllen. Kann ich Ihnen vielleicht noch ein Dessert anbieten?«

Marielle hörte gar nicht richtig hin, Gérard übernahm die höfliche Konversation.

Schließlich war sie mit den Tellern im Haus verschwunden und mit dem verpackten Essen wiedergekommen. Marielle griff nach ihrer Tasche. Sie wollte nach Hause.

Doch auf dem Weg dahin musste sie noch an Bastiens Tisch vorbei.

Gérard nahm die beiden Behälter mit den verpackten Speisen in die eine Hand und bot ihr den anderen Arm an. Froh um den Halt, den er ihr anbot, hakte Marielle sich bei ihm unter. Sie duckte sich an seine Seite und hoffte, dass Bastien so mit seiner Begleiterin beschäftigt war, dass er keine Notiz von ihnen nehmen würde.

Sie passierten den Tisch und erreichten die beiden Eichenfässer am Durchgang zum Parkplatz. An Gérards Schulter vorbei riskierte Marielle kurz in Bastiens Richtung zu linsen.

Ihre Blicke trafen sich.

Kapitel 12

Marielle hatte kaum geschlafen. Nachdem Gérard sie abgesetzt hatte, war sie gleich auf ihr Zimmer gegangen. Doch an schlafen war nicht zu denken gewesen. Stattdessen hatte sie sich ruhelos in ihrem Bett herumgewälzt und die ganze Situation immer wieder von Neuem in ihrem Kopf durchgekaut.

Erst in den frühen Morgenstunden war sie in einen komatösen Schlaf gefallen, den der Wecker gnadenlos beendet hatte.

Jetzt stand sie unter der kalten Dusche und versuchte so ihre Lebensgeister zurückzugewinnen. Es genügte, dass sie vollkommen durch den Wind war, nach allem, was das Wochenende über passiert war, da musste sie nicht auch noch müde und unkonzentriert sein.

Auf dem Weg zur Manufaktur klingelte ihr Handy über die Freisprecheinrichtung. Sie kannte die Nummer nicht.

»Ja, bitte?«, meldete sie sich.

Es war das Krankenhaus. Sofort beschlich Marielle ein ungutes Gefühl. Warum rief man sie so früh am Tag an?

»Ich bin die Tochter, ja richtig. Ist etwas passiert?« Marielle drosselte die Geschwindigkeit des Wagens und ließ ihn am Straßenrand auslaufen.

Am anderen Ende war die Ärztin, die sie über das künstliche Koma aufgeklärt hatte. »Machen Sie sich keine Sorgen, Madame de Montaux. Ihr Vater erholt sich gut. Ich wollte Sie nur darüber in Kenntnis setzen, dass wir ihn im Laufe des Tages aus dem Koma holen werden.«

Endlich eine gute Neuigkeit!

Marielle stieß hörbar die Luft aus. »Und was bedeutet das genau?«

»Das bedeutet, dass der Körper Stück für Stück die Funktionen wieder selbst übernimmt. Wir reduzieren die Medikamente schrittweise und überprüfen, wie der Körper reagiert. Da ihr Vater schon etwas älter ist und außerdem die Krebserkrankung noch hinzukommt, kann der Aufwachprozess sich über mehrere Tage erstrecken.«

»Wird es ihm danach wieder besser gehen?«

»Ich denke schon. Der Aufwachprozess kann noch einmal kritisch werden. Ich muss Ihnen das sagen, auch wenn ich nicht denke, dass es bei Ihrem Vater dazu kommen wird, aber in seltenen Fällen wachen Patienten nicht wieder aus dem künstlichen Koma auf. Auch dass der Patient das Bewusstsein nicht vollständig erreicht und in ein Übergangsstadium eines Wachkomas fällt, kommt leider hin und wieder vor. Daneben kann es zu einem sogenannten Delir kommen, das ist eine schwere Form der Desorientierung nach dem Aufwachen. Manche Patienten klagen über Kreislaufprobleme sowie Schlafstörungen und Albträume im Anschluss an ein künstliches Koma. Diese Phänomene halten in der Regel jedoch nur kurze Zeit an und bilden sich wieder zurück. Aufgrund der künstlichen Beatmung muss ihr Vater bestimmte Prozesse und Bewegungsabläufe wie Atmen und Schlucken neu erlernen. Wir haben eine Rehabilitation geplant, unsere Kollegen aus der Neurologie, Physiotherapie und Logopädie stehen ihm dafür zur Verfügung.«

Mit jedem Satz, den die Ärztin routiniert und ruhig vortrug, sank Marielles anfängliche Erleichterung wieder in sich zusammen.

»Dann wird er also noch eine ganze Weile im Krankenhaus bleiben müssen?«

»Ein wenig auf jeden Fall schon noch«, bestätigte die Ärztin. »Die sensorischen und motorischen Abläufe wird er sich unter Anleitung rasch wieder aneignen, falls es zu Funktionsstörungen in bestimmten Hirnarealen gekommen sein sollte – was wir zum jetzigen Zeitpunkt weder mit Sicherheit feststellen noch ausschließen können – ist es möglich, dass andere Hirnregionen die Funktionen übernehmen. Es besteht deshalb erst einmal kein Grund zur Besorgnis. Sie können ihn gern heute Abend wieder besuchen kommen.«

Marielle ging rasch in Gedanken ihren Plan für den Tag durch. »Das schaffe ich. Dann komme ich später bei Ihnen vorbei. Vielen Dank, Doktor.«

Die Ärztin verabschiedete sich von Marielle.

Diese blieb noch einen Moment im Auto sitzen und knetete mit den Händen das Lederlenkrad. Vielleicht würde ihr Vater schon bald wieder so weit sein, dass er Entscheidungen mit ihr zusammen treffen konnte. Zumindest würde sie ihn wieder um Rat fragen können.

Es fühlte sich an, als habe die Ärztin sie gerade von einem Teil der Last befreit, die auf ihren Schultern ruhte, seit ihr Vater überraschend ausgefallen war.

Hoffentlich ging alles gut.

Wenn sie die Ärztin richtig verstanden hatte, dann würde sie schon in ein paar Tagen wieder mit ihrem Vater sprechen können.

Marielle lehnte die Stirn gegen das Lenkrad und schloss die Augen. Dann würden sie auch über den Hof sprechen und darüber, dass ihre Mutter nicht in der Lage war, sinnvolle Entscheidungen zu treffen.

Erst jetzt spürte Marielle, wie sehr sie die ganze Situation in den letzten Tagen belastet hatte. Tränen der Erleichterung und der Hoffnung liefen ihr über die Wangen und sie ließ sie laufen.

Vielleicht war ihrem Vater und ihr doch noch eine Weile vergönnt, in der sie gemeinsam die Fabrik leiten konnten. Noch musste sie möglicherweise gar nicht allein mit allem fertigwerden.

Sie würde ihm die Pläne zeigen, die sie einerseits mit Gérard und andererseits mit Bastien geschmiedet hatte. Mit dem einen wollte sie den Lavendelanbau auf ökologischen Landbau umstellen und damit die Qualität und die Stabilität ihrer Ernte erhöhen, mit dem anderen …

Marielle hob den Kopf mit einem Ruck. Ihr Auto stand unweit der Stelle, wo der Lieferwagen am Feldrand geparkt hatte. Die Reihen des Lavendels waren abgeerntet, nichts deutete mehr daraufhin, dass sie vor drei Tagen hier mit Bastien im strömenden Regen getanzt hatte. Oder dass sie sich irgendwo hier am Rand des Feldes, an einen Lavendelsack gelehnt, das erste Mal geküsst hatten. Und dann …

Nein, dass ihr Vater hoffentlich schon bald aus dem Koma aufwachen und wieder ansprechbar sein würde, löste noch nicht alle ihre Probleme. Dem einen musste sie sich jetzt stellen.

Sie musste in die Fabrik fahren und Bastien gegenübertreten. Und sie durfte sich dabei nichts anmerken lassen. Nicht davon, dass sie immer noch völlig unter dem Einfluss des Abends stand, an dem sie sich auf ihn eingelassen hatte, und auch nicht davon, dass sie inzwischen wusste, dass er nicht frei war.

Das war privat. Jetzt musste sie ihm als Geschäftsführerin gegenübertreten und professionell ihren Job machen.

Zum ersten Mal seit drei Tagen hatte Marielle das Gefühl, dass ihr das auch gelingen würde. Sie wischte sich die Tränen ab, startete den Motor wieder und lenkte den Wagen den Berg hinauf zur Fabrik.

»Das ist die Hotelbestätigung für Nizza«, sagte Fleur und legte Marielle ein Kuvert auf den Schreibtisch, daneben stellte sie eine Kaffeetasse ab. »Zwei Einzelzimmer für Sie und Herrn Darrieux, jeweils Übernachtung und Frühstück.«

Fleur sah sie durch ihre Brille treuherzig an.

»Danke, Fleur. Das Krankenhaus hat mich auf dem Weg hierher gerade angerufen, mein Vater wird aus dem künstlichen Koma geholt. Ich möchte spätestens um siebzehn Uhr heute von hier weg und ins Krankenhaus fahren. Könnten Sie bitte dafür sorgen, dass meine Termine vorher über die Bühne gehen?«

Die Augen der langjährigen Mitarbeiterin wurden feucht. »Oh das freut mich. Das freut mich, Madame Marielle. Ich habe jeden Abend für ihn gebetet, damit unser geschätzter Monsieur le Patron wieder gesund wird. Gott sei Dank wurden meine Gebete erhört.«

Marielle, die nicht viel mit der Kirche am Hut hatte, nickte vage. »Das ist sehr nett von Ihnen gewesen, Fleur.«

»Wir dürfen ihn wohl noch nicht besuchen?«

»Noch nicht. Aber bestimmt bald.«

Fleur wandte sich zum Gehen. »Monsieur Darrieux ist heute noch nicht zum Dienst erschienen«, sagte sie wie beiläufig.

»Was?« Marielle saß plötzlich kerzengerade in ihrem Sessel. Damit hatte sie nicht gerechnet. »Hat er sich krank gemeldet?«

»Nein.«

»Ist so etwas schon mal vorgekommen?« In Marielles Kopf rasten die Gedanken.

Hatte sein plötzliches Fernbleiben etwas mit ihr zu tun? Oder mit der anderen Frau?

Hatte er womöglich mit ihr im Bett die Zeit vergessen?

Marielles Hände ballten sich zu Fäusten.

»Nicht dass ich wüsste. Monsieur Darrieux ist immer sehr zuverlässig gewesen …« Fleur machte ein unglückliches Gesicht.

»Rufen Sie ihn an!«, forderte Marielle.

»Hab ich schon versucht, er geht nicht ans Telefon.«

Einen kurzen Moment fragte Marielle sich, ob ihm womöglich etwas zugestoßen sein konnte. Dann verwarf sie den Gedanken. Wahrscheinlicher war es wohl, dass er mit seiner schwarzhaarigen Freundin Versöhnung gefeiert hatte und deshalb jetzt nicht aus dem Bett kam.

»Versuchen Sie es noch einmal. Lassen Sie es lange läuten. Und wenn er nicht drangeht, dann probieren Sie es wieder und wieder.«

»Jawohl, Madame la Directrice.« Fleur nickte eifrig.

»Kann ja nicht sein, dass er einfach nicht zur Arbeit kommt.«

Fleur wuselte davon und Marielle konnte durch die halb offene Tür hören, wie sie sich an den Schreibtisch setzte und das Telefon abnahm.

Plötzlich war Marielle sich nicht mehr so sicher, ob sie es schaffen würde, professionell zu sein. Am liebsten wollte sie ihn anschreien und ihm ihre Wut entgegenschleudern. *So geht man doch nicht mit einer Frau um! Du kannst mich nicht küssen und mit mir im Regen tanzen und dann mit der anderen beim Essen Händchen halten!*

Statt dass sie den Rechner hochfahren ließ und ihre E-Mails checkte, griff Marielle zum Handy. Sie musste mit jemandem sprechen, sofort.

Automatisch drückte sie die Kurzwahl für Amélies Handy. Dann hielt sie doch inne.

Amélie war völlig davon überzeugt, dass Marielle mit Bastien zusammenkommen sollte. Außerdem schwelgte sie selbst im siebten Himmel wegen Yves. Sie war nicht die richtige Ansprechpartnerin für Marielles Wut im Bauch.

Sie unterbrach den Wählvorgang und blätterte durch die gespeicherten Kontakte.

Sie schloss die Augen und lehnte sich im Sessel zurück, während das Handy Gérards Nummer wählte.

Es dauerte nicht lange, dann hatte sie ihn am Apparat.

»Ich wollte mich für den Abend bedanken«, sagte sie ohne Einleitung. »Auch wenn er etwas abrupt geendet hat.«

»Kein Problem. Ich hab ihn trotzdem genossen. Wie geht es dir heute?«

Gérards Stimme zu hören, beruhigte Marielle.

»Mein Vater wird aus dem Koma geholt«, berichtete sie.

»Das freut mich! Und sonst? Bist du dem Kollegen heute schon über den Weg gelaufen?«

Instinktiv wusste Gérard, wo er graben musste.

»Er ist nicht hier. Einfach nicht gekommen. Auch nicht krankgemeldet oder so …« Marielle drehte sich mit dem Sessel herum und streckte die Beine aus.

»Vielleicht hat er doch etwas mitbekommen …«

Marielle seufzte. »Ich habe dir gestern nicht alles erzählt.«

»So?«

»Wir haben … also du weißt doch, das Unwetter und die Ernte und … wir hatten noch Lavendel zum Trocknen auf dem Feld und … es hat in Strömen geregnet, aber wir haben es geschafft, ihn einzuholen, ich war so erleichtert und … im Eifer des Gefechts …« Die Satzfetzen sprudelten nur so aus ihr heraus. Es kam ihr wie eine überfällige Beichte vor.

Noch immer war Marielle sich nicht ganz sicher, welche Absichten Gérard bei ihr hegte. Auch wenn er spätestens seit gestern wusste, dass es einen anderen in ihrem Leben gab.

Wobei … in ihrem Leben war er eigentlich auch gar nicht.

Nur für ein kurzes Intermezzo.

Sie plapperte wirr weiter, doch Gérard schien schon verstanden zu haben, worauf sie hinaus wollte.

»Nun, das erklärt zumindest deine Reaktion von gestern. Es war also doch Eifersucht.«

»Ich kann einfach nicht glauben, dass ausgerechnet mir so etwas passiert ist. Das ist überhaupt nicht meine Art! Also ich meine, ich laufe einem Kerl nicht hinterher, der mich nicht will. So etwas habe ich noch nie gemacht.«

»Sprich mit ihm und kläre die Situation. Du musst doch weiterhin mit ihm zusammenarbeiten. Wie soll das funktionieren, wenn die Sache ständig zwischen euch steht? Sag ihm, dass du Gefühle für ihn hast und …«

»Bist du verrückt? Das mache ich ganz sicher nicht! Wie weit soll ich mich deiner Meinung nach noch erniedrigen? Reicht schon, dass mir dieser Ausrutscher passiert ist! Er wird überhaupt nichts merken. Ich verhalte mich professionell wie immer. Ruhig, sachlich und ohne Emotion.«

Marielle saß bei ihren letzten Worten kerzengerade auf ihrem Bürosessel.

»Wenn du meinst …« Gérard klang wenig überzeugt.

»Und jetzt gehe ich erst einmal das Destillat aus der Lavendelernte begutachten. Du hast mir sehr geholfen, Gérard, danke. Jetzt sehe ich wieder klar.« Sie stand mit dem Handy noch in der Hand auf.

»Wenn es dir hilft, dann war meine Mission auf jeden Fall erfolgreich.«

Marielle grinste. »Definitiv. Und ich danke dir noch einmal für den gestrigen Abend. Ich weiß wirklich nicht, wie ich das ohne dich durchgestanden hätte …«

»Ach Quatsch. Ohne mich wärst du gar nicht erst in die Situation gekommen, ihn mit seiner Freundin zu sehen.«

Im Weitersprechen näherte Marielle sich der angelehnten Bürotür. »Das kann schon sein. Aber bis auf das war es ein schöner Abend mit dir. Jetzt wünsche ich dir eine gute Arbeitswoche! Ich komme vielleicht die Tage vorbei und schau mir deine Setzlinge an.«

»Jederzeit.«

Als Marielle die Tür aufschob, zuckte sie erschrocken zurück. Im selben Moment, in dem sie die Tür von innen hatte aufmachen wollen, zog von der anderen Seite Bastien am Knauf. Sie standen unvermittelt direkt voreinander.

»Gérard, ich muss aufhören. Ich melde mich wieder.« Damit drückte Marielle auf den roten Hörer.

Sie hatte sich vor ihrer nächsten Begegnung sammeln wollen, sich genau überlegen, was sie sagen und wie sie sich verhalten würde. Dafür war jetzt keine Gelegenheit mehr.

Er sah genauso irritiert aus, wie sie sich fühlte.

Marielle fand die Sprache schneller wieder. »Da bist du … Ich meine, da sind Sie ja. Kommen Sie doch mal mit in mein Büro.«

Sie nickte Fleur zu, um der Sekretärin zu signalisieren, dass sie nicht gestört werden wollte. Dann wartete Marielle, bis er an ihr vorbeigegangen war und schloss die Tür hinter ihnen.

»Ihr Dienst beginnt um acht«, stellte Marielle fest, während sie um den Schreibtisch herumging.

Bastien stand immer noch mitten im Raum. In seinem Blick lag etwas Verletztes, oder bildete Marielle sich das bloß ein?

Er schien einen Moment zu brauchen, bis er erwiderte: »Ich weiß. Tut mir leid. Kommt nicht wieder vor.«

»Wenn Sie sich krank fühlen, dann müssen Sie sich abmelden. Und, kleiner Tipp: Am Montag kommt das nicht so gut, könnte den Eindruck erwecken, man hätte am Wochenende über die Stränge geschlagen.« Sie sagte das gänzlich ohne Augenzwinkern.

Bastien hatte sich auch gefangen. Er knöpfte sein Sakko zu

und sagte förmlich: »Ich verstehe. Also dann, ich bin im Labor.«

Er wandte sich ab und ging zur Tür. Marielle ballte die Fäuste. Es war einfach unfassbar. Er verzog keine Miene. Benutzte sie, ließ sie fallen und turtelte dann in aller Öffentlichkeit schon mit der Nächsten, aber hier tat er so, als wäre alles normal.

Bastien hatte die Hand schon am Türknauf, da zögerte er einen Augenblick. Er drehte sich noch einmal zu ihr um. Der Blick, der Marielle traf, ging ihr durch Mark und Bein.

»Ich verstehe nicht, was du für ein Spiel spielst«, sagte er und die Ruhe, mit der er sprach, machte seine Worte noch wirksamer. »Und vielleicht will ich es auch gar nicht verstehen. Falls dein Verhalten etwas mit Darja zu tun hat, möchte ich nur, dass du weißt, dass sie nicht meine Freundin ist. Sie ist *eine* Freundin, das ja. Und darüber hinaus ist sie meine Nachbarin seit sie mit ihren beiden Kindern aus der Ukraine geflohen ist. Ich helfe ihr bei Behördengängen und mit ihrem Französisch, weil sie mir leidtut. Ihr Mann ist noch dort, und sie weiß nicht, wann sie sich wiedersehen und ob er seine Kinder aufwachsen sehen wird.«

Er wartete keine Reaktion ab, sondern griff nun endgültig nach dem Türknauf und verließ ihr Büro ohne ein weiteres Wort.

Die Tür fiel hinter ihm zurück ins Schloss, und er war sicherlich längst an Fleurs Schreibtisch vorbei und den Gang hinunter, bevor Marielle ihren offenstehenden Mund wieder zuklappte.

Was war sie für eine dumme Kuh!

Eine Woge aus Scham und Selbstmitleid schwappte über Marielle hinweg. Sie hatte voreilige Schlüsse gezogen, zack, Schublade auf und rein damit.

Sie hätte nicht einfach davon ausgehen sollen, dass er sie nur hatte herumkriegen wollen. Zumindest hätte sie ihn mit ihren Vorwürfen konfrontieren und ihm die Chance geben müssen, irgendwie darauf zu reagieren. Stattdessen hatte sie ihn einfach abgestempelt.

Und jetzt war er sauer auf sie.

Zurecht.

Völlig zurecht.

Wieso machte sie das? Es schien fast so, als wollte sie ihrem Glück immer selbst im Weg stehen. Lieber aufgeben, als verletzt werden. Lieber andere verletzen, als sich ihre eigenen Schwächen eingestehen.

Mit einem Ruck fuhr Marielle aus dem Sessel hoch. Es war noch nicht zu spät. Sie musste mit Bastien sprechen, jetzt sofort!

Sie hetzte aus dem Büro, ohne ein Wort der Erklärung an der verdatterten Fleur vorbei und so schnell ihre High Heels sie den Gang zu den Labors hinunter laufen ließen.

Dort fand sie Bastien ins Gespräch mit einem Kollegen vertieft. Beide sahen sie überrascht an, als sie zur Tür hereingefegt kam.

»Ich … Entschuldigung, dass ich Sie unterbreche. Ich muss … Kann ich …« Herrgott, was stammelte sie denn herum?

Marielle zwang sich, ruhig zu sprechen. »Ich müsste dringend mit Ihnen sprechen, Bastien. Jetzt? In Ihrem Büro?«

Flehentlich sah sie ihn an. Er würde ihr doch hier vor den Kollegen keinen Korb geben?

Immerhin war sie die Geschäftsführerin, auch wenn sie sich gerade wie eine Bittstellerin fühlte.

Bastiens Miene ließ keine Rückschlüsse zu. Er nickte nur.

»Jetzt gleich, wenn's geht«, insistierte Marielle.

»Einen Moment, ja? Ich bin gleich wieder da«, sagte Bastien zu dem Kollegen, dessen Gespräch Marielle unterbrochen hatte.

Er ging davon aus, dass, was immer sie zu sagen hatte,

schnell gehen würde. Oder er wusste, ohne sie angehört zu haben, dass er damit keine Zeit verschwenden wollte.

Marielles Herz klopfte bis in ihren Hals, sie befürchtete, die anderen müssten es hören können. War ihnen klar, dass sie nicht als Chefin gekommen war? Merkte man, dass es um etwas Privates ging?

Marielle steckte rasch ihre zitternden Hände in die Taschen ihres Blazers. Ruhig Blut, redete sie sich selbst zu, es ist überhaupt noch nichts verloren. Und niemand konnte ahnen, was zwischen ihnen geschehen war.

Bastien ging an ihr vorbei zur Labortür. Er hielt sie ihr auf. Marielle beeilte sich, ihm zu folgen.

Seine Bürotür stand offen. Marielle betrat das Büro und blieb dann unschlüssig vor dem Resopaltisch stehen. Die sterile Ordnung seines Refugiums befiel sie sofort wieder. Wie konnte man nur so arbeiten?

Bastien kam hinter ihr her, schloss die Tür und umrundete den Schreibtisch. Er deutete auf den Stuhl in der Ecke. Marielle holte ihn sich heran.

Sie hatte das Gefühl, vor Nervosität schreien zu müssen.

Bastien verzog noch immer keine Miene. Er musste ein hervorragender Pokerspieler sein. Erwartungsvoll sah er sie an, machte aber keine Anstalten, das Gespräch zu eröffnen.

»Ich war eine Idiotin …«, presste Marielle schließlich hervor.

»Ich glaube, an Idiotie stehen wir uns nicht viel nach«, erwiderte Bastien emotionslos.

»Es war wirklich … also ich habe wirklich gedacht, die Frau … Darja? Ich dachte, sie ist deine Freundin und du …« Marielle brach mitten im Satz ab, sie war nicht in der Lage, ihre wirren Gedanken in Worte zu fassen.

»Du dachtest, ich wäre vergeben. Bin ich nicht. Das hatte ich übrigens schon mal klargestellt. Aber das macht jetzt auch keinen Unterschied mehr. Du dachtest wahrscheinlich, dann hat es für mich genauso wenig eine Bedeutung wie für dich. Ein kleines Abenteuer am Rande der Lavendelernte. Nicht der Rede wert …«

Das Gespräch nahm einen völlig anderen Weg, als Marielle sich das vorgestellt hatte. Und sie verstand nicht wieso.

Wovon sprach er?

So wenig Bedeutung für ihn wie für sie?

Wie kam er darauf, dass er für sie keine Bedeutung hatte?

Marielle klappte den Mund auf und dann wieder zu wie ein großer Fisch.

Es dämmerte ihr, worauf er hinauswollte.

»Du spielst auf Gérard an?«, fragte sie. »Du hast uns am Sonntag gesehen, oder?«

»Na, so groß war die Terrasse nun auch nicht. Dachtest du, ich sei blind?« Bastiens Sarkasmus war beißend.

»Aber das hatte doch genauso wenig etwas zu bedeuten wie bei dir …«

Gerade wechselten sie die Rollen und Marielle fühlte sich in der der Betrügerin ebenso unwohl. Es lief alles falsch!

Er interpretierte die Dinge falsch. Genau wie sie es getan hatte.

»Du hast ja keine Gelegenheit verstreichen lassen.« Jetzt klang er bitter.

»Ich war mit einem Freund beim Abendessen«, entgegnete sie. Ihre Stimme wurde laut. Sie wollte ihm die Wahrheit entgegenschleudern. »Weiter war da nichts! Gérard und ich sind lediglich befreundet.«

Bastien hob abwehrend die Hände. »Das geht mich ja auch gar nichts an.«

»Doch! Und ob es dich etwas angeht!« Marielle gab die letzte Zurückhaltung auf. »Du warst es doch, der in diesem schicken Restaurant mit einer anderen saß und ihre Hand gehalten hat! Nicht ich!«

»Stopp. Ich habe dir bereits erklärt, dass ich Darja helfe.

Sie hat es nicht einfach, allein in einem fremden Land. Es ist doch völlig normal, dass es ihr damit nicht gut geht. Ich war lediglich bemüht, sie zu trösten.«

»Ist das deine Masche?«, entfuhr es Marielle. Sie biss sich augenblicklich auf die Lippen. Es war unfair, sie wusste das genau. Doch sie wollte ihn treffen, so wie er sie getroffen hatte.

Sie hatte es geschafft, der verletzte Zug in seinem Blick kehrte zurück. »Was wirfst du mir eigentlich vor?«

Es war als hätte jemand die Luft aus einem Ballon gelassen. Marielle sank auf ihrem Stuhl zusammen. »Ich weiß es nicht … Ich weiß auch gar nicht mehr, wieso ich überhaupt hergekommen bin …«

Er hatte die Arme vor der Brust verschränkt. »Angenommen, es wäre so, du warst mit einem Freund beim Essen und ich mit einer Freundin. Weiter nichts. Dann müssten wir dieses Gespräch hier nicht führen.«

»Müssen wir auch nicht«, bestätigte Marielle leise.

»Ich denke doch. Wir haben anscheinend kein Vertrauen zueinander. Wenn du mich fragst, dann ist Vertrauen aber eine grundlegende Voraussetzung für …« Er zögerte.

»Für was?«

Für eine Beziehung? War es das, was er sagen wollte? Marielle blickte ihn gespannt und ein wenig nervös an.

»… für ein Arbeitsverhältnis.« Sein Pokerface lag wieder auf seinem Gesicht, als hätte jemand einen Vorhang zugezogen.

Eben noch hatte sie den Eindruck, als wollte er sich öffnen, doch jetzt wirkte er wieder arrogant und verschlossen wie zuvor.

»Ich denke, ich sollte die Konsequenzen daraus ziehen«, fuhr er ruhig fort. »Ich werde mir etwas Neues suchen. Vielleicht hätte ich das schon früher tun sollen, bevor wir …«

Noch einmal blitzte ganz kurz die Verletzlichkeit auf, dann hatte er sich wieder im Griff.

»Was?« Es traf Marielle wie ein Schlag ins Gesicht, als der Sinn seiner Worte durchgesickert war. »Das kannst du doch nicht machen! Ich lasse das nicht zu!«

Sie wollte ihn am liebsten schütteln. Wie konnte er gleich von Kündigung sprechen?

Es war doch nur ein Missverständnis zwischen ihnen. Das ließ sich doch ausräumen.

Oder etwa nicht?

»Unsinn. Ich gehe nicht sofort. Bis dein Vater wieder aus dem Krankenhaus kommt, bleibe ich natürlich und wir machen die Präsentation in Nizza zusammen.«

Oh Gott, Nizza!

Marielle schauderte bei dem Gedanken. Das süße kleine Hotel mit Strandblick, das Fleur gebucht hatte, und sie würden sich anschweigen wie zwei Fremde oder, schlimmer noch, streiten so wie jetzt.

Er erhob sich vom Schreibtisch und ging zur Tür. Er hielt sie ihr auf, um zu signalisieren, dass das Gespräch für ihn an der Stelle beendet war.

Marielle schlich wie ein geprügelter Hund zur Tür.

Auf seiner Höhe angekommen, sagte sie leise: »Ich will nicht, dass du gehst …«

Anstelle einer Antwort ging er einen Schritt rückwärts und öffnete die Tür noch ein Stück weiter.

Sie widerstand dem Drang, ihm einfach um den Hals zu fallen und ihn anzuflehen, ihr zu verzeihen und es noch einmal neu zu versuchen. So viel Selbstachtung brachte sie gerade noch auf, es nicht zu tun.

Sie spürte wütende Tränen in sich aufsteigen. Jetzt bloß nicht vor ihm anfangen zu weinen. Rasch wandte sie sich ab und lief den Korridor hinunter.

Anstatt zurück in ihr Büro nahm sie den Weg zum Ausgang. Tränen verschleierten ihr den Blick. Sie hastete zum Auto, zum Glück hatte sie die Schlüssel ausnahmsweise in der Tasche ihres Blazers und nicht in der Handtasche, die noch in ihrem Büro lag. Sie wollte weg, einfach weg.

Die Fahrt zur Apotheke von Amélies Eltern war kurz. Sie hatte noch einmal Glück und fand sofort einen Parkplatz am Straßenrand. Die verweinten Augen verbarg sie hinter der Sonnenbrille, als sie den Verkaufsraum betrat.

»Oh, Marielle«, begrüßte Amélies Mutter sie. Sie stand mit adrett hochgestecktem Dutt und einem lockeren weißen Kittel über Rock und Bluse hinter dem Tresen und ordnete Abrechnungen ein. »Hast du Mittagspause? Amélie ist hinten, sie mischt gerade einen Hustensaft an. Familienrezept.« Ihre Mutter lächelte stolz.

»Kann ich … störe ich sie?«, fragte Marielle und ihre Stimme klang heiser.

»Nein, natürlich nicht. Geh einfach zu ihr durch. Du klingst, als könntest du gleich eine Dosis von dem Gebräu gebrauchen. Hast du dich erkältet? Sie soll dir ein Fläschchen abfüllen.«

Marielle nickte höflich und zwängte sich zwischen Tresen und Apothekerschränken hindurch. Sie wusste, wo das Labor der Apotheke lag und auch, dass Amélies Eltern manche Medizin selbst anrührten, obwohl das viele Apotheker heutzutage nicht mehr taten, weil sie alles aus dem Großhandel bezogen.

Amélie saß mit einer Schutzbrille und Gummihandschuhen vor einem Erlenmeyerkolben. So stark unterschied sich ihre Arbeit gar nicht voneinander, ging es Marielle durch den Kopf. Sie räusperte sich, um Amélie auf sich aufmerksam zu machen.

Die fuhr herum. »Marielle! Hast du mich erschreckt. Ich habe gar nicht mit dir gerechnet. Ist irgendwas passiert?«

Vor der Freundin gelang es Marielle nicht mehr, sich zu beherrschen.

Unter Tränen presste sie hervor: »Ich bin so eine blöde Kuh … ich hab alles vermasselt …«

Amélie ließ ihren Hustensaft stehen und streifte die Handschuhe ab. »Ach herrje … was ist denn los? Erzähl von Anfang an.«

Sie kam zu Marielle herüber und nahm sie in den Arm.

Erst einmal brachte diese kein weiteres Wort mehr heraus. Sie schluchzte an Amélies Schulter und schniefte ihr den Ärmel nass.

»Jetzt beruhig dich doch. Was ist denn bloß passiert? Irgendetwas mit deinem Vater? Er ist doch nicht …?«

Marielle schüttelte heftig den Kopf. Sie wischte sich über die nassen Augen, Wimperntusche und Lidschatten blieben an ihrem Handrücken zurück.

»Komm mal her, du siehst ja aus wie ein Panda.« Amélie zog Papiertücher aus einer offenen Schachtel und reichte sie der Freundin.

Sie zog ihren Rollhocker heran und angelte mit dem Fuß einen zweiten, der daneben stand. »Setz dich mal.«

Marielle ließ sich auf den runden Ledersitz fallen. Sie versuchte, mit den Papiertüchern das Schlimmste wieder in Ordnung zu bringen.

»Also wenn es nicht dein Vater ist, dann muss es dein Kollege sein. Was hat er denn nun wieder gemacht?«

»Er will kündigen!«, brach es aus Marielle heraus.

»Was? Wieso das denn?« Jetzt sah auch Amélie schockiert aus.

»Wegen mir.« Neue Tränen quollen aus Marielles Augen und nässten das Papiertaschentuch durch.

»Wegen dir? Das versteh ich jetzt nicht …«

»Weil ich so dämlich bin. So dämlich!«

»Das hab ich verstanden. Aber wieso bist du dämlich? Was hast du denn gemacht?« Amélie versuchte geduldig, Licht ins Dunkel zu bringen.

Marielle schniefte. »Weil ich mich in ihn verliebt hab …«

»Na ja, damit bist du vielleicht ein bisschen spät dran, die Erkenntnis hatte ich schon mindestens vorige Woche, aber das macht doch nichts. Oder … will er nicht? Hat er sich nicht verliebt?«

»Weiß ich nicht …«

»Dann frag ihn halt.« Aus Amélies Mund hörte sich das alles so einfach an.

»So einfach ist das nicht. Ich war am Sonntag mit Gérard essen im Auberge de Provence …«

»Oha. Nobel, nobel«, kommentierte Amélie. Verstummte dann jedoch schnell wieder, um Marielle erzählen zu lassen.

»Ja. Und Bastien war auch dort, mit dieser Frau, mit der ich ihn schon einmal gesehen habe. Ich dachte wirklich, sie ist seine Freundin. Sie sahen so vertraut aus miteinander und er hat ihre Hand gehalten!«

»Das ist ja allerhand! Und das zwei Tage nachdem er mit dir im Bett war.« Es verschaffte Marielle eine gewisse Genugtuung, dass Amélie dieselben Schlüsse zog, die sie gezogen hatte. Auch wenn sie jetzt wusste, dass sie falsch waren.

»Ja, so hab ich auch gedacht. Aber das stimmt nicht. Er hat mir heute gesagt, dass sie nur eine Bekannte ist, seine Nachbarin. Sie kommt aus der Ukraine und er hilft ihr mit Behördengängen und all so was und ich …« Ein neuerliches Schluchzen unterbrach ihren Redefluss. »… ich … war so … so blöd zu ihm …«

Amélie tätschelte Marielles Knie. »Das lässt sich doch ausräumen. Du warst eifersüchtig. Das versteht er doch sicherlich, wenn du es ihm erklärst.«

»Nein. Nein, das versteht er eben nicht. Weil nicht nur ich ihn gesehen habe. Er mich auch. Und … jetzt denkt er … Er denkt genau dasselbe von mir. Weil ich mit Gérard dort war und weil ich an seinem Arm zum Auto gegangen bin. Ich hatte eigentlich gehofft, Bastien sieht uns gar nicht …«

Jetzt zog Amélie den streichelnden Arm abrupt zurück. »Marielle, was ist das mit diesem Gérard? Hast du gerade zwei Männer in der Warteschleife?«

»Nein! Nein, hab ich nicht«, verteidigte Marielle sich sofort. »Also nicht so. Gérard ist toll. Ich sag dir, wenn der Altersunterschied nicht wäre … aber nein, nein so etwas ist das nicht bei uns. Ich verstehe mich nur gut mit ihm. Es ist so einfach, sich mit ihm zu verstehen. Er macht es mir nicht schwer. So wie Bastien …«

»Dann sag ihm das doch!«, beharrte Amélie.

»Wie denn? Er hört mir doch gar nicht zu. Ich hab ja versucht, es ihm zu erklären. Und dann kam er mit: *Bei uns fehlt das Vertrauen!* Und deshalb will er kündigen!« Marielle presste die Papiertaschentuchkugel wieder vor ihre Augen.

»Das glaube ich nicht, dass er das will«, überlegte Amélie.

»Er hat es aber gesagt!«

»Ja. Weil er verletzt ist. Genau wie du. Geh zurück und sprich mit ihm!«

Marielle verschränkte trotzig die Arme vor der Brust. »Hab ich doch gerade.«

Amélie verdrehte die Augen. »Ich sag dir mal was: Ich glaube, ihr seid euch einfach verdammt ähnlich. Und eben wart ihr beide so darauf bedacht, ja keine Schwäche zu zeigen, dass beim jeweils anderen nur angekommen ist, es klappt nicht. Und anstatt einfach mal Klartext zu sprechen, lauft ihr davon. Du zu mir und er flüchtet sich in Kündigung. Ehrlich gesagt, das ist kindisch. Du hast Gefühle für ihn, dann geh hin und sag es ihm! Woher soll er das denn wissen, wenn du's ihm nicht sagst?«

Marielles Selbstbewusstsein fiel in sich zusammen. »Ich will aber nicht die Einzige sein, die irgendwelche Gefühle offenbart …«

»Tja, Risiko«, erwiderte Amélie ungerührt.

»Aber … wie steh ich denn dann da …?«

»Wie eine starke junge Frau, die weiß, was sie will. Und wenn er dann sagt, er will dich nicht, na, dann lass ihn kündigen. Schick ihn nach Hause und sag, er kann gleich wegbleiben. Aber lass ihn doch nicht gehen, bevor du's versucht hast!«

Nach einer halben Stunde Gespräch mit Amélie fühlte Marielle sich wieder dazu in der Lage, in die Manufaktur zurückzukehren. Ob sie jedoch den Mut aufbringen würde, noch einmal mit Bastien zu sprechen, wusste sie noch nicht, als sie auf den Parkplatz bog.

Mit einem Blick erfasste sie die Lage: Sein Auto war weg. Die Frage würde sich also gar nicht stellen.

Eine dumpfe Vorahnung beschlich sie.

Marielle ließ ihren Wagen auf dem reservierten Parkplatz und eilte zurück in ihr Büro.

»Ist Monsieur Darrieux weggefahren? Hat er etwas für mich hinterlassen?«, überfiel sie Fleur atemlos.

Hatte er womöglich schon gekündigt? Lag die Kündigung schon irgendwo hier für sie bereit?

Fleur zog überrascht ihre Lesebrille von der Nase. »Monsieur Darrieux? Ach so, ja, er musste überraschend weg. Und für morgen hat er sich beurlauben lassen. Ich hoffe, es war in Ordnung, dass ich das bestätigt habe? Sie waren nicht da und ich dachte ...«

»Beurlaubt?«, echote Marielle.

Der letzte Rest Mut verließ sie gerade. Sie hatte das Gefühl, sich am Schreibtisch festhalten zu müssen, um nicht umzufallen.

»Ja, nur heute und morgen, soweit ich weiß ...« Fleurs Augen weiteten sich ganz ohne Brille. »Ist ... ist Ihnen nicht gut? Hab ich einen Fehler gemacht?«

Marielle schüttelte nur den Kopf. Die Gedanken rasten in ihr: Also hatte er nicht gekündigt. Noch nicht. Bereitete er die

Kündigung gerade zu Hause vor? Wollte er ihr aus dem Weg gehen? Würde sie überhaupt noch eine Chance bekommen, mit ihm zu sprechen, bevor …?

»Bis Nizza ist er wieder da. Die Proben für die Präsentation erstellen Sie doch allein, oder?« Fleur wirkte sichtlich nervös.

»Bis Nizza ist er wieder da …« Marielle brachte nichts zustande, als die Worte der Sekretärin zu wiederholen.

»Ich kann versuchen, ihn anzurufen, wenn Sie …« Fleur griff nach dem Telefon.

»Nein!«, rief Marielle und es klang eindeutig panisch. »Nein«, wiederholte sie mit weniger Emotion in der Stimme. »Das ist schon in Ordnung so. Danke, Fleur.«

Sie schleppte sich hinüber in ihr Büro und sank in den Sessel.

Ein Aufschub.

Sie hatte noch zwei Tage Zeit, um sich zu überlegen, wie sie weitermachen wollte. Aber was, wenn er ihr dann die Kündigung brachte?

Sollte sie ihn zuerst kontaktieren? Vielleicht anrufen?

Allein der Gedanke ließ sie schaudern.

Was wollte sie ihm sagen? Er hatte seinen Standpunkt recht deutlich gemacht. Wollte sie sich jetzt erniedrigen und ihn auf Knien anflehen, es sich anders zu überlegen?

Es gab Arbeit zu tun, rief sie sich selbst ins Gedächtnis. Sie musste die Präsentation und die Parfümproben für Nizza vorbereiten. Außerdem hatte sie nach dem Destillat vom Wochenende sehen wollen, die Qualität überprüfen nach der überstürzten Ernte. Ihr Postfach quoll bestimmt über, sie hatte noch nicht einmal ihre Mails gecheckt heute. Und später sollte sie zu ihrem Vater ins Krankenhaus fahren.

Marielle zwang sich, ihre Aufgaben abzuarbeiten.

Kapitel 13

»Papa!« Marielle sank vor Erleichterung auf der Bettdecke zusammen wie ein kleines Mädchen. Fast hätte sie die Schuhe abgeschüttelt, um sich neben ihm zusammenzurollen.

Raphaël lag blass, aber mit geöffneten Augen in seinem Krankenbett. Er atmete wieder selbstständig, und auch sonst war er schon fast wieder von allen Apparaten und Hilfsmitteln befreit. Der Aufwachprozess hatte zwei Tage in Anspruch genommen, die Ärzte waren zufrieden mit dem Ergebnis.

»Noch können Sie ihn nicht mit nach Hause nehmen«, sagte die Ärztin aus dem Hintergrund zu Marielle. »Ein wenig müssen Sie ihn uns noch hierlassen.«

Marielle erinnerte sich der Anwesenheit der Ärztin und setzte sich wieder aufrecht an die Bettkante, dafür griff sie nach der schlaffen Hand ihres Vaters.

»Das verstehe ich«, versprach sie. »Du hast keine Eile, Papa, es läuft ganz gut in der Manufaktur.«

Das war gelogen.

Doch angesichts seines Zustands war es wohl eine lässliche Lüge, fand Marielle.

»Morgen fahre ich nach Nizza und tüte den Auftrag ein.

Ich bin mir sicher, die Präsentation wird dieses Mal wie am Schnürchen laufen.«

Ein zaghaftes Lächeln huschte über das Gesicht ihres Vaters. »Bestimmt …«, krächzte er. Seine Stimme war von der Beatmung noch ganz rau.

Die Ärztin nickte Marielle und ihrem Vater kurz zu, dann ließ sie die beiden mit ihrem Gespräch allein.

»Wir haben einen neuen Lieferanten«, berichtete sie weiter. »Du wirst ihn mögen. Gérard Rocher.«

»Rocher … Kenn ich …« Die Worte kamen kaum hörbar aus seinem Mund.

»Er will mir helfen, unseren Lavendelanbau auf Ökolandbau umzustellen. Das wäre doch was? Er produziert nur ökologisch und dabei hat er Gewächshäuser voller exotischer Pflanzen, ich schwöre dir, so etwas hast du noch nicht gesehen!« Marielle plapperte einfach weiter.

Solange er regungslos im Koma gelegen hatte, war es ihr schwergefallen, mit ihm zu sprechen, wie die Ärzte von ihr gefordert hatten. Was erzählte man einem Totkranken, der kein Bewusstsein mehr hatte?

Jetzt sprudelten die Worte nur so aus ihr heraus.

Sie erzählte von Gérards Hof, von ihren Plänen für die eigenen Felder, von der Lavendelernte – wobei sie bewusst ein paar Details ausließ – und von den Parfümproben, die sie für Nizza vorbereitet hatte.

Es war ihr gelungen, die unsortierten, widerstreitenden Gefühle, die sie umtrieben, in Kreativität umzuwandeln. Das hatte schon früher bei ihr funktioniert. Auch Liebeskummer und Herzschmerz ließen sich in Düfte umsetzen. Wie ein Poet seinen Kummer in Reimform presste und ein Musiker in Klänge übersetzte, so konnte sie ihre Emotionen in Dufterlebnisse packen. Auch wenn sie vielleicht manchmal keinen rechten Zugang zu ihren Gefühlen fand, über die Komposition der passenden Duftnoten erhielten sie ein Ventil.

So gab es jetzt noch eine weitere Duftprobe für die Präsentation: Sie war die Andeutung von etwas, das hätte sein können, die Wiederspiegelung eines Traums, den der Morgen unwiederbringlich zerriss. Frisch, mit einer exotischen Kopfnote und Lilienduft im Herzen, sanft und doch überraschend im Nachhall.

»Weißt du, ich habe dabei ein Bild vor Augen, von dem Moment, kurz bevor die Sonne aufgeht. Die Nacht ist schon vorbei, der Himmel hat diese undefinierbare Farbe, die nicht mehr Schwarz und noch nicht Blau ist. Verblassende Sterne und ein fahler Mond erinnern noch an die Nacht, aber ein rosaroter Streifen am Horizont kündigt bereits den Tag an. Es ist völlig still, noch nicht einmal die Vögel singen, die Käuzchen haben schon die Augen geschlossen und die Frühaufsteher schlafen noch. Dieser vergängliche Augenblick vereint den größten Widerspruch, eine tiefe Zerrissenheit und gleichzeitig tiefste innere Ruhe.« Marielle malte das Bild, das sie beim Kreieren ihres Duftes vor Augen gehabt hatte, so plastisch für ihren Vater wie sie nur konnte.

In ihrer Vorstellung stand sie an einem offenen Fenster und sog die frische Morgenluft, die noch die Kühle der Nacht in sich trug, in sich auf. Sie war nackt, nur ein durchsichtiger dünner Vorhang wurde durch den Windhauch an ihren Körper herangeschmeichelt. Genau so sollte der Duft den Körper umspielen.

Raphaël hatte die Augen geschlossen. Das Wachsein erschöpfte ihn. Aber er hatte ihr zugehört, denn er lächelte.

Marielle erhob sich vorsichtig vom Bett, sie legte seine Hand zurück auf die Bettdecke. »Schlaf ein wenig. Ich komme morgen früh noch einmal vorbei, du weißt ja, dann bin ich bis zum Wochenende in Nizza.«

Ihr Vater nickte matt. »Bastien …?«, krächzte er, ohne die Augen zu öffnen.

Die Erwähnung seines Namens versetzte Marielle einen

Stich. Sie hatten nicht mehr gesprochen. Ihn einfach anzurufen, brachte sie nicht über sich. Und er hatte sich aus seinem plötzlichen Urlaub heraus auch nicht gemeldet.

»Er kommt mit«, antwortete sie auf die unausgesprochene Frage.

Sie bemühte sich, die drei Worte fest und überzeugend zu sagen. So überzeugend, dass sie es sich selbst glaubte.

Kam er wirklich mit?

Oder ließ er sie mit der Präsentation im Stich?

Sie wusste es nicht. Und im Moment hielt sie alles für denkbar.

»Er kommt mit«, wiederholte sie, hauptsächlich für sich selbst.

Raphaël schien sie damit überzeugt zu haben. Sein Kopf sank etwas zur Seite. Ihr Vater war eingeschlafen.

Wenigstens gelang es ihr, den Schein für ihn aufrechtzuerhalten. Wenn er entlassen wurde, würde sie Farbe bekennen müssen. Dann gab es eine Bilanz ihrer kurzen alleinigen Geschäftsführung. Hatte sie die Feuertaufe bestanden?

War sie bereit für die Übernahme?

Noch hegte sie ihre Zweifel.

Der nächste Tag verflog wie nichts. Marielle besuchte ihren Vater in der Früh, machte dann die letzten Vorbereitungen für Nizza und wollte pünktlich ihren Rechner herunterfahren, um noch genug Zeit zu haben, um zu Hause zu packen.

Sie wusste nicht, ob Bastien aus seinem spontanen Urlaub wieder zurückgekehrt war. Sie hatte es bewusst vermieden, Fleur danach zu fragen und einen weiten Bogen um sein Büro gemacht. Gerade als sie den Computer herunterfahren ließ, klopfte es an ihrer Bürotür.

Schon das Klopfen ließ sie zusammenzucken.

Und richtig, es war Bastien, der den Kopf zur Tür hereinstreckte.

»Stör ich?«, fragte er, offenbar unschlüssig, ob er eintreten sollte.

Marielle bemühte sich um einen professionell sachlichen Tonfall. »Nein, natürlich nicht.«

Er schob sich um die Tür herum und schloss sie hinter sich, blieb aber mit dem maximal möglichen Abstand zu ihrem Schreibtisch stehen.

»Es tut mir leid, dass ich gestern kurzfristig nicht hier sein konnte. Ich wollte nachfragen, ob noch etwas für morgen vorzubereiten ist?«, sagte er.

Es tat ihm leid … was genau?

»Nein, alles vorbereitet. Ich habe jetzt insgesamt vier Duftproben, da sollte etwas für die Herren dabei sein. Die Exposés dazu habe ich bereits doppelt ausgedruckt und geheftet, wir haben bis morgen noch reichlich Zeit, sie durchzugehen.« So sehr sie sich auch bemühte, Marielle hatte das Gefühl, dass das Zittern in ihrer Stimme weithin hörbar sein müsste.

Während sie versuchte, sich auf die fachlichen Themen zu konzentrieren, dröhnte in ihrem Kopf etwas ganz anderes, das nicht unausgesprochen bleiben wollte.

»Einverstanden …«

Marielle hatte das Gefühl, dass auch bei ihm noch so viel mehr nachschwang, was er nicht sagte. Oder vielleicht wünschte sie sich auch einfach nur, dass es so war.

»Treffen wir uns dort?«, fragte sie, um noch etwas zu sagen. Solange sie redeten, blieb er genau dort stehen und gab ihr die Chance, doch noch auszusprechen, wofür sie keine Worte fand.

»Ja.« Er machte keine Anstalten zu gehen.

»Schön.«

»Ja.«

Ich liebe dich! Bitte verzeih mir …

Eine Schrecksekunde lang dachte Marielle, sie hätte die Worte laut gesagt. Doch sie hallten nur durch ihren Kopf.

»Hast du die Adresse vom Hotel?« Gott, war diese Unterhaltung furchtbar!

»Von Fleur, ja.«

Das ging so nicht. Sie musste sich endlich ein Herz fassen und einfach drauflosreden. Die richtigen Worte würden ihr dann schon einfallen. Und wenn nicht, auch egal. Hauptsache, es war endlich der Anfang gemacht.

»Ich muss dir etwas …«

»Gut, dann ist ja alles gesagt. Bis morgen.« Er hatte zeitgleich mit ihr angefangen zu sprechen und ihre gestammelten Worte nicht wahrgenommen.

Er griff nach dem Knauf und zog die Tür auf.

Es wäre der Moment gewesen zu wiederholen, was sie gesagt hatte. Ihn zurückzuhalten.

Doch das bisschen Mut, das sie zusammengekratzt hatte, war verflogen.

»Bis morgen …«, flüsterte Marielle.

Und dann war er auch schon gegangen.

Sie ließ den Kopf auf die Arme sinken. Warum war sie bloß so feige?

Es war eigentlich ganz einfach: Sie hatten einen etwas holprigen Start gehabt, aber das musste sich aus der Welt schaffen lassen!

Sie wollte doch überhaupt nichts von Gérard. Also nicht so! Und wenn diese Darja nichts weiter als eine Bekanntschaft für ihn war?

Wo war dann das Problem?

Das Problem ist, dass ich mir nicht sicher bin, ob er mich noch will, beantwortete Marielle sich ihre stumme Frage gleich selbst. *Und ob er mich überhaupt je für etwas anderes gewollt hat, als für ein einmaliges Tête-à-Tête.*

Wie ein Déjà-vu hatte sie plötzlich wieder die Gewitternacht vor ihrem geistigen Auge. Sie hatte das Gefühl, seinen

Atem auf der Haut spüren zu können, die klamme Feuchtigkeit des Regens und die Wärme seines Körpers …

Ach verdammt …

Sie hätte ihn zurückhalten sollen. Wie schwer konnte es sein, ein paar Sätze herauszubringen? Es musste ja nicht gleich die ultimative Liebeserklärung sein. Aber so ging das doch auch nicht mehr weiter!

Vielleicht hätte sie statt Worten auch einfach Taten sprechen lassen sollen. Warum war sie nicht aufgestanden, hatte die Distanz zwischen ihnen überbrückt, die er aufgebaut hatte, und ihn einfach geküsst?

Die Vorstellung versetzte ihr ein Kribbeln in der Magengegend, dicht gefolgt von einem flauen Gefühl. Wenn er sie dann abgewiesen hätte, wäre das noch peinlicher gewesen, als irgendetwas auszusprechen.

Dabei wollte sie ihn wieder küssen.

Nichts mehr als das, genaugenommen.

Nizza. In Nizza konnte er ihr nicht entwischen. Da würde sich wohl eine Gelegenheit finden, noch einmal über alles zu sprechen.

Oder vielleicht besser nicht …

Der Kundentermin war zu wichtig, als dass sie ihn durch so etwas in Gefahr bringen durfte. Egal, was zwischen ihnen war oder besprochen werden musste, sie mussten unter allen Umständen einen professionellen Auftritt hinlegen. Sie konnten es sich nicht leisten, den Auftrag zu verlieren.

Was auch immer sonst gerade in ihrem Leben los war, die Manufaktur musste Vorrang haben.

Marielle räumte ihren Schreibtisch auf, dabei kreisten ihre Gedanken weiter um Bastien, die Gewitternacht und ihre Hoffnung auf eine Aussprache. Dann schnappte sie sich ihre Tasche und verließ das Büro.

Louise hatte bereits angefangen zu packen, als Marielle nach

Hause kam. Sie ging kurz ihren Kleiderschrank durch und begutachtete dann, was Louise schon vorbereitet hatte.

»Werdet ihr abends ausgehen? Brauchst du etwas Schickes für das Nachtleben an der Côte d'Azur?«, fragte Louise und warf ihrem Schützling einen vielsagenden Blick zu.

Bevor sie noch auf die Idee kam, ihr die besonders hübschen Dessous einzupacken, beeilte Marielle sich zu sagen: »Nein, nein, werde ich nicht. Dazu ist überhaupt keine Zeit!«

Sie spürte Louises forschenden Blick auf sich, als sie ins angrenzende Badezimmer hinüberging.

»Welchen Anzug willst du für die Präsentation? Oder lieber ein Kostüm? Die roséfarbene Bluse habe ich extra gebügelt«, rief Louise ihr hinterher.

Marielle schnitt ihrem Spiegelbild eine Grimasse. Natürlich würde sie die schöne Wäsche einpacken und auch ein Cocktail-Kleid für abends. Sicher war sicher. Aber davon musste Louise nun wirklich nichts wissen.

Womöglich würden die Sachen ungetragen und ordentlich gefaltet wieder mit zurückfahren, weil es keinen Anlass dafür gegeben hatte, sie auszupacken. Wenn ihr Versuch, noch einmal mit Bastien zu reden, gescheitert war.

Sie begann damit, ihre Waschtasche zu packen, zumindest soweit das schon am Vorabend möglich war. Die letzten Habseligkeiten würde sie dann am Morgen dazu stecken, wenn sie sich für die Fahrt zurechtgemacht hatte.

Was wollte sie eigentlich morgen anziehen?

Marielle ging zurück in ihr Schlafzimmer, wo Louise gerade ein rüschiges Nachthemd in den Koffer legte. Wo hatte sie diese Scheußlichkeit denn gefunden?

Marielle intervenierte. »Ich bitte dich, Lou, das kann unmöglich dein Ernst sein!«

Louise nahm das Wäschestück an den Schultern und ließ es sich zu seiner ganzen Pracht entfalten. Es war so lang, dass es Marielle sicher bis zu den Knöcheln gereicht hätte, außerdem bedeckten die Rüschen das Dekolleté bis obenhin, da fiel das feine Streu-Blümchen-Muster schon kaum mehr ins Gewicht.

»Das ist doch sehr adrett«, entgegnete Louise. »Und es ist warm, damit du dich am Meer nicht verkühlst!«

Es entlockte Marielle doch ein Schmunzeln. Was war nun eigentlich Louises Mission? Wollte sie der Liaison mit dem Assistenten ihres Vaters durch passende Abendgarderobe Vorschub leisten, oder mit diesem Monstrum von Nachthemd lieber jegliche Chance zerstören?

»Es ist Sommer. Kein Mensch friert um diese Jahreszeit an der Côte d'Azur. Und glaub mir, kein Mensch trägt in diesem Jahrtausend solche Nachthemden! Man stelle sich bloß vor, ich hätte einen Unfall und käme ins Krankenhaus. Ich müsste hoffen, dass ich vorher sterbe, alles andere wäre mir zu peinlich.«

Davon, dass der Mann ihres Herzens sie in dieser Aufmachung sehen könnte, wollte sie gar nicht erst reden.

Louise faltete grummelnd die Ausgeburt an Scheußlichkeit von einem Nachthemd wieder zusammen und legte es neben den Koffer. Marielle dachte, dass sie den Inhalt nachher noch einmal genau kontrollieren würde, nicht dass Louise einen unbedachten Moment dafür nutzte, das gute Stück doch noch einzupacken.

Sie ging zum Schrank und griff nach einem kurzen Seidennachthemd mit Spaghettiträgern und einem passenden Höschen. »Wenn schon Nachtwäsche, dann so was«, kommentierte sie und legte es in den Koffer.

Louises Augenbraue wanderte bis beinahe an ihren Haaransatz, sie sagte jedoch nichts.

Marielle zog die Wäscheschublade auf und holte einige unverfängliche Stücke hervor. Das Zeug für die gewissen Stunden würde sie erst später dazulegen.

»Und du willst wirklich schon übermorgen zurückkommen?«, fragte Louise wie beiläufig.

»Ja, warum? Wir haben den Termin am Freitag. Danach fahren wir zurück. Was soll ich am Wochenende in Nizza?«

Louises Miene sagte, dass ihr da einige Möglichkeiten einfallen wollten.

»Falls ich es mir anders überlege, werde ich es dich wissen lassen«, versicherte Marielle, um das Thema abzubiegen.

»Dann ist es zu spät. Das sollten wir jetzt überdenken. Denn falls ihr doch spontan länger bleibt, brauchst du noch ein paar Freizeitklamotten mehr. Vielleicht einen Bikini für den Strand. Ob es in dem Hotel Badetücher gibt?«

Louise war in ihrem Element. Endlich hatte sie die offizielle Freigabe für tausend mögliche Optionen einzupacken. Nichts tat sie lieber.

Marielle überließ sie ihren Überlegungen und kehrte ins Bad zurück.

Die Luft im Raum war zum Schneiden, ein erotisches Prickeln lag über ihnen. Während sie noch über Berufliches sprachen, spürte Marielle seine Blicke wie Küsse auf ihrer Haut.

Sie hatte Mühe, sich auf das Gespräch zu konzentrieren. Er sprach gerade von einer Aufstellung zur Rentabilität ihrer Parfümlinien, die er erstellt hatte. Immer wieder schweiften ihre Gedanken ab. Sie sah seine Lippen, wie sie Worte formten, und anstatt ihm zuzuhören, konnte sie nur daran denken, wie es sich anfühlen würde, diese Lippen zu küssen.

Wie immer trug er einen adretten Anzug mit Hemd und Krawatte. Sie musste sich geradezu zwingen, nicht nach dem Ende der Krawatte zu greifen und den Knoten aufzuziehen. Mit ein paar wenigen Handgriffen wären auch die Knöpfe an seinem Hemd zu öffnen oder mit einem kräftigen Ruck …

Endlich schien er ihr unausgesprochenes Verlangen zu spüren. Er unterbrach seinen Redefluss und kam mit einem wis-

senden Lächeln auf den Lippen zu ihr um den Schreibtisch herum.

Er beugte sich von hinten über ihre Schultern und küsste ihren Nacken. Marielle hob die Arme und legte sie ihm um den Hals. Endlich ließ er die Bilanzen Bilanzen sein und widmete sich ganz ihr.

Seine Finger tasteten nach den Knöpfen ihrer Bluse und öffneten sie Stück für Stück. Ein Prickeln begleitete seine Hände auf ihrem Weg nach unten.

Marielle schielte zur Bürotür, was, wenn Fleur genau jetzt hereinkäme oder irgendein anderer Kollege?

Bastiens Finger erreichten den Stoff ihres BHs, er hielt sich nicht damit auf, schob ihn beiseite und umfasste ihre Brüste, während er mit seiner Zunge an ihrem Ohrläppchen spielt.

Marielle legte den Kopf in den Nacken und seufzte. Die Tatsache, dass sie am helllichten Tag in ihrem Büro rummachten, erregte sie extrem.

Bastien drehte sie auf dem Bürostuhl zu sich herum. »Du machst mich verrückt …«, murmelte er.

Dann ging er vor ihr auf die Knie und schob ihren BH nach unten. Er küsste jeden Zentimeter entblößter Haut.

Seine Hand berührte ihr Knie und wanderte unter dem Saum ihres Etui-Rocks nach oben …

Mit einem Ruck erwachte Marielle aus ihrem Traum. Es dauerte minutenlang bis sie wusste, wo sie war und dass sie gerade geträumt hatte.

Die Lust, die sie gerade im Traum verspürt hatte, hallte noch nach.

Bis ihr bewusst wurde, dass dieser Traum zwar erschreckend real gewesen war, aber leider weit davon entfernt, Wirklichkeit zu werden. Sie lag im Dunkeln ihres Schlafzimmers und starrte zur Decke.

Was hätte sie nicht dafür gegeben, wenn sie sich jetzt zur Seite drehen und an seinen vom Schlaf warmen Körper hätte kuscheln können. Im Halbschlaf würde er die Arme um sie legen und sie an sich ziehen …

Ihre Gedanken verselbstständigten sich und jagten dem Traum hinterher, der so eindringlich gewesen war, dass sie davon wach geworden war.

Sie schloss die Augen und erlaubte sich, noch für einen Augenblick in der Erinnerung an Bastiens wohl trainierten nackten Oberkörper und seine heißen Küsse auf ihrer Haut zu schwelgen.

Dann schüttelte sie das Bild ab, bevor es sich noch tiefer in ihre Gedanken einbrannte, und rollte sich auf der Seite zusammen.

Es war wie verhext, seit sie sich selbst gegenüber eingestanden hatte, dass sie sich verliebt hatte, schlug ihre Fantasie Kapriolen und ließ sich kaum einbremsen.

Mit einem Mal konnte sie sich vorstellen, einen Mann in ihr Leben zu lassen. In seinem Arm einzuschlafen und am Morgen neben ihm aufzuwachen. Plötzlich hatte sie alberne Dinge im Kopf wie ein gemeinsames Heim, Urlaub am Meer, Abende nebeneinander auf der Couch, Geburtstage, Jahrestage, womöglich eine Hochzeit!

Das alles hatte bisher für sie wenig Bedeutung gehabt.

Wenn andere Mädchen aus ihrem Studienkreis sich darüber unterhalten hatten, wie sie sich ihre Hochzeit vorstellten, und Brautkleid-Magazine wälzten, fand sie das unsäglich langweilig. Hatten diese Frauen keine anderen Ziele im Leben als einen Mann zu beglücken?

Und jetzt?

Was war aus ihren guten Vorsätzen geworden?

Außerdem waren diese ganzen Gedanken sowieso müßig. Bastien wollte nichts von ihr. Und solange sie es nicht fertigbrachte auszusprechen, was sie sich wünschte, war es wohl leider auch nicht sehr wahrscheinlich, dass er sich eines Besseren besann.

Marielle warf einen Blick auf den Wecker. Es war zu früh zum Aufstehen und zu spät, um noch einmal richtig Schlaf zu finden. Sie würde jetzt sowieso keine Ruhe mehr haben. Schlimmstenfalls kurz vor dem Wecker doch noch einmal einschlafen und dann erst recht gerädert sein, wenn es klingelte.

Also schwang sie die Beine aus dem Bett und tapste ins Bad. Das grelle Licht der Beleuchtung über dem Spiegel ließ sie blinzeln.

So oder so, sie würde müde in Nizza ankommen und statt ihrem besten Lächeln Augenringe zur Schau tragen.

Marielle machte sich frisch und zog Reitklamotten an. Wenn sie schon nicht genug Schlaf bekam, dann wollte sie die frei gewordene Zeit mit Filou verbringen, der musste sie die nächsten Tage eh wieder entbehren.

Die Pferde dösten friedlich in ihren Boxen, als sie den Stall betrat. Filou erkannte ihre Schritte und begrüßte sie mit leisem Schnauben.

Sie schob die Tür zu seiner Box auf. »Na, mein Großer? Bist du schon wach? Lust auf einen kleinen Spaziergang?«

Die großen dunklen Augen des Tieres blickten in ihre und wie so oft hatte Marielle das Gefühl, durch sie hindurch direkt in ihre Seele. Seine Ohren zuckten unternehmungslustig.

»Komm.«

Marielle ging rückwärts aus der Box, und das Pferd folgte ihr ohne Halfter oder Zaum.

Draußen auf dem Hof bürstete sie den Staub aus Filous Fell, anschließend holte sie das Zaumzeug. Beim Griff nach dem Sattel entschied sie sich um. Sie brauchte keinen Sattel. Früher war sie häufig ohne Sattel und ohne Trense mit Filou ausgeritten. Sie verstanden sich ohnehin blind und vertrauten einander.

Anders als Bastien und ich, schoss es ihr durch den Kopf.

»Er sagt, es fehlt uns das Vertrauen«, sagte Marielle zu Filou, als sie ihm das Zaumzeug anlegte.

Das Pferd prustete und warf wie zur Bestätigung den Kopf hoch.

»Stimmt doch nicht«, widersprach Marielle, die Bewegungen des Tieres als Antwort auf ihre Worte interpretierend. »Ich kann sehr wohl Vertrauen fassen. Zu dir hab ich Vertrauen.«

Sie streichelte die lange Nase. Dann nahm sie die Zügel und schwang sich mit einem beherzten Sprung auf Filous Rücken.

Seine Hufe knirschten über den Kies. Sie schlugen den Weg zum Park ein.

Dicht über den Hals des Pferdes gebeugt, redete Marielle weiter. »Gérard habe ich auf den ersten Blick vertraut. Er ist ein Freund, weißt du. Amélie vertraue ich natürlich und Louise, meinem Vater … du siehst, es gibt eine ganze Reihe Menschen, denen ich traue und die mir vertrauen. Warum klappt das mit Bastien nicht?«

Sie legte ihre Schenkel eng um den Bauch des Pferdes, es beschleunigte seine Schritte.

Filou und Marielle durchquerten den Park und das Wäldchen, dann erreichten sie die Anhöhe. Marielle parierte durch und ließ sich von Filous Rücken gleiten.

Das war genau der Moment, den sie in ihrem Parfüm hatte einfangen wollen: noch nicht Tag, aber auch nicht mehr Nacht.

Silbergrau dämmerte hinter den Hügeln der Morgen herauf. Der fast volle Mond verblasste über den Wipfeln.

Marielle ließ die Zügel los und Filou begann, Gras zu rupfen. Sie fröstelte. Eine Jacke wäre gut gewesen. Die Arme um den Körper geschlungen, ließ Marielle den Blick über die abgeernteten Lavendelfelder schweifen.

Unweigerlich kehrten ihre Gedanken zur Ernte zurück.

An dem Abend im Regen hatte sie nicht den Eindruck gehabt, dass es Bastien und ihr an Vertrauen mangelte. Er hatte selbstlos seine Hilfe angeboten und sie hatte sie bereitwillig angenommen, und das, obwohl sie da noch davon ausgegangen war, dass er sie nicht leiden konnte. Und spätestens bei ihrem Tanz auf der Terrasse war es doch zu sehen und zu spüren gewesen, dass sie beide harmonierten. Daran musste sie ihn nur erinnern.

»Oh doch, du kannst mir vertrauen«, flüsterte Marielle ihr Versprechen in die schwindende Nacht hinaus.

Kapitel 14

Marielle war so aufgeregt, dass sie bereits kurz vor Mittag in Nizza eintraf. Sie hatte sich nach ihrem frühmorgendlichen Ausritt doch noch einmal kurz hingelegt und war dann noch einmal im Büro gewesen. Aber es hielt sie nicht lange dort. Die Fahrt war problemlos verlaufen.

Es hatte sich keine Gelegenheit mehr ergeben, noch einmal über die Fahrt zu sprechen. Sie nahm daher an, dass Bastien es immer noch vorzog, allein anzureisen. Wahrscheinlich würde er auch nicht so früh fahren wie sie. Ihr war das recht. So hatte sie die Fahrt, um über die nächsten Tage nachzudenken, und vor Ort Zeit, sich einzurichten.

Das Hotel, das Fleur für sie ausgesucht hatte, lag nahe des Hippodroms direkt an der Strandpromenade. Der Ort hieß Villeneuve-Loubet und war ein Vorort von Nizza.

Marielle betrat die Hotellobby.

Es machte einen sehr hübschen und sauberen Eindruck. Mehr brauchte sie für die eine Nacht auch gar nicht. Sie waren immerhin zum Arbeiten hier.

In einem Köfferchen wohl verstaut ruhten die Parfümproben und in ihrer Aktentasche die dazugehörigen Exposés. Sie stellte ihr Gepäck auf den blankpolierten, spiegelglatten Marmorfliesen ab. Dunkle Korbmöbel mit sonnig gelben Sitzkissen luden im Eingangsbereich zum Verweilen ein. Aber Marielle wollte sich nicht niederlassen. Sie trat an den Rezeptionstresen heran und gab ihren Namen an.

»Herzlich Willkommen, Madame de Montaux. Hatten Sie eine gute Anreise? Wir haben ein schönes Zimmer mit Meerblick für Sie vorbereitet. Ihre Begleitung ist schon da, er hat das Zimmer gleich nebenan.«

Marielles Herz setzt erschrocken einen Takt aus. Sie hatte gedacht, sie hätte noch Zeit, ehe sie sich hier treffen würden. Nun war er offenbar schon vor ihr angekommen.

Der freundliche Mitarbeiter des Hotels überreichte Marielle eine kleine Mappe mit dem Hotelprospekt und ihre Zimmerkarte. »Frühstück gibt es ab sechs Uhr dreißig im Speiseraum und auf der Terrasse. Der Pool ist für Sie bis zwanzig Uhr geöffnet und der Strand ebenfalls. Handtücher finden Sie auf dem Zimmer.«

Marielle nickte höflich.

Ob Zeit für Pool und Strand blieb, war noch nicht sicher. Es gab Wichtigeres zu tun.

Sie manövrierte ihre Taschen und den Koffer in den Aufzug und drückte die Zwei. Oben angekommen schleppte sie ihr ganzes Zeug den Flur entlang bis zu ihrem Zimmer. Erleichtert ließ sie die Taschen fallen. Sie hatte eindeutig zu viel Zeug dabei für eine Nacht!

Das lag nur an Louises Gerede vom verlängerten Wochenende an der Côte d'Azur. Das klang ja alles super romantisch, aber vorerst war sie hier mit anderen Dingen beschäftigt!

Das Zimmer war nicht besonders groß, den meisten Teil nahm ein breites Bett ein. Der Boden und das Wandpaneel hinter dem Kopfende des Bettes waren in warmen Holztönen gestaltet. Alles in allem bot die Einrichtung wenig Spektakuläres. Das musste sie allerdings auch nicht, denn so lenkte nichts von der atemberaubenden Aussicht ab. Marielle ließ ihre Sachen stehen und trat ans Fenster. Der Blick hätte einer Kitschpostkarte alle Ehre gemacht.

Das Hotel stand auf einem Gartenareal, dessen üppiges Grün fast den Strand verdeckte. Doch hinter Palmwedeln und den ausladenden Ästen einer Akazie glitzerte das Meer.

Marielle öffnete die Balkontür und trat auf den kleinen Balkon hinaus. Dort sog sie den salzigen Geruch ein.

Wenn sie sich über das Geländer beugte und zur Seite drehte, konnte sie auch den Pool sehen. Einige Feriengäste bevölkerten den Halbkreis aus blauen Liegestühlen und ebenfalls blauen Schirmen.

Fleur hatte wirklich eine gute Wahl getroffen. Sollte sie jemals in die Verlegenheit kommen, für sich und Bastien einen romantischen Rückzugsort für ein paar ungestörte Tage zu suchen, würde sie die Aufgabe getrost an Fleur delegieren.

Marielle seufzte. Leider waren sie aber nicht zum Honeymoon hergekommen.

»Schön hier, nicht?« Die Worte ließen Marielle erschrocken herumfahren.

Bastien stand in der Tür. Warum war er schon da?

Er trug erstaunlicherweise keinen Anzug, sondern eine Jeans und ein lachsfarbenes Poloshirt. Verdammt, sah er gut aus …

Und sie? Von der Fahrt und der Taschenschlepperei verschwitzt, die Haare zerzaust und ob ihr Lippenstift saß, hatte sie auch noch nicht kontrolliert.

»Du hast mich erschreckt«, sagte sie vorwurfsvoll.

»Entschuldige. Ich habe dich gehört und gedacht, ich melde mich gleich mal. Ich wollte möglichst zeitig hier sein, um mich vorzubereiten. Du willst sicher noch Unterlagen durchgehen?«

Er wirkte unschlüssig.

Zwischen ihnen häuften sich ihre Gepäckstücke wie eine Barriere auf.

»Ja, deshalb sind wir ja hier«, bestätigte Marielle und machte sich daran, ihre Taschen aus dem Weg zu räumen. »Gib mir noch zehn Minuten zum Ankommen. Dann können wir alles besprechen.«

»Klar …« Bastien trat den Rückzug an. »Ich bin gleich nebenan, wenn du fertig bist, klopf einfach.«

Marielle starrte noch auf den leeren Flur, als die Tür nebenan schon ins Schloss gefallen war. Sie mussten miteinander sprechen, es führte kein Weg daran vorbei. Eigentlich war die Aussprache sogar noch wichtiger, als die Unterlagen durchzugehen, denn *so* konnten sie morgen nicht beim Kunden auflaufen.

Sie war nicht mehr in der Lage, einen vernünftigen Gedanken zu fassen, wenn er im Raum war, und ihr Selbstbewusstsein passte in einen Fingerhut.

Klar, und wenn er dir heute einen Korb gibt, bist du morgen natürlich der Sonnenschein in Person.

Marielle nahm ihre Schuhe aus der Tasche und stellte sie ordentlich nebeneinander unter den Garderobenspiegel. Dann packte sie ihre Kosmetiktasche aus und trug sie in das kleine Bad.

Das Bad sah frisch renoviert aus, großflächige Fliesen in hellen Brauntönen, hinter der streifenfrei geputzten Duschwand abgelöst durch ein Mosaik aus verschiedenen Naturtönen. Marielle betrachtete ihr Spiegelbild, dann frischte sie ihr Make-up auf und zupfte das Haargummi aus ihren Haaren.

Ihre Reiseklamotten legte sie zusammen und holte aus ihrem Gepäck ein Sommerkleid. Der Lachston von Bastiens Poloshirt kam im Blumenmuster ihres Kleides auch vor und wurde kontrastiert von einem hellen Grün. Da er offenbar so modebewusst war, würde ihm das vielleicht auffallen.

Zufrieden mit dem Endergebnis nahm Marielle die Aktentasche mit den Exposés und ihre Handtasche und ging nach nebenan.

Ein inzwischen wohlbekanntes Kribbeln in ihrem Magen stellte sich ein, als sie klopfte.

»Komm rein!«

Da erst entdeckte Marielle, dass die Tür nur angelehnt war. Sie schob sie auf.

Das Zimmer sah aus wie ihres, nur gespiegelt. Wie nicht anders zu erwarten, hatte Bastien sein Gepäck bereits penibel verräumt, es war kaum zu erkennen, dass jemand in dem Zimmer wohnte.

»Ich komme sofort.« Seine Stimme kam aus dem Bad.

Marielle betrat das Zimmer ganz und schloss die Tür hinter sich. Innerlich wappnete sie sich davor, ihn gleich nur mit einem Handtuch bekleidet aus der Dusche kommen zu sehen.

Doch so war es nicht. Er war vollständig angezogen und abmarschbereit, als er aus dem Bad kam.

»Können wir?«, fragte Marielle an der Nervosität vorbei, die sie schon wieder zu befallen drohte.

»Ja.« Bastien griff nach einer Aktentasche, dann verließen sie sein Zimmer.

Unten angekommen schlug Bastien den Weg zur nach hinten gelegenen Terrasse ein, er hatte sich offenbar schon umgesehen. Der Frühstücksraum war leer. Ein heller Raum, durch eine breite Spiegelfront optisch vergrößert, voller Tischchen und weißen Stühlen in ordentlichen Reihen. Bastien führte sie zu der breiten Glastür, die ins Freie führte. Eine von einer dichten Hecke begrenzte Terrasse schloss sich an den Speiseraum an.

Sie wählten einen Platz am Rand, obwohl sie sowieso ungestört waren. Keiner der anderen Gäste hatte sich in den Schatten der weißen Schirme zurückgezogen, sie lagen wahrscheinlich alle am Strand oder am Pool oder unternahmen einen Ausflug in die nahe Stadt.

Trotzdem hatte der diensthabende Kellner sie sofort erspäht und kam, kaum dass sie sich gesetzt hatten, an ihren Tisch.

»Für mich eine Flasche Wasser bitte«, bestellte Marielle.

»Für mich auch.« Bastien nickte dem Ober freundlich zu.

»Zwei Wasser, sehr wohl. Möchten Sie die Speisekarte?«

Bastien winkte ab. »Später vielleicht. Oder hast du Hunger?«

Marielle, die in seiner Gegenwart überhaupt keinen Appetit mehr verspürte, schüttelte den Kopf.

Der Ober entfernte sich.

Marielle holte ihre Unterlagen zu den Parfümproben hervor, um etwas zu tun zu haben.

»Es macht gar nichts, dass direkt in der Stadt nichts mehr frei war«, stellte Bastien im Plauderton fest. »Ich finde, das Hotel sehr schön. Sollte man sich merken.«

»Ja, Fleur hatte schon angeregt, ob wir nicht das ganze Wochenende bleiben wollen«, rutschte es Marielle heraus.

Bastien sah sie forschend an. »Und? Willst du?«

»Das … äh kommt ganz drauf an.« Marielle räusperte sich. So schnell hatte sie nicht einsteigen wollen.

Noch immer ruhte Bastiens Blick aufmerksam auf ihr.

»Ob wir morgen erfolgreich sind und … Na ja, warten wir's einfach ab«, beeilte sie sich fortzufahren.

Innerlich ohrfeigte Marielle sich für ihre Feigheit. Das hätte der perfekte Einstieg für das unaufschiebbare Gespräch sein können. Warum brachte sie es einfach nicht fertig?

»Wir könnten zumindest nachher mal an den Strand schauen«, sagte Bastien.

Jetzt sah er aus, als fürchtete er ihre Antwort. Oder war das wieder Wunschdenken?

Marielle rang sich ein Lächeln ab. »Ja, gern.«

Sie zog sich auf sicheres Terrain zurück und legte ihm die

ausgearbeiteten Exposés zu ihren Duftproben vor. Hier wusste sie zumindest, was zu sagen war.

Das Wasser kam. Nach der kurzen Unterbrechung vertieften sie sich endgültig in die Unterlagen.

»Die Vorschläge meines Vaters waren sehr ähnlich. Alles Variationen desselben Grundthemas. Ich halte das für riskant. Denn wenn die Richtung dem Kunden nicht gefällt, wird er an keiner der Varianten Gefallen finden. Ich habe deshalb bewusst vier ganz unterschiedliche Düfte kreiert. Deshalb ist die Präsentation besonders wichtig.«

Bastien sagte nichts, er überflog die schriftliche Ausführung, die sie vorbereitet hatte.

Da klingelte Marielles Telefon. Gérards Name stand deutlich lesbar auf dem Display. Das Handy lag auf dem Tisch zwischen ihnen, und so konnte es auch Bastien nicht entgangen sein, wer der Anrufer war.

Marielle warf Bastien einen verunsicherten Blick zu. Er tat zumindest so, als interessiere ihn ihr Anruf nicht.

Sie stand auf, nahm das Handy mit und antwortete, als sie einige Schritte vom Tisch entfernt war. »Hallo, Gérard.«

»Hallo, ich wollte nur hören, ob du gut in Nizza angekommen bist und dir viel Glück für die Präsentation morgen wünschen.« Seine Stimme klang unbekümmert. Aber warum sollte sie das auch nicht tun?

»Danke. Das ist sehr lieb.« Marielle hielt ihre Antwort kurz. Sie sprach leise und schielte dabei die ganze Zeit zu Bastien hinüber, der weiterhin den Anschein erweckte, als lese er konzentriert in ihren Unterlagen.

»Kommst du morgen zurück? Oder erst am Samstag?«, wollte Gérard wissen.

»Ich weiß es noch nicht …«

»Egal, genieß die Zeit in Nizza und wenn du wiederkommst, habe ich eine Überraschung für dich.« Sie konnte sein zufriedenes Grinsen förmlich hören.

»So? Was denn?«

»Siehst du dann schon. Jetzt bring den Termin gut hinter dich und vergiss nicht, dir auch ein wenig Freizeit zu gönnen. Nizza ist schön!«

»Ich weiß.«

Bastien hatte das Papier auf den Tisch zurückgelegt. Er sah nicht zu ihr herüber.

»Wie läuft es mit deinem Kollegen? Ist er mitgekommen?«

Warum musste Gérard jetzt auch noch in der Wunde stochern?

»Ja. Wir gehen gerade die Unterlagen für morgen durch.«

»Na, dann halte ich dich nicht länger auf. Mach's gut. Bis bald.«

»Bis bald …«

Marielle legte auf und ging zurück zu Bastien.

Aus seiner Miene ließ sich einmal mehr nichts ablesen. Störte er sich daran, dass Gérard sie angerufen hatte, kaum dass sie angekommen waren? Hegte er immer noch Zweifel daran, dass sie und er nur gute Freunde waren? Hätte man irgendetwas, das sie am Telefon gerade gesagt hatte, von außen missverstehen können?

Sie legte die Hand auf die Mappe mit den Exposés. »Was sagst du dazu?«

»Es geht mich nichts an.«

Sie hatte weiter über die Unterlagen sprechen wollen, doch er meinte ganz offensichtlich etwas anderes. Sein Tonfall war scharf.

Marielle zuckte unwillkürlich zurück.

»Gérard wollte nur wissen, ob wir gut angekommen sind. Und uns viel Glück wün…«

»Von Grasse nach Nizza ist es keine Stunde Fahrt. Es tut nicht Not, sich gleich nach der Ankunft bei allen Freunden und Verwandten zurückzumelden.«

»Herrgott, was willst du eigentlich?«, entfuhr es Marielle,

schärfer als beabsichtigt. »Er hat mich, nicht ich ihn angerufen. Und es war, wie du vielleicht gehört hast, ein recht kurzes und absolut unverfängliches Gespräch. Was soll ich denn deiner Meinung nach tun? Muss ich ihn ächten, damit du mir glaubst, dass da nichts ist?«

»Wie gesagt: Geht mich nichts an.« Bastien begann erneut, in den Unterlagen zu blättern, offenbar um dem Gespräch zu entgehen.

Doch nun war der Anfang schon gemacht, wenn auch nicht so ganz glücklich.

»Aber es stört dich«, sagte Marielle vorsichtig.

»Nein gar nicht. Du kannst telefonieren mit wem du willst.« Er hielt den Blick auf das Papier geheftet.

Sie zog es ihm aus den Fingern.

»Es stört dich«, beharrte sie. »Und ich würde gern darüber sprechen, warum es dich stört.«

Er drehte sich abrupt zu ihr herum. »Weil ich dachte, du hättest Interesse an mir, und jetzt glaube ich, du hast mehr Interesse an dem alten Mann mit den Pflanzen.«

Seine Miene war ernst und seine Stimme wütend, aber seine Worte brachten Marielle trotzdem zum Lachen.

»Hab ich nicht.«

Sekundenlang starrte er sie mit dem verärgerten Gesichtsausdruck weiter an, ohne zu reagieren.

»Ich habe kein Interesse an Gérard, das über ein freundschaftliches hinausgeht. Ich habe an überhaupt niemandem ein Interesse, außer an dir, du Idiot.«

Die steile Falte zwischen seinen Augenbrauen flachte langsam ab.

»Und wenn du das von dir auch sagen könntest, dass dich keine andere Frau interessiert, außer vielleicht ich, dann …«

Sie wünschte, er würde endlich irgendeine Reaktion zeigen und sie sich nicht um Kopf und Kragen stammeln lassen.

»Himmel, was soll ich denn noch machen?«, fragte sie.

»Ich wollte das doch nicht! Ich wollte nicht, dass der Eindruck entsteht, ich würde von einem zum anderen springen. Das tue ich nicht! Und ich wollte auch nicht, dass du denkst, das zwischen uns hätte keine Bedeutung für mich. Weil es die hat! Und das mit dem Vertrauen stimmt so auch nicht. Ich vertraue dir. Ja, ich weiß, ich war auch eifersüchtig. Ich habe dich mit dieser Darja gesehen und das vollkommen fehlinterpretiert. Vielleicht sollten wir mehr miteinander sprechen. *Das* ist unser Problem. Nicht das Vertrauen. Wir müssen nur mehr reden. Jetzt zum Beispiel … könntest du … könntest du bitte etwas sagen?«

Bastien sagte nichts. Aber zumindest bewegte er sich. Er streckte den Arm nach ihr aus, legte seine Hand in ihren Nacken und zog sie zu sich heran. Anschließend küsste er sie, ohne Vorwarnung.

Marielle schnappte erschrocken nach Luft, doch dann ergab sie sich in den sehnsüchtig erwarteten Moment.

Sie küssten sich, bis sie beide ganz außer Atem waren. Er zog sie noch näher zu sich heran, bis sie aufstand und sich auf seinen Schoß setzte. Und dann küssten sie weiter.

Plötzlich waren keine Worte mehr nötig.

Eine Windbö, die ihre wichtigen Unterlagen für den nächsten Tag vom Tisch fegte, holte sie schließlich in die Gegenwart zurück.

Hastig sprang Marielle auf und gemeinsam sammelten sie die losen Blätter wieder zusammen und verstauten sie sicher in der Mappe.

»Wolltest du mich nicht auf die Präsentation morgen einschwören?«, wollte Bastien wissen, nachdem sie alles wieder in ihre Aktentasche gesteckt hatte.

»Hast du noch Fragen?«, entgegnete sie.

»Ja, einige.«

Sie standen voreinander und Bastien griff wieder nach ihren Händen.

»So?«

Er legte sich ihre Hände um die Taille und schloss seine Arme um sie.

»Würdest du eventuell doch in Erwägung ziehen, mit mir das Wochenende hier zu verbringen?«

Marielle sah von unten zu ihm hinauf. »Unter einer Bedingung.«

»Und die wäre?«

»Du gehst jetzt an die Rezeption und stornierst dein Zimmer.«

Überrascht sah er auf sie hinunter.

»Und dann packst du deine Sachen und ziehst damit in mein Zimmer«, fuhr sie fort.

Er lächelte und küsste ihre Nasenspitze. »Ihr Wunsch ist mir Befehl, Chefin.«

Er zog mit Sack und Pack in ihr Zimmer um, wobei sie ihn seine Sachen nur achtlos hinter der Tür abstellen ließ, bevor sie ihn mit weiteren Küssen überfiel. Beim Küssen blieb es nicht und nachdem sie die Versöhnung gebührend gefeiert hatten, lagen sie ineinander verschlungen in ihrem Bett.

»Hattest du nicht gesagt, wir sollten mehr reden?«, fragte er grinsend mit geschlossenen Augen.

Marielle verschränkte ihre Finger fest mit seinen. »Warum? Glaubst du mir immer noch nicht, dass ich mit dir zusammen sein möchte und sonst mit keinem anderen?«

Er zog sie noch enger an sich. »Daran könnte ich mich jedenfalls gewöhnen.«

Seine Lippen suchten ihre. Sie ließ sich küssen, dann stellte sie entschieden fest: »Tu das besser, ich gebe dich nämlich nicht mehr her.«

»Nie mehr?« Sein Bart kitzelte ihr Ohrläppchen bei den Worten.

»Na, sagen wir zumindest bis …«

»Ja?«

»Bis nach dem Wochenende!«, erklärte sie lachend.

Seine Zähne bohrten sich spielerisch in ihren Hals. »Du kleines Biest. Ich werde schon dafür sorgen, dass du nach dem Wochenende gar nicht mehr anders kannst!«

Er rollte sich herum und begrub sie unter seinem Körper, dann begann er, sie durchzukitzeln.

Marielle kreischte auf und versuchte, ihn lachend abzuwehren. Sie hatte seiner körperlichen Überlegenheit wenig entgegenzusetzen, sodass ihr schließlich nichts anderes übrig blieb, als die Hände über den Kopf zu strecken und sich ihm zu ergeben.

Bastien stellte die Kitzelattacken ein und verlegte sich stattdessen wieder aufs Küssen.

Marielle hatte das Gefühl, als verschmolzen sie miteinander. Sie waren eine Einheit aus Lust und Erregung, eins in ihrer Bewegung, wie gemacht füreinander. Am liebsten wollte sie die Welt draußen vergessen, die Kunden, die Präsentation, die Manufaktur, überhaupt alles und einfach ewig mit ihm in diesem Hotelbett bleiben.

Der ursprüngliche Plan, nämlich dass sie die Voranreise dafür nutzen wollten, die Präsentation noch einmal durchzusprechen und alles vorzubereiten, geriet in Vergessenheit. Sie verloren jedes Zeitgefühl.

Als sie schließlich atemlos und schläfrig aneinandergekuschelt in den Kissen lagen, war die Sonne schon um den kleinen Balkon herumgezogen. Marielle blinzelte und unterdrückte ein Gähnen. Jetzt einfach dem Schlaf nachgeben …

Doch Bastien beugte sich über sie, strich ihr eine Haarsträhne aus dem Gesicht und flüsterte an ihrem Ohr: »Wollten wir nicht an den Strand gehen?«

»Mhhhm …«, brummelte Marielle ohne Überzeugung.

»Oder vielleicht langsam doch etwas essen?«

Sie seufzte und schlug die Augen wieder auf. Also nicht in seinen Armen wegdösen. Schade.

Sie sah in seine braunen Augen mit dem dunkleren Rand um die Iris. »Wenn du meinst …«

»Und eigentlich hatten wir noch was anderes zu tun, oder nicht, Chefin?«, erinnerte er sie.

Wie hatte sie in diesem Gesicht nur Arroganz und Ablehnung lesen können? Jetzt stand da etwas ganz anderes.

Marielle lächelte.

»Wenn ich die Chefin bin, kann ich dann nicht bestimmen, was getan werden muss?«, fragte sie hoffnungsvoll.

»Doch.«

Sie streckte sich ihm entgegen und rang ihm einen Kuss ab.

»Ich dachte, die Aufgabe hätte ich bereits zur Zufriedenheit meiner Vorgesetzten erledigt …«, neckte er, ließ sich aber zu weiteren Küssen überreden.

Schließlich schob er sie sanft von sich und setzte sich auf. »Komm, lass uns aufstehen. Ich würde auch am liebsten einfach hier liegen bleiben, aber wenn wir deshalb morgen bei der Präsentation verkacken, könnte ich mir das nicht verzeihen. Dieses Hotelbett, bin ich mir sicher, läuft nicht davon.« Er grinste vielversprechend und drückte ihr noch einen Kuss auf die Nasenspitze. »Vorschlag: Wir essen jetzt etwas, dann gehen wir die Präsentation noch einmal im Detail durch und im Anschluss kommen wir hierher zurück und machen genau da weiter, wo wir gerade aufgehört haben.«

Marielle rollte sich zu ihm herum. »Das klingt nach einem guten Plan.«

Er stand auf und sie beobachtete ihn auf ihren Ellbogen gestützt, wie er ihre achtlos vors Bett gefallenen Klamotten auseinandersortierte.

Ihr Blick taxierte unverhohlen seinen nackten Körper. »Ganz nett, der Anblick«, stellte sie fest.

Bastien grinste und ließ wie ein Stripper die Hüften kreisen, dann griff er nach seinen Klamotten und verschwand im Bad.

Ach ja, so ein bisschen selbstverliebt war er eben doch.

Marielle ließ sich wieder in die Kissen zurückfallen und gönnte sich noch einen kurzen Moment. Wie einfach sich plötzlich alles anfühlte!

Noch vor wenigen Stunden hatte sie sich nicht vorstellen können, wie sie ihm gegenübertreten und ihr Missverständnis ausräumen sollte. Fast hatte sie es schon aufgegeben. Der Aufenthalt in Nizza und der Termin morgen waren ihr wie eine Aneinanderreihung von unangenehmen Momenten, peinlichem Schweigen und Blamagen erschienen, gekrönt mit Herzschmerz.

Manchmal war die Realität tatsächlich besser als alles, was man sich im Vorfeld ausmalen konnte.

Marielle hörte von nebenan das Wasser rauschen. Sie beschloss, Bastien unter der Dusche Gesellschaft zu leisten und schälte sie sich doch aus den Laken.

Es hatte noch einmal eine Weile gedauert, bis sie geduscht und wieder angezogen gewesen waren. Als sie Hand in Hand auf der Terrasse des Hotels erschienen waren, fanden sie nur noch einen Tisch an der Hauswand. Das Abendessen der übrigen Hotelgäste war schon in vollem Gang. Erst da merkte Marielle, wie hungrig sie war. Sie bestellten eine Bouillabaisse als Vorspeise und Marielle entschied sich danach für Spaghetti mit Venusmuscheln. Sie liebte frische Meeresfrüchte und die Küche rühmte sich ihrer Mittelmeerspezialitäten. Dazu teilten sie sich eine Flasche spritzigen Weißwein.

»Wie wird dein Vater reagieren? Wirst du's ihm überhaupt sagen?«, fragte Bastien sie.

»Nicht in allen Einzelheiten vielleicht …« Marielle lachte.

Außerdem dachte sie, dass sie ihrem Vater nur allzu gern

gleich zwei frohe Botschaften aus Nizza mitbringen würde. Sie war überzeugt, dass er nichts dagegen einzuwenden haben würde. Im Gegenteil, wahrscheinlicher war er sogar froh, dass sie sich zusammengerauft hatten.

Da fiel ihr etwas ein. »Deine Kündigung, das war doch nur eine Drohung, oder? Du willst nicht wirklich weg aus der Manufaktur?«

Sie musste so erschrocken ausgesehen haben, dass Bastien über den kleinen Tisch nach ihrer Hand griff. »Vielleicht wäre es besser, wenn wir nicht so eng zusammenarbeiten«, gab er zu bedenken.

»Gar nicht wäre das besser!« Marielle entzog ihm ihre Hand.

»Wenn das mit uns funktionieren soll, wäre es eventuell aber ganz gut, wenn wir …«

»Zweifelst du immer noch oder schon wieder?«

Er streckte sich nach ihrer Hand und zog sie wieder heran. »Ich zweifle überhaupt nicht. Ich sage lediglich, dass eine Liebesbeziehung und ein enges Arbeitsverhältnis vielleicht in Zukunft für Zündstoff sorgen könnten.« Er verstärkte den Griff um ihre Finger, damit sie sie nicht sofort wieder wegziehen konnte und sah ihr in die Augen. »Wir neigen womöglich beide ein wenig zum Starrsinn …«

Obwohl sie sich sehr darum bemühte, gelang es Marielle nicht, erbost zu gucken. Ihre Mundwinkel zuckten. Dann gab sie es auf und ließ ihrem Lachen freien Lauf.

»Womöglich hast du recht«, räumte sie ein. »Aber das ist noch kein Grund zu kündigen. Die Manufaktur braucht dich. *Ich* brauche dich dort.«

»*Du* brauchst überhaupt niemanden«, sagte er und unverhohlene Bewunderung klang aus seinen Worten. Er hob ihre Hand an seine Lippen. »Wenn ich eines in den letzten Wochen kapiert habe, dann das. Du schaffst alles, was du dir in den Kopf gesetzt hast.«

»Unsinn«, widersprach Marielle. Aber sein Kompliment erfüllte sie dennoch mit Stolz. »Warten wir erst einmal den morgigen Tag ab.«

Nachdem ihre Teller abgeräumt worden waren und Bastien den letzten Rest Wein auf ihre beiden Gläser verteilt hatte, sprachen sie noch einmal ihre Vorgehensweise für den nächsten Tag durch.

Zum Schluss schlug Bastien vor: »Es ist zwar schon dunkel, aber lass uns doch noch kurz an den Strand gehen.«

Marielle war einverstanden.

Sie schlenderten durch die Grünanlage des Hotels, vorbei an Akazien, Palmen und Pinien zum Privatstrand. Die Liegen standen in ordentlichen Reihen nebeneinander und die blauen Schirme waren zugeklappt. Marielle und Bastien überquerten den Kiesstrand bis zum Wasser. Marielle streifte ihre Schuhe ab und raffte den Rock ihres Kleides hoch. Das Wasser umspülte ihre nackten Füße. Es war gar nicht kalt. Durch das Zurückziehen der Wellen gruben sich ihre Zehen in den lockeren Kies ein.

Bastien brauchte ein wenig, um sich die Schuhe aufzuschnüren, die Socken auszuziehen und die Jeans hochzukrempeln, dann folgte er ihr in die seichte Brandung.

Marielle wartete nicht auf ihn, übermütig wie ein junges Fohlen lief sie weiter ins Wasser, bis es ihr über die Knie schwappte und sie Mühe hatte, das Kleid so hoch zu raffen, dass es nicht völlig durchnässt wurde.

»Lass uns schwimmen gehen«, bat sie.

»Jetzt?«

»Ja klar, jetzt!« Marielle kam zurück zu ihm und wirbelte mit ihren Füßen Wasser auf.

»Hast du Badezeug an?«, fragte er skeptisch.

Marielle war schon an ihm vorbei zum Strand zurückgelaufen und zerrte sich das Kleid über den Kopf.

»Natürlich nicht.«

Ehe er protestieren konnte, hatte sie sich schon komplett ausgezogen und lief wieder zum Wasser. Je weiter sie eintauchte, umso kühler kam es ihr vor. Aber die Erfrischung tat gut.

In einem weiten Bogen konnte man die Lichter der Stadt sehen, darüber glitzerten die Sterne. An Bojen vertäut tänzelten ein paar Jetskis wie dunkle Flecken auf dem Wasser. Es roch nach Seetang und Salz. Marielle legte sich auf den Rücken und ließ sich von den Wellen tragen.

Plötzlich tauchte Bastien neben ihr aus dem Wasser auf. Er schüttelte sein nasses Haar zurück.

»Na, hast du dich doch überwinden können?« Sie lachte.

»Du bist eine verrückte Ziege«, stellte er fest und umfing sie mit seinen Armen.

Sein Körper fühlte sich warm an im Gegensatz zum sie umgebenden Wasser. Sie schlang ihre Beine um seine Taille und ließ sich von ihm küssen. Seine Lippen schmeckten salzig.

So musste sich Glück anfühlen. Genau so.

Kapitel 15

Obwohl sie nur wenige Stunden geschlafen hatte, erwachte Marielle am nächsten Morgen noch vor ihrem Wecker. Die Sonnenstrahlen des neuen Tages fielen bereits durch die transparenten Vorhänge.

Bastien schlief noch. Er lag auf dem Rücken, den einen Arm unter ihr ausgestreckt. Marielle rollte sich herum und kuschelte sich an seine nackte Brust. Sanft, um ihn nicht zu wecken, zeichnete sie mit der Fingerkuppe die Konturen seiner Rippen nach.

Es war noch gar nicht lange her, da hatte sie davon geträumt, dass er beim Aufwachen neben ihr läge. Am liebsten wollte sie, dass es von nun an immer so wäre.

Bastien bewegte sich im Schlaf. Er drehte sich zu ihr und legte den freien Arm um sie.

Ein paar Augenblicke wollte sie die Nähe noch genießen, bevor sie ihn aufweckte. Sie hatten einen anstrengenden Tag vor sich, doch die Anspannung, die sie vor der Präsentation verspürt hatte, war beinahe verflogen. Auch wenn ihre Vorbereitung vielleicht weniger akribisch gewesen war als geplant, sie würden dem schwierigen Kunden gemeinsam gegenübertreten, und dieses Mal würden sie als Team funktionieren, das wusste Marielle.

Außerdem glaubte Bastien an sie und ihre Fähigkeiten als Parfümeurin. Daran hatte er keinen Zweifel mehr gelassen.

»Guten Morgen«, flüsterte sie.

Ohne die Augen zu öffnen, murmelte Bastien »Noch fünf Minuten« und schloss seine Arme fester um sie.

Sie ließ ihn gewähren. Noch hatten sie keine Eile.

Während er noch ein wenig weiter döste, lag Marielle wach neben ihm und beobachtete ihn im Schlaf. Selbst als sie ihn noch für unerträglich arrogant und ihren Kontrahenten gehalten hatte, war ihr schon aufgefallen, dass er optisch eigentlich total ihr Typ war. Jetzt gefiel ihr gleich noch dreimal mehr, was sie sah. Weil er jetzt zu ihr gehörte.

»Meins«, flüsterte sie.

Marielle streckte sich in seiner Umarmung und küsste seine geschlossenen Lider mit den langen Wimpern, die gerade Nase und schließlich die Lippen. Verschlafen erwiderte er den Kuss.

Als ihr Handywecker losging, strampelte sie sich doch aus seiner Umarmung frei und schlüpfte aus dem Bett, bevor er sie wieder einfangen konnte.

»Bleib noch liegen«, sagte sie. »Ich geh schon mal ins Bad.«

Sie gönnten sich nur ein kurzes Frühstück, nachdem sie sich beide für den Tag fertig gemacht hatten. Bei Marielle war die Nervosität nun doch spürbar. Für die Manufaktur ging es heute um sehr viel.

Sie trank nur einen Café au lait und löffelte einen Joghurt mit etwas frischem Obst.

Dann war es Zeit, in die Stadt zu fahren. Sie ließen Marielles Wagen auf dem Hotelparkplatz stehen und fuhren in seinem Cabrio.

Bastien hatte die linke Hand am Lenkrad, während die rechte in Marielles Hand und auf ihrem Knie lag. Sie hatten wenig gesprochen an diesem Morgen, jeder schien mit seinen eigenen Gedanken beschäftigt zu sein.

»Bist du aufgeregt?«, fragte er jetzt, als er den Wagen durch den dichter werdenden Verkehr in Nizzas Zentrum steuerte.

»Bisschen …« Marielle spielte mit Bastiens Fingern.

»Musst du nicht«, versicherte er ihr und hielt ihre Hand fest. »Du kannst sie im Sturm erobern.«

»Kann ich das?« Sie sah ihn durch ihre Sonnenbrille hindurch von der Seite an.

Er spürte ihren Blick und grinste. »Bei mir hast du's gemacht.«

»Du hast ganz schön lange gebraucht, bis du dich von mir hast überzeugen lassen!«, widersprach sie.

»Nein, habe ich nicht. Mir ist schon länger klar, dass du unschlagbar bist. Ich habe dich falsch eingeschätzt. Bei unserer ersten Begegnung dachte ich, du bist ein kleines verwöhntes Gör, das sich in Papis Betrieb ins gemachte Nest setzen will. Und ich dachte, du würdest die wirtschaftliche Lage kennen, aber verkennst ihren Ernst.« Er warf ihr einen kurzen Blick zu. »Aber diese Einschätzung war falsch, das habe ich schon bald bemerkt.«

»Ich fand dich unsäglich. Völlig von dir eingenommen und deine Arroganz unübertroffen«, erwiderte Marielle. »Du warst mir von Herzen unsympathisch.«

Er musste an einer roten Ampel halten und nutzte die Gelegenheit, um sich zu ihr hinüberzubeugen und sie rasch zu küssen.

»Ich hoffe, du hast deinen ersten Eindruck von mir inzwischen auch revidiert.«

»Ein bisschen …« Marielle lachte, als sie seinen empörten Blick auffing. Wieder ernst sagte sie: »Ich habe relativ bald gespürt, dass ich mich in dich verlieben könnte. Danach wollte ich mir vermutlich selbst etwas vormachen.«

Sie erreichten das Firmengelände des Kosmetikkonzerns. Der Pförtner öffnete ihnen die Schranke, nachdem sie sich ausgewiesen hatten.

Marielle kontrollierte ihr Make-up im Spiegel der Sonnenblende, dann stieg sie aus. Die ganzen Unterlagen sowie die Duftproben, auf denen ihre Hoffnung ruhte, hatte sie auf dem Rücksitz verstaut. Sie hob den Aktenkoffer aus dem Wagen.

Bastien war in der Zwischenzeit um das Fahrzeug herumgekommen und stand nun direkt vor ihr.

»Wir gehen jetzt da rein und hauen sie vom Hocker«, schwor er sie noch einmal ein.

Marielle nickte tapfer, obwohl ihr das Herz flatterte und die Knie wackelten.

Er sah sich rasch nach allen Seiten um, dann zog er sie eng an sich und küsste sie, dass ihr beinahe der Atem wegblieb.

Die Finger fest um den Griff des Aktenkoffers geschlossen, ging Marielle auf den Eingang zu. Was auf dem Spiel stand, war ihr mehr als bewusst, doch die Gewissheit, dass Bastien nicht nur mit dabei war, sondern wirklich hinter ihr stand, half ihr, sich zu fokussieren.

In Prüfungssituationen war Marielle eigentlich immer gut gewesen. Sie konnte unter Druck abrufen, was sie vorbereitet hatte. Auch dieses Wissen gab ihr Sicherheit.

Eine Sekretärin führte die beiden Parfümeure in ein Besprechungszimmer.

Im Raum befanden sich bereits mehrere Personen, aber die Geschäftsführer waren nicht darunter. Marielle und Bastien sahen sich überrascht um.

»Wer sind die?«, zischte sie ihm zu.

Er zuckte nur die Achseln.

An der Wand stand ein Getränkebüfett und ein Kaffeeautomat. Die Sekretärin wies ihnen den Weg. »Bedienen Sie sich ruhig schon einmal. Die Herren kommen gleich.«

Marielle flüchtete sich an den Getränken vorbei in die

Ecke neben die breite Fensterfront. Das Besprechungszimmer lag in einer der höheren Etagen und bot einen Blick über die Dächer von Nizza. In einiger Entfernung konnte man die Wellen des Mittelmeers glitzern sehen.

Es gab sicherlich schlechtere Orte für einen Arbeitsplatz.

Eine Frau in einem auffallenden Kostüm mit engem Bleistiftrock und einem knappen Blazer darüber kam auf sie zu. Sie hielt Bastien die ausgestreckte Hand hin. »Beatrice Leclerq von Leclerq & Partner Cosmetiques. Und Sie sind?«

In Marielles Hirn ratterten die Gedanken. Leclerq war einer ihrer größten Konkurrenten, was hatten die hier zu suchen?

Bastien schüttelte Beatrice Leclerq die Hand. »Angenehm. Bastien Darrieux und das ist …«

Marielle unterbrach ihn und stellte sich selbst vor. »Marielle de Montaux, ich bin die Geschäftsführerin von …« Weiter kam sie nicht, denn Beatrice übernahm sofort wieder das Wort.

»Ich kenne Sie! Sind Sie nicht gerade in Ägypten gewesen zum Studium? Ich hatte Ihren Vater erwartet.«

»Nein, wir beide sind hier, um eine neue Kreation vorzustellen. Darf ich fragen, was Sie hier machen?« Den Auftritt der Konkurrentin empfand sie als ausgesprochen unhöflich, weshalb Marielle fand, dass sie auch nicht länger höflich bleiben musste, und schaltete in den Angriffsmodus um.

»Es gab fünfzehn Bewerbungen für die neue Parfümlinie und sieben sind in der engeren Wahl. Heute findet die finale Präsentation statt. Das hat man Ihnen wohl nicht mitgeteilt?« Beatrice Mund verzog sich zu einem breiten Grinsen.

Marielle hatte das Gefühl als habe sie ihr den Boden unter den Füßen weggezogen. Darauf war sie wirklich nicht vorbereitet gewesen. Sie hatte angenommen, sie würden in demselben Kreis wie beim letzten Gespräch noch einmal ihre neuen Ideen vorstellen. Stattdessen war das hier ein Wettbewerb.

Deswegen hatte man ihnen einen neuen Termin mitgeteilt, weil alle, die in der engeren Wahl waren, heute hierher eingeladen worden waren. Was für ein Spiel war das?

Sie ließ den Blick durch den Raum schweifen. Ja, wirklich. Da standen in kleinen Grüppchen die Konkurrenten beieinander. Einige besprachen noch die letzten Details für ihre Vorgehensweise, andere hielten sich an ihren Kaffeetassen fest. Nur Beatrice Leclerq schien auf die anderen Teams zuzugehen und sich mit ihnen zu unterhalten. Die anderen blieben lieber auf Abstand.

Sie muss sich ihrer Sache sehr sicher sein. Oder es ist ihre Art, die Gegner einzuschüchtern.

Wenn dem so war, funktionierte ihr Plan.

Jetzt bloß nichts anmerken lassen! Marielle straffte sich und setzte ein, wie sie hoffte, unbeteiligtes Gesicht auf. »Wir werden ja sehen, wer am Ende das Rennen macht, nicht?«

Sie spürte Bastiens Hand in ihrem Rücken. Am liebsten hätte sie seine Hand genommen, doch das ging natürlich nicht. Stattdessen warf sie ihm einen raschen dankbaren Blick zu.

»Ja, das wird sich zeigen«, erwiderte Beatrice leichthin. Sie nickte den beiden noch einmal zu, dann setzte sie ihren Weg fort und überfiel die nächste Gruppe mit ihrer Kontaktaufnahme.

Marielle sah ihr hinterher. Das konnte ja heiter werden …

»Davon haben wir nichts gewusst, oder?«, fragte Bastien. Er klang ebenfalls verunsichert.

Marielle schüttelte den Kopf.

»Und was jetzt?«, wollte er wissen.

»Wie, was jetzt? Jetzt kneifen wir die Arschbacken zusammen und liefern eine einwandfreie Präsentation ab, würde ich sagen.« Sie bemühte sich, kämpferisch zu klingen.

Bastien lächelte. »Nichts anderes habe ich von dir erwartet.«

Da ging die Tür auf und die bekannten Herren der Geschäftsführung kamen herein. Sie sahen rundum zufrieden mit sich aus, fand Marielle. Sie unterstellte ihnen Absicht, dass sie sie nicht über die genauen Umstände der Präsentation aufgeklärt hatten.

Na wartete. Ihr werdet euch noch wundern. Damit schüchtert ihr uns nicht ein.

Der kleine untersetzte Mann mit der schlecht verborgenen Halbglatze, der die eigentliche Leitung des Kosmetikkonzerns innehatte, übernahm die Begrüßung.

»Als CEO eines international tätigen Unternehmens ist es mir ein ganz besonderes Anliegen, nur die besten, die wirklich allerbesten Lieferanten für unsere Produkte zu gewinnen«, sagte er und streichelte sich dabei selbst den Wanst. »Sie sind hier, weil wir Ihre Manufakturen in die engere Wahl genommen haben. Das heißt aber auch: Hier befinden sich noch sechs Teams, die diesen Anspruch nicht erfüllen, die eben nicht die Besten sind. Nur ein Parfüm wird am Ende so überzeugend sein, dass wir es für unsere Jubiläumskampagne auswählen. Denken Sie daran, wenn Sie Ihres gleich vorstellen.«

Die Riege der Herren, die diese Auswahl treffen würden, nickte gewichtig. Da war der lange, Schlaksige mit dem Pferdegesicht, daneben der Kleine, der so stark schwitzte, dass ihm schon jetzt wieder die Haare in nassen Strähnen am Kopf klebten, und der vierte, der Mausgraue, der eigentlich nie etwas gesagt hatte.

»Mir kommt gleich was hoch«, flüsterte Marielle Bastien zu.

»Das würde bestimmt einen bleibenden Eindruck hinterlassen«, gab er zurück und unterdrückte nur mühsam ein Grinsen dabei.

»Nun denn, möge der Bessere gewinnen!« Der CEO beendete seine pathetische Rede und schritt auf den Tisch zu.

»Oder *die* Bessere«, murmelte Marielle.

Die vier Herren platzierten sich in einer Reihe an dem großen rechteckigen Verhandlungstisch. Es wirkte wie ein Tribunal und das sollte es wahrscheinlich auch.

Für die Bewerberteams war nicht genügend Platz, stellten sie jetzt erst fest. Es war wohl nicht vorgesehen, dass sie sich auch setzten.

Die Sekretärin erschien wieder in der Tür.

»Unsere Mitarbeiterin bringt sie in den Warteraum«, erklärte der CEO. »Sie werden dann einzeln aufgerufen.«

Nach und nach folgten die Grüppchen der Sekretärin hinaus auf den Flur. Kaum hatten sie den Besprechungsraum verlassen, hob das Gemurmel an. Marielle vermutete, dass die meisten nicht gewusst hatten, wie das hier ablaufen sollte. Warum war Beatrice Leclerq im Bilde gewesen?

Als habe sie Marielles stumme Frage gehört, schloss Beatrice in ihren extrem dünnen Pfennigabsätzen zu ihr auf und wollte wissen: »Kennen Sie Matteo persönlich?«

Marielle verspürte keine Lust darauf, sich mit der Konkurrentin zu unterhalten. Unwirsch erwiderte sie: »Matteo?«

»Den CEO hier. Also ich kenne ihn ja schon mein halbes Leben lang, müssen Sie wissen. Er spielt mit meinem Vater Golf.« Beatrice schien das für ein untrügliches Zeichen zu halten, dass sie den Zuschlag bekommen würden. Und vielleicht war es das auch.

»Mein Vater spielt kein Golf«, ließ Marielle sie von oben herab wissen. »Er hat sich aus diesen Seilschaften immer herausgehalten.«

Beatrice zuckte bedauernd die Schultern. »Jeder wie er meint …«

Marielle erhöhte die Geschwindigkeit ihrer Schritte, in der Hoffnung Beatrice abzuhängen. Doch die blieb an ihrer Seite.

»Wissen Sie eigentlich, dass Leclerq Cosmetiques ab der nächsten Saison die gesamte Haarpflegeserie für Matteo macht?«, fragte sie mit einem unschuldigen Lächeln.

»Nein, wusste ich nicht. Wir sind eine Parfümmanufaktur. Wir produzieren hochwertige Parfüme, keine Haarpflegeprodukte.«

Am Ende des Geschosses erreichten sie einen weiteren Tagungsraum, den die Sekretärin jetzt aufschloss und die Tür aufhielt.

Wahrscheinlich sperrt sie hinter uns gleich wieder ab. Am Ende gewinnt vermutlich nicht das beste Parfüm, sondern dasjenige Team, das übrig bleibt, während alle sich zerfleischt haben.

Auch in dem zweiten Raum gab es ein Getränkebüfett, und dieses Mal gab es auch Tische und Stühle für alle. »Sie können sich hier noch auf ihre Präsentation vorbereiten«, sagte die Sekretärin freundlich. »Ich habe schon Flipcharts und Stifte herbringen lassen. Wenn Sie noch etwas benötigen, sagen Sie einfach Bescheid.«

Damit ließ sie die Wartenden allein. Die Tür blieb offen, was Marielle irgendwie beruhigte.

Beatrice ließ sie stehen und wandte sich wieder einer anderen Gruppe zu. Wie es aussah, war ihre Strategie wirklich, die anderen mit ihrem Gerede von der Golffreundschaft und den privaten Kontakten zu ihren Auftraggebern zu verunsichern.

Marielle und Bastien suchten sich einen kleinen Tisch in einer Ecke.

»Was für eine Giftspritze«, seufzte Bastien mit Blick auf Beatrice Leclerq.

»Noch nicht lange her, da hättest du dasselbe über mich gesagt«, scherzte Marielle.

Für einen kurzen Moment legte er die Hand auf ihre und drückte sie. »Du hast ein ganz anderes Format als die.«

»Und deshalb werden wir sie heute auch ausstechen!« Marielle klappte den Aktenkoffer auf und holte die vorbereiteten Mappen heraus. Sie vergewisserte sich noch einmal, dass sie vollständig waren.

Dann nahm sie ihre eigenen Notizen zur Hand und ging sie Punkt für Punkt durch. Die Duftproben ließ sie in ihrem Karton.

»Es interessiert uns nicht, was die anderen mitgebracht haben, oder mit wem sie Bälle schlagen«, schwor sie sich selbst halblaut ein. »Wichtig ist, was wir anbieten können. Nur das zählt.«

Sie schob Bastien die Mappen hin. »Wenn wir dran sind, dann teilst du die Exposés an die Herren aus und ich bereite die Duftproben vor.«

Bastien nickte. »Wird gemacht.«

Es dauerte eine ganze Weile, bis Marielle und Bastien endlich an der Reihe waren. Nach und nach verschwanden die Teams aus dem Warteraum und kehrten dann auch nicht zurück. Sie wussten daher nicht, wie es lief, ob die anderen gut oder schlecht abschnitten. Wie die Stimmung war.

Mit jedem Team, das aufgerufen wurde, stieg die Nervosität unter denen, die noch warteten jedenfalls spürbar an.

Beatrice Leclerq und ihr Team waren als Zweite an der Reihe und Marielle atmete auf, als sie endlich aus dem Raum war.

Sie waren die Vorletzten.

Endlich rief die Sekretärin sie beide auf und sie gingen hinter ihr her den langen Gang zurück ans andere Ende des Gebäudes.

Wie verabredet, verteilte Bastien die Unterlagen an die vier Herren und Marielle packte ihre Duftproben aus.

Sie verteilte das erste Parfüm auf Teststreifen und begann ihre Präsentation: »Unsere erste Parfümprobe, die genaue Beschreibung der Komposition finden Sie auf Seite drei Ihrer Unterlagen, bitte nehmen Sie sich einen Augenblick Zeit und schnuppern Sie.«

Die Herren hielten sich die Teststreifen vor die Nasen, rochen, murmelten, rochen noch einmal und tauschten dann Blicke miteinander.

Marielle konnte nicht einordnen, wie das Parfüm ankam. Sie begann damit, es zu beschreiben. Sie zeichnete ihnen das Bild, das sie im Kopf gehabt hatte, als sie das Parfüm kreierte.

Dass das die richtige Herangehensweise bei diesen Herren war, daran kamen ihr mehr und mehr Zweifel, je länger sie darüber redete. Doch jetzt war sie schon mittendrin, und eine andere Präsentation hatte sie nicht vorbereitet. Es war eben ihr Ansatz. So entstanden Düfte bei ihr. Und ihr Vater hatte es immer genauso gehandhabt.

Marielle konzentrierte sich auf ihre Präsentation. Sie stellte sich vor ihrem geistigen Auge vor, sie würde die Düfte ihrem Vater vorstellen und sonst niemandem. Die kritisch dreinschauenden Herren blendete sie einfach aus.

Nicht einmal Bastien nahm sie mehr wahr.

Sie beschrieb die Gegensätze der provenzalischen Landschaft, die schroffen Berge im Nordosten im Kontrast zum Meer im Süden. Sie wiederholte, was sie schon Bastien bei der ersten Vorstellung des Dufts im Labor gesagt hatte. Dass die Rohstoffe für seine Herstellung aus der Region Grasse stammten und durch die Pflanzen, die das Klima, den Boden und die Landschaft in sich trugen, diese Informationen in das Parfüm einbrachten, wie die Rebstöcke die ihren in einen guten Wein.

Langsam kam Marielle in Fahrt. Die Aufregung hatte sich gelegt, sie war ganz bei sich und fokussiert. Bastien hatte wenig zu tun, er reichte ihr die Anschauungsmaterialien an, die sie mitgebracht hatten. Bilder und getrocknete Pflanzenteile zur Ansicht. Darin funktionierten sie wortlos wie ein gut getaktetes Uhrwerk.

Sie präsentierten einen Duft nach dem anderen. Als Letztes kam Marielles Komposition der Duft gewordenen Sehnsucht an die Reihe. Dieses Parfüm, das sie als Verkörperung des Übergangs zwischen Nacht und Tag kreiert hatte.

»Man nennt diesen Moment die Blaue Stunde. Es gibt sie im Morgengrauen und in der Abenddämmerung, wenn die Sonne in einem Winkel steht, dass ihr Licht nicht mehr oder noch nicht über den Rand des Horizonts zu sehen ist, sondern sich in der Atmosphäre bricht. Dadurch entsteht das blaue Spektrallicht. Es vermischt sich dann mit einem hellen Rosa, je höher die Sonne klettert. Die Welt kommt vom Schwarz der Nacht langsam ins Graue. Für einen kurzen, äußerst vergänglichen Moment ist es weder Tag noch Nacht, wir sind noch nicht wach, aber auch nicht mehr in festem Schlaf. Es ist die Nahtstelle zwischen Traumwelt und Realität, in der alles oder nichts möglich ist.«

Leidenschaftlich redete Marielle von diesem Moment, in dem sie sich beinahe ihre Gefühle eingestanden hätte, obwohl ihr gleichzeitig bewusst gewesen war, dass sie kein Gehör finden würden. Dass sie von sich selbst sprach, sagte sie natürlich nicht. Sie verallgemeinerte ihre persönlichen Gefühle.

»In der Blauen Stunde kann es passieren, dass alle Gestirne zugleich sichtbar werden. Der Mond hängt noch als bleiche Sichel am Himmel, die letzten Sterne verblassen, während die Sonne langsam am Horizont aufgeht.«

Sie schloss ihren Vortrag mit einem Zitat, das hatte sie sich bei Gérard abgeguckt, der für jede Situation anscheinend tausend passende Worte eines Gelehrten im Kopf hatte.

»Der dänische Märchendichter Hans Christian Andersen soll gesagt haben: *Die Natur offenbart sich in ihrer ganzen Größe. Augen und Gedanken schwelgen. Der Dichter kann sie besingen, der Maler in reichen Bildern darstellen, aber den Duft der Wirklichkeit können sie nicht wiedergeben.* Das, meine Herren, können wir, die Parfümeure. Ich bedanke mich im Namen meiner Manufaktur für die Gelegenheit, Ihnen einen Teil unseres Könnens vorzuführen.« Sie deutete eine Verneigung an.

Es war geschafft.

Die Anspannung fiel von Marielle ab. Was immer diese Herren jetzt über sie und ihre Düfte beschließen würden, es lag nun nicht mehr in ihrer Hand. Sie hatte das Ihre dazu getan.

Bastien half ihr, die verstreut herumliegenden Unterlagen und Materialien wieder einzusammeln. Die Herren hielten noch die Teststreifen in den Händen, rochen an diesem und wedelten mit jenem. Sie tauschten sich im Flüsterton dazu aus.

Dann sagte der kleine untersetzte CEO: »Sie dürfen jetzt gehen. Wir haben unten in unserer Kantine für Sie alle reservieren lassen. Nehmen Sie einen kleinen Imbiss zu sich, wir beraten uns und holen Sie dann abschließend noch einmal nach oben.«

Marielle und Bastien beeilten sich, den Raum zu verlassen.

Mit dem Fahrstuhl fuhren sie ins Erdgeschoss. Die Kantine lag im hinteren Teil des Gebäudes und verfügte über einen kleinen Innenhof, wo man auch im Freien sitzen konnte. Der Weg dahin war ausgeschildert.

Marielle hing noch ihren Gedanken nach. Sie war im Großen und Ganzen zufrieden mit der Präsentation, manches hätte sie noch deutlicher herausarbeiten können, aber perfekt war eben niemand.

Sie hatte nicht herauslesen können, was die Mienen der Herren über die dargebotenen Proben verraten hätten. Dazu war sie zu sehr in ihrer Präsentation gewesen. Vielleicht hatte Bastien etwas beobachtet. Sie würde ihn gleich dazu ausfragen, wenn sie erst einmal die Kantine erreicht hatten. Jetzt liefen sie einfach wortlos nebeneinander her.

Plötzlich schlossen sich seine Finger um ihr Handgelenk und er lenkte sie vom breiten Gang, der zur Kantine führte, fort und zog sie in einen Seitengang. Er lag völlig im Dunkeln, die Türen waren geschlossen und auch durch die Oberlichter darüber fiel kein Lichtschein heraus.

Überrascht sah Marielle erst um sich und dann Bastien an. Sie war noch so in ihren eigenen Gedanken gewesen, dass es sich anfühlte, als hätte er sie aus dem Tiefschlaf geweckt. Ohne ein Wort der Erklärung drängte er sie in einer Nische gegen die Wand und verschloss ihren Mund mit seinen Lippen.

Ein Lächeln stahl sich auf Marielles Gesicht. Das also war der Grund. Sie ließ den Aktenkoffer, den sie bis zur Präsentation wie ihren Augapfel gehütet hatte, einfach los. Mit einem satten Wumms landete er auf dem grauen PVC-Boden. Dann schlang sie ihre Arme um seinen Hals.

Hoffentlich kam nicht ausgerechnet jetzt jemand in diesen verwaisten Trakt der Kosmetikfirma. Doch selbst wenn, war es Marielle in diesem Moment egal.

Ihrer beider Angespanntheit entlud sich in diesem Kuss.

Bastien hielt Marielle mit beiden Händen fest, sie zerwühlte seine Frisur.

»Schade, dass wir hier warten müssen, bis sie das Ergebnis bekanntgeben«, flüsterte Marielle atemlos, als sie sich für einen Augenblick wieder voneinander lösten.

Bastien grinste und warf einen Blick den dunklen Gang hinunter. »Vielleicht haben sie irgendeine Tür nicht abgeschlossen«, überlegte er augenzwinkernd.

Marielle knuffte ihn in die Seite. »Contenance, bitte. Wir reißen uns jetzt zusammen, bis wir wissen, wie sie sich entschieden haben. Stell dir bloß vor, wir hätten den Zuschlag bekommen, und nur weil sie uns in einer kompromittierenden Situation überrascht haben, kriegt ihn dann diese schreckliche Beatrice!«

Sie kicherte bei dem Gedanken.

Marielle streckte sich auf die Zehenspitzen und küsste Bastien noch einmal. Dann sagte sie mit Bedauern: »Komm schon, lass es uns hinter uns bringen.«

Noch einmal hielt Bastien sie zurück. »Du warst großartig.

Sie werden nicht anders können, als eine deiner Kreationen auszuwählen.«

Sie legte ihm zärtlich die Hand an die Wange. »Sie sind befangen, Monsieur Darrieux. Ihr Urteilsvermögen ist etwas vernebelt.«

Er ergriff ihre Hand und führte sie an seine Lippen. »Da magst du nicht ganz unrecht haben. Aber deine Präsentation war auch ganz objektiv hervorragend. Wie du das letzte Parfüm präsentiert hast … das mit der Blauen Stunde. Wenn ich es nicht schon gewesen wäre, hätte ich mich spätestes da in dich verliebt. Du bist eine Künstlerin!«

»Wir werden ja sehen …«, murmelte Marielle geschmeichelt.

Sie griff nach ihrem Koffer und zog Bastien zurück in Richtung Kantine.

Es dauerte noch knapp zwei Stunden, bis sie alle wieder nach oben in den Besprechungsraum gerufen wurden. Die ganze Zeit hatte Beatrice Leclerq mit ihnen am Tisch gesessen und sich in ihren Schilderungen der engen geschäftlichen Beziehungen zwischen ihrem Unternehmen und dem der Auftraggeber ergangen.

Marielle ballte unter dem Tisch ihre Hände zu Fäusten, so sehr fiel sie ihr auf die Nerven.

Gegessen hatten Marielle und Bastien beide nichts. Sie verspürten keine Lust, in dieser Gesellschaft zu speisen.

Es fiel Marielle schwer, die ganze Zeit neben Bastien zu sitzen und nicht einmal seine Hand nehmen zu dürfen. Immer wieder fing sie seinen Blick auf und las darin, dass es ihm genauso ging, was es kein bisschen leichter machte. Aber sie wollten einen professionellen Eindruck machen. Sobald sie hier raus wären, könnten sie sich immer noch küssen und brauchten die Hände nicht mehr voneinander zu lassen.

Endlich erlöste sie die Sekretärin.

Sie führte alle Teams wieder hinauf in den Besprechungsraum.

Wie zuvor saßen die Herren wie die heilige Inquisition an ihren Tischen, die Teams der Bewerber-Unternehmen mussten in Grüppchen drumherum stehen.

Plötzlich war Marielle wieder nervös.

Was, wenn sie keine Zusage bekamen? Nicht nur, dass sie mit leeren Händen nach Hause kämen, der Fortbestand der Manufaktur hing vom Erfolg dieser Mission ab! Wie sollten sie Gérards Rechnungen bezahlen? Die Löhne der Belegschaft? Sie hatte so viele Pläne und Ideen für die Umstrukturierung, aber dazu brauchte sie liquide Mittel …

Und am schlimmsten zu ertragen wäre das hämische Gesicht dieser Beatrice Leclerq.

Sie hielten sich im Hintergrund. Marielle wollte nicht wie eine Bittstellerin vor dem Tisch stehen. Sie positionierte sich nahe der Tür, sodass sie im Falle des Falles schnellstmöglich die Flucht ergreifen konnten.

Bastien stand neben ihr, seine Hände klammerten sich an den Griff des Aktenkoffers. Marielle wusste nicht, wohin mit ihren. Sie knetete sie unruhig.

»Vielen Dank für Ihre Geduld«, eröffnete der CEO die Verkündung und erhob sich dazu von seinem Platz, was ihn jedoch nicht wesentlich größer erscheinen ließ als seine sitzenden Kollegen. Er knöpfte sich das Sakko zu und rückte die Brille gerade. »Ich freue mich, Ihnen mitteilen zu dürfen, dass wir eine Entscheidung getroffen haben. An dieser Stelle möchte ich Sie daran erinnern, dass wir nur einen – ich betone: einen! – neuen Duft für unsere Damenparfümlinie auswählen. Wir suchen etwas Zeitloses, einen Duft, der das Zeug dazu hat, ein Evergreen zu werden. Ein Flaggschiff, davon sprechen wir. Nicht eine kurzlebige Sternschnuppe, die flüchtig aufleuchtet und dann verglüht. Wir haben also die Augen aufgehalten und Ihre Präsentationen genau darauf abgeklopft.

Keine momentanen Begeisterungsstürme, was überzeugt uns auf der Langstrecke? Wem trauen wir das Durchhaltevermögen zu?«

Er redete weiter über die Erwartungshaltung des Vorstands und mit jedem Satz stieg Marielles Nervosität.

Nun komm schon zum Punkt. Mach's doch einfach kurz und schmerzlos.

Aber das lag nicht in seiner Intention. Der CEO redete sich gerade erst heiß. Er schweifte ab zur Geschichte des Konzerns und erging sich dann in den Erfolgen, die frühere Produktlinien bereits gefeiert hatten.

Jetzt hielt Marielle es nicht mehr länger aus, sie tastete nach Bastiens Hand. Er ließ den Griff des Aktenkoffers bereitwillig mit einer Hand los und verschränkte seine Finger fest mit ihren. Es gab ihr ein wenig Sicherheit zurück. Trotzdem hatte sie das Gefühl, gleich die Wände hochgehen zu müssen.

»Wir möchten Sie gar nicht lange auf die Folter spannen«, schloss er den Kreis zurück zur Entscheidungsverkündung. Da hatte er jedoch bereits eine gute halbe Stunde gesprochen. »Machen wir es also kurz …«

»Ich wünschte, er würde es endlich kurz machen«, zischte Marielle Bastien zu. Der drückte zur Bestätigung ihre Hand.

»Zunächst einmal werden wir vier Teams benennen, deren Vorführung leider nicht in unsere engere Wahl kam. Sie dürfen sich dann auch gleich verabschieden.«

Die Anspannung ließ Marielle frustriert mit dem Fuß aufstampfen. Warum konnte er nicht einfach sagen: Ja oder Nein. Diese unnötige Spannungskurve verursachte ihr Bauchkrämpfe.

Eines nach dem anderen wurden nun Teams aufgerufen. Jedes Mal atmete Marielle ein kleines bisschen mehr auf.

Sie waren nicht dabei.

Am Ende blieben nur sie und die Abordnung der Firma Leclerq übrig. Ausgerechnet.

Die Ausgeschiedenen verabschiedeten sich.

Nun konnten Marielle und Bastien sich nicht mehr an der Wand hinter den anderen verstecken. Notgedrungen kamen sie ein wenig weiter in den Raum nach vorn, und Marielle ließ Bastiens Hand wieder los. Sie wollte sich vor Beatrice Leclerq keine Blöße geben.

Mit einem möglichst unbeteiligten Gesichtsausdruck stand sie neben Bastien und verschränkte die Arme vor der Brust.

»So, meine Damen, es ist mir eine besondere Freude, dass wir gleich zwei hübsche, aufstrebende Nachwuchstalente in der engeren Auswahl haben.« Der CEO grinste anzüglich.

Marielle verdrehte innerlich die Augen, und ausnahmsweise hatte sie das Gefühl, dass sie darin mit Beatrice übereinstimmte.

»Mit Leclerq Cosmetiques verbindet unser Haus eine langjährige, sehr erfolgreiche Zusammenarbeit«, fuhr er nun an Beatrice und ihr Team gewandt fort. »Ich kenne Ihren Herrn Vater bereits viele Jahre auch privat und darf ihn zu meinen, ich möchte beinahe sagen: Freunden zählen.«

Beatrice lächelte huldvoll und bedachte Marielle mit einem »Hab ich's nicht gesagt?«-Blick.

Gut, also hatten sie am Ende doch verloren. Marielle wappnete sich innerlich gegen die unvermeidliche Absage, die sie gleich kassieren würde. Zweiter war in diesem Fall leider nichts wert. Der zweite Sieger war der erste Verlierer. Es gab nur einen Duft, das hatten sie ja deutlich gemacht.

Es hatte nicht sollen sein.

Wieder kam der CEO ins Schwadronieren und erzählte ein paar Anekdoten aus seiner freundschaftlichen Beziehung zu Beatrices Vater.

Marielle hörte nicht mehr richtig zu.

»Das war's«, flüsterte sie Bastien zu.

»Warte mal«, zischte er zurück. »Er hat noch gar nichts zu uns gesagt.«

Ihr Flüstern lenkte den Redner kurzzeitig ab, sein Blick fiel auf Marielle und Bastien, und es war, als erinnerte er sich erst da wieder an ihre Anwesenheit und weshalb sie überhaupt hier zusammengekommen waren.

»Sie haben recht, ich bin unhöflich. Wir führen hier ein halb privates Gespräch und lassen Sie in der Luft hängen. Das gehört sich nicht.« Er lachte, als halte er sein von ihm selbst angeprangertes Vergehen für lässlich.

Marielle verspürte gute Lust, ihm zu sagen, dass sie es nicht verzeihlich fand, wie sie hier vorgeführt wurden. Sie wollte gerade Luft holen, da fuhr er fort: »Ihren Vater kenne ich auch schon geraume Zeit, wenngleich es mir bisher nicht vergönnt war, ein engeres Verhältnis über das berufliche hinaus zu ihm aufzubauen. Er trennt, scheint mir, Berufliches und Privates strikt voneinander. Ist es nicht so?«

Die Erwiderung, die ihr eigentlich auf der Zunge gelegen hatte, schluckte Marielle hinunter. »Ja, so ist es wohl«, antwortete sie vage.

»Und Sie, meine Liebe? Handhaben Sie das genauso wie Ihr Herr Vater?« Der CEO zwinkerte ihr verschwörerisch zu.

Neben ihrer eigenen Empörung glaubte Marielle ein erbostes Schnauben neben sich wahrgenommen zu haben. Was glaubte der Typ eigentlich? Weil er der Chef eines weltweit führenden Kosmetikkonzerns war, hatte sie ihm zu Füßen zu liegen? Oder sich gar mit ihm zu verbrüdern?

Jetzt war das Maß für Marielle voll. »Ich bin nicht Ihre Liebe«, korrigierte sie mit zusammengebissenen Zähnen. »Sie entschuldigen, aber mein Kollege und ich, wir hätten noch andere Dinge zu tun. Vielleicht möchten Sie langsam zum Punkt kommen?«

Sie erwartete, dass er verärgert reagieren würde, was ihr an der Stelle nun schon egal war. Sie bekam den Zuschlag nicht, das spürte sie ganz deutlich. Und Beatrice warf sich bereits so siegessicher in die Brust, vielleicht war das Ganze hier sowieso inszeniert und man hatte ihr schon im Vorfeld den Zuschlag gegeben. Es war ihr auch gleichgültig. Sie wollte nur noch raus hier.

Statt beleidigt zu sein, brach der CEO in herzhaftes Lachen aus. Er hielt sich den wabbeligen Bauch dabei und wollte sich schier nicht mehr beruhigen.

Am Ende musste er die Brille abnehmen und sich die Augen wischen.

Beatrice Leclerq schien auch erheitert, hatte Marielle doch mit ihrem Ausbruch den Sieg der Konkurrentin erst recht zementiert.

»Sehr schön«, japste der CEO, nachdem er sich wieder einigermaßen beruhigt hatte. »Sehr schön. Ich mag Frauen, die sich nicht alles gefallen lassen.«

Bevor Marielle noch eine Erwiderung einfiel, setzte er fort: »Sie haben natürlich recht. Wir kommen dann also zur Verkündung des Siegers. Ein Duft hat uns von allen am meisten beeindruckt, weil er elegant und zeitlos ist, gleichzeitig einen exotischen Hauch versprüht, der uns fasziniert hat. Er ist wie eine schöne Frau, die einen fesselt und gleichzeitig nicht zu erkennen gibt, ob sie nun interessiert ist oder nicht.«

Er bedachte Marielle mit einem vielsagenden Blick.

Ich bin ganz sicher nicht interessiert, fauchte es in ihrem Kopf. Doch sie hatte wieder genug Selbstbeherrschung, es nicht laut auszusprechen.

»Ich gratuliere hiermit herzlich, auch im Namen meiner Kollegen, der Siegerin dieses kleinen Wettbewerbs zu ihrer einmaligen Duftkreation mit dem Arbeitstitel Blaue Stunde: Marielle de Montaux.«

Marielle verstand erst gar nicht, was er damit gesagt hatte. Sie zupfte Bastien am Ärmel und wollte zur Tür.

Anstatt ihr zu folgen, riss Bastien sie beinahe von den Füßen, so stürmisch umarmte er sie.

Erst da begriff Marielle, dass ihr Name gerade gefallen war. Sie hatten es geschafft!

Ihr Duft hatte gewonnen!

Sie vergaß alle Zurückhaltung und stieß ein Kreischen aus. Dabei ließ sie sich von Bastien im Kreis herumwirbeln.

Als er sie wieder abstellte, erinnerte sich Marielle wieder daran, wo sie waren und dass ihr neuer Auftraggeber und die unterlegene Konkurrentin auch noch mit im Raum waren.

Sie räusperte sich. »Entschuldigung. Ich … wie Sie sehen, freuen wir uns sehr über diese Zusammenarbeit.«

Jetzt kam ihr das Lächeln des CEOs nicht mehr anzüglich, eher nachsichtig vor.

Beatrice Leclerq scheuchte ihre Entourage Richtung Tür. Die Größe, der Konkurrentin noch zu gratulieren oder sich von den Geschäftsfreunden ihres Vaters zu verabschieden, besaß sie offensichtlich nicht. Mit hochgerecktem Kinn rauschte sie zur Tür hinaus.

Marielle war es in dem Moment völlig egal.

Die Herren erhoben sich nach und nach und kamen um den Tisch herum. Sie schüttelten Marielle und auch Bastien die Hände und beglückwünschten sie zu dem Parfüm.

»Verraten Sie mir nur noch eins«, sagte der CEO in vertraulichem Ton. »Was hat Sie auf die Idee gebracht?«

Marielle warf Bastien einen flüchtigen Blick zu. »Ich habe in letzter Zeit oft schlecht geschlafen«, erwiderte sie. »Da habe ich die magische Stunde zwischen Nacht und Morgendämmerung ein paarmal selbst erlebt.«

»Dann hoffe ich, dass Sie demnächst wieder mehr Schlaf finden werden. Wobei … wenn daraus solche Kreationen entstehen, dann wäre es für Ihre Manufaktur vielleicht besser, sie schlafen nicht.« Alle lachten.

Die Sekretärin brachte ein Tablett mit Gläsern und eine Flasche Champagner herein. Außerdem hatte sie in einer Mappe die Verträge dabei.

»Wir möchten sofort in die Produktion gehen«, erklärte der Leiter der Produktlinie. »Die ersten exklusiven Vorab-Proben sollen noch in diesem Monat an unsere engsten Partner und die Presse gehen.«

Marielle überließ Bastien die weiteren Details. Er besprach, wann sie wie viel Parfüm liefern konnten und die genauen Modalitäten der Lieferungen.

Sie stand mit ihrem Champagnerglas bei den anderen Herren. Jetzt, wo die Entscheidung gefallen war, gaben sie sich locker und charmant. Oder es lag daran, dass die Anspannung bei Marielle nachließ, dass sie sie nicht mehr als so unangenehm empfand.

»Fahren Sie heute gleich wieder zurück?«, fragte der CEO.

Marielle warf einen raschen Blick in Richtung Bastien, doch der war noch ins Gespräch vertieft. »Ich weiß noch nicht genau …«, sagte sie vage.

»Bleiben Sie doch noch. Ich kann Ihnen Nizza nur wärmstens ans Herz legen.« Er füllte ihr das Champagnerglas noch einmal auf. »Wissen Sie was? Ich habe eine Jacht im Hafen liegen, die viel zu wenig aufs Wasser hinauskommt. Die gebe ich Ihnen. Machen Sie sich morgen einen schönen Tag.«

Marielle zögerte, das Angebot anzunehmen. »Ich weiß nicht … ich habe keinen Bootsführerschein und mein … äh … Kollege …« Sie sah sich wieder Hilfe suchend nach Bastien um.

»Das müssen Sie nicht selbst machen«, sagte der CEO väterlich. Er musste zu Marielle aufblicken, da sie ihn mit ihren Absätzen deutlich überragte. »Ich gebe Ihnen natürlich mein Personal mit. Die Vertigo braucht eine neun Mann starke Crew. Neben Kapitän, Maschinist und Skipper haben Sie auf meiner Jacht den vollen Service mit Koch, Steward und Zimmermädchen.« Er lachte.

»Was für ein riesiges Ding ist das denn?« Marielle machte große Augen.

»Die Vertigo ist fünfzig Meter lang und hat zwei Meter Tiefgang. Sie ist Baujahr 2016 und aus der Aluminium-Leichtmetalllegierung 5083 gebaut, was Gewicht reduziert und dadurch die mögliche Geschwindigkeit maximiert. Ihre MTU-Zwillingsmotoren 8 V400054R erreichen bis zu sechzehn Knoten. Aber damit kann ich bei Ihnen wahrscheinlich nicht punkten. Die Damen interessieren sich meist mehr für die Ausstattung. Die Vertigo verfügt über sechs Luxuskabinen für bis zu zwölf Personen, alle Kabinen haben separate Loungebereiche, eigene Bäder und ein voll ausgestattetes Multimedia-System. Oberhalb des Hauptdecks befindet sich die Sky-Lounge mit Terrasse und Cocktail-Bar. Wir haben alles an Wassersportgerät an Bord, was Sie sich nur wünschen können: Jetskis, Wake-Board, Wasserski, Kajaks und Schnorchelausrüstung.«

Marielle bremste den Begeisterungssturm mit erhobenen Händen. »Schon gut, schon gut, ich sehe ja, Ihr Schiff ist ein Traum.«

»Ein absoluter! Wissen Sie, weshalb die Vertigo so heißt?« Jetzt war er eindeutig in seinem Element, die ausschweifenden Monologe waren offenbar keine böse Absicht gewesen. Er verlor sich einfach gern in einem Thema.

Marielle tat ihm den Gefallen und erwiderte: »Nein, eine Geliebte Ihres Vaters?«

Er lachte. »Nein. Vertigo heißt unser beliebtes Damenparfüm, mit dem unser Unternehmen damals den amerikanischen Markt erobert hat. Vertigo wurde in den Neunzigern von allen großen Hollywoodstars getragen: Julia Roberts, Michelle Pfeiffer, Sandra Bullock, Jennifer Aniston oder Jodie Foster. Und natürlich wollten es dann auch die weniger prominenten Damen haben. Auch Dank Vertigo konnten wir unser Unternehmen zu dem ausbauen, was es heute ist. Vertigo, verehrte Madame de Montaux, hatte damals alles, was ein Dauerbrenner der Parfümerie benötigt. Sie treten heute in große Fußstapfen. Aber Ihr Parfüm hat das Zeug dazu, Vertigo zu schlagen.«

Sie lächelte geschmeichelt.

»Ich bin noch nicht ganz sicher, unsere Marketingabteilung hat das noch nicht abschließend vorgelegt, aber ich denke, wir werden Ihre Blaue Stunde Désir nennen. Was halten Sie davon?«

Marielle ließ sich den Namen kurz auf der Zunge zergehen. Désir. Begehren, Sehnsucht.

Ja, das passte gut. Darin fand sie ihre eigenen Gefühle wieder, die zur Kreation des Duftes geführt hatten. Wieder warf sie Bastien einen Blick zu.

Endlich waren die Gespräche zu den Vertragsmodalitäten beendet. Er fing ihren Blick auf und blinzelte ihr zu. Dann kam er mit dem Produktionsleiter zu ihnen zurück.

»Darf ich Ihnen noch einmal gratulieren, Monsieur Darrieux? Eine wirklich sehr vielversprechende Kreation.« Der CEO schüttelte Bastien die Hand.

»Den Duft hat unsere Chefin entworfen«, sagte Bastien. »Ich hatte daran keinen großen Anteil.«

Oh, und ob du den hattest, dachte Marielle, behielt den Gedanken aber für sich.

»Wir wurden gerade eingeladen«, setzte Marielle Bastien ins Bild. »Auf die Luxusjacht Vertigo.«

»Was halten Sie von einem Wochenende auf dem Meer?« Der CEO schlug Bastien jovial auf die Schulter. »Die Annehmlichkeiten eines vollausgestatteten Schiffs, die Schönheit der südfranzösischen Küste und nicht zuletzt die Gesellschaft einer schönen Frau …«

Bastien setzte zu einer Erwiderung an, doch Marielle fand, dass sie nicht länger so tun mussten, als wären sie Chefin und Mitarbeiter.

Sie trat einen Schritt näher an Bastien heran und legte ihren Arm um seine Taille. »Ich finde das eine ganz wunderbare Idee«, sagte sie und lehnte den Kopf an Bastiens Schulter.

Der CEO schmunzelte. »Ich verstehe … Na, da passt mein kleiner Vorschlag ja umso besser. Betrachten Sie es als einen vorgezogenen Honeymoon.«

Marielle registrierte, wie Bastien rot wurde.

»Danke schön«, erwiderte sie. »Ich glaube, wir nehmen das Angebot an. Was meinst du?«

Bastien zuckte die Schultern. »Um ehrlich zu sein, nach Hause zieht es mich gerade nicht.«

Sie hielten noch ein wenig Small Talk, dann unterzeichneten Marielle und der CEO des Kosmetikkonzerns den Vertrag. Anschließend verabschiedeten Marielle und Bastien sich. Für den nächsten Vormittag verabredeten sie ich im Hafen von Nizza zum Boarding der Vertigo.

Kapitel 16

Die Vertigo war eine beeindruckende Jacht. Ihr Eigner hatte nicht zu viel versprochen. Ein edel-elegantes Ambiente aus Nussholz und hellen Stoffen empfing Bastien und Marielle in ihrem Inneren.

Die Master-Kabine, die für sie vorbereitet worden war, befand sich auf dem Hauptdeck. Ihr Interieur war in unaufdringlichen Brauntönen gehalten, die Ausstattung aus Teakholz, Leder und Seidenbespannung. Die Suite bestand aus einem privaten Arbeitszimmer, Lounge-Bereich, einem begehbaren Kleiderschrank und einem luxuriösen Bad. Zwei kleine private Terrassen öffneten sich vom Schlafbereich und der Lounge aus zum Wasser hin und gewährten einen atemberaubenden Blick auf das glitzernde Meer.

Auf dem Bett waren Rosenblätter ausgestreut worden, daneben standen eine Flasche Champagner und zwei Gläser bereit.

Marielle hatte wirklich das Gefühl, sich auf Hochzeitsreise zu begeben.

Sie ließ sich auf dem Bett nieder, während Bastien den Champagner köpfte.

»Auf den erfolgreichen Vertragsabschluss«, sagte er und kam mit den beiden gefüllten Gläsern zu ihr herüber.

»Ja, auch. Und auf uns«, verbesserte Marielle.

Während sie anstießen und sich ausgiebig küssten, legte die Vertigo ab und nahm Kurs nach Westen. Marielle hatte den Vorschlag, nach Marseille zu schippern, erst abgelehnt. Sie war vor ungefähr fünfzehn Jahren zuletzt in der Hafenstadt gewesen und hatte sie in keiner so guten Erinnerung. Etwas heruntergekommen und wenig einladend, so hatte Marseille damals auf sie gewirkt. Doch ihr Gastgeber hatte ihr mitgeteilt, dass die Stadt sich gerade in den letzten zehn Jahren enorm gemausert hätte. Wenn sie schon lange nicht mehr dort gewesen wäre, lohnte sich ein erneuter Besuch, versprach er. Unterwegs wollten sie in Antibes und Saint Tropez Station machen.

Im Grunde war es Marielle egal, wohin sie fuhren. Diese atemberaubende Jacht für sie beide allein, das war der perfekte Abschluss dieser Berg- und Talfahrt, die sie hinter sich hatten, beruflich genauso wie privat.

Das bodentiefe Fenster ging zum Meer hinaus. Ein Segelschiff mit geblähten weißen Segeln tanzte auf den sonnenbeschienenen Wellen. Die Küste war als breites braun-grünes Band erkennbar. Marielle hielt die Nase in den Wind und saugte den salzigen Geruch des Meeres in sich auf.

Sie sollte ein Parfüm entwickeln, das genauso roch wie dieser Moment.

Marielle hatte Bastien nicht kommen hören. Lautlos trat er hinter sie und schlang die Arme um ihre Taille.

»Ich war ein Idiot«, sagte er sehr leise an ihrem Ohr. Sein Atem fühlte sich auf der Haut warm an.

Marielle schloss die Augen und ließ sich von ihm herumdrehen. »Wie das?«, fragte sie.

Bastien küsste ihren Mundwinkel und zeichnete mit seiner

Zunge den Bogen ihrer Oberlippe nach. »Ich hätte dich schon viel früher küssen sollen.«

Statt einer Erwiderung schlang sie ihre Arme um seinen Hals und kam ihm mit ihrer Zunge entgegen.

Er zog sie enger an sich und küsste sie, wobei sich ein ganzer Schwarm Schmetterlinge in Marielles Bauch in die Lüfte schwang.

Die Luxussuite um sie herum verblasste dagegen. Marielle nahm nur noch Bastien wahr und die heftige Verliebtheit, die er in ihr auslöste.

»Ich hatte zwischenzeitlich echt Angst, du entscheidest dich gegen mich«, murmelte Bastien und löste seine Lippen von ihren. »Und da wurde mir klar, dass ich dich auf keinen Fall verlieren möchte.«

Jedes Wort, das er sagte, wurde von einer Melodie in ihrem Herzen reflektiert. »Ich will das auch nicht«, sagte sie. »Aber ich hatte das Gefühl, du spielst nur mit mir.«

Bastien sah sie ernst an. »Das tue ich nicht. Ich verspreche es.«

»Dann quatsch jetzt nicht mehr, sondern küss mich weiter.«

Er hob sie hoch und trug sie zum Bett hinüber. Dort setzte er sie sanft ab. Dann ging er vor dem Bett auf die Knie und öffnete zuerst die Riemchen an ihren Schuhen. Er streifte sie ab und küsste sich dann einen Weg ihre nackten Beine hinauf. Marielle räkelte sich genießerisch unter seinen Küssen.

Doch plötzlich unterbrach er sein Tun und kam neben sie auf das Bett. Verunsichert sah Marielle ihn an.

»Was ist?«

»Nichts.« Zärtlich strich er ihr eine Haarsträhne zurück. »Ich will nicht den Eindruck erwecken, als ginge es mir nur darum. Also versteh mich nicht falsch, darum geht es schon auch.« Er unterbrach sich und wirkte auf einmal überhaupt nicht mehr cool und von sich selbst überzeugt.

»Ich kann dir nicht ganz folgen. Worum geht's oder geht's nicht?« Jetzt hatte er ihre Neugierde geweckt. Sie stützte sich auf einen Ellbogen und sah ihn forschend an.

»Mach es mir doch nicht so schwer …«, klagte er. »Was ich sagen will … Es soll nicht so wirken … als …« Er unterbrach sich erneut, räusperte sich und sagte dann sehr schnell: »Ich will nicht, dass du denkst, es ginge mir nur um Sex.«

Marielle versuchte, ein Grinsen zu unterdrücken und ein ernsthaftes Gesicht zu machen. »Nein?«

»Nein«, bestätigte Bastien. Dann überlegte er es sich anders. »Also, doch! Ich … Herrgott, du machst mich ganz verlegen.«

Sie griff nach seiner Hand. »Was willst du mir denn jetzt eigentlich sagen?«

»Das weißt du doch längst, oder?« Hoffnungsvoll sah er sie an.

Seine Nervosität übertrug sich auf sie. »Ich würd's aber gern von dir hören …«

Er nahm allen Mut zusammen und sagte: »Ich glaube, ich liebe dich, Marielle.«

Noch während er sprach, warf Marielle sich in seine Arme. »Das glaub ich auch. Also ich meine, ich auch. Ich liebe dich auch!«

Ihr war dieser Satz noch nie so leicht über die Lippen gegangen. Eigentlich bezweifelte sie gerade, dass sie ihn jemals zuvor so gemeint hatte. Doch jetzt war sie sich völlig sicher.

»Ich liebe dich. Ich liebe dich. Ich lie…« Weil es sich so gut anfühlte, wiederholte sie ihn gleich noch ein paarmal, bis seine Lippen ihren Mund verschlossen.

Die beiden ließen sich vom Komfort auf der Jacht verwöhnen. Nachdem sie sich aus der Luxuskabine wieder loseisen konnten, aßen sie an Deck ein leichtes Mittagessen. Nachmittags landeten sie wie vereinbart in Antibes. Im berühmten Jachthafen Port Vauban machte die Vertigo sich geradezu bescheiden aus im Vergleich zu den unzähligen Luxusjachten der Milliardäre und des Jetsets, die dort ankerten und dem Hafen im Volksmund den Beinamen »Milliardärshafen« eingebracht hatten.

Entlang der einen Seite reckten die Segeljollen ihre Masten in den buchstäblich azurblauen Himmel, schaukelten träge gut vertäut an ihren Piers, gegenüber reihten sich die riesigen Motorjachten im Sonnenlicht aneinander. Blitzendes Chrom, spiegelnde Glasflächen, auf Hochglanz polierte schneeweiße Rümpfe, an Deck Pools und Jacuzzis wie im Wellnesshotel, umstellt von schicken Deck-Chairs und Sonnenliegen. Zu sehen war niemand von den Reichen und Schönen, lediglich ein paar Angestellte, die mit Hochdruckreinigern die Decks schrubbten oder den Pinsel schwangen, um das Schneeweiß wieder makellos erscheinen zu lassen.

Nachdem die Vertigo sicher vertäut war, gingen Marielle und Bastien von Bord. Hand in Hand schlenderten sie den Hügel hinauf zum Fort Carré, der alten Festung, die über dem Hafen thronte. Von der Anhöhe aus überblickten sie den Hafen und die malerische Altstadt von Antibes mit ihren verwinkelten Gassen.

Gerade als sie um das Fort herumliefen, klingelte plötzlich Marielles Handy. Louises Nummer erschien auf dem Display.

Mit einem unguten Gefühl nahm Marielle den Anruf an.

»Hallo ma petite, störe ich dich gerade?«

»Nein, Quatsch.« Marielle signalisierte Bastien, dass er stehen bleiben sollte. »Ist etwas passiert?«

»Nicht direkt.« Louise machte eine bedeutungsschwangere Pause.

»Jetzt sag schon. Mach mir keine Angst. Was ist los?« Marielle fing Bastiens Blick auf, der ebenfalls besorgt die Stirn runzelte.

»Es ist nichts Schlimmes«, beschwichtigte Louise. »Im Gegenteil. Dein Vater kommt nach Hause.«

»Was?« Marielle war plötzlich ganz aufgeregt. »Wann? Geht es ihm schon wieder so gut, ja?«

»Langsam, langsam, ma petite. Er soll am Montag entlassen werden und nächste Woche beginnt dann seine Reha.«

»Soll ich nach Hause kommen?«, fragte Marielle.

Bastien war jetzt näher zu ihr herangekommen. Er hörte nicht, was Louise am anderen Ende der Leitung sagte. Forschend sah er Marielle an, um etwas aus ihrer Mimik abzulesen.

»Nein, das musst du nicht. Ich bereite alles vor. Wo bist du überhaupt?«

Ein Grinsen glitt Marielle über das Gesicht. »Ach, Louise, ganz verrückt. Wir haben den Auftrag gestern an Land gezogen und …«

»Ist ja ein Ding. Glückwunsch, ma petite! Ich wusste es, dass du das schaffst.« Louise klang sehr stolz auf ihr Ziehkind.

»Danke. Ich nicht. Ich hätte nicht drauf gewettet, dass wir genommen werden. Vor allem nicht, nach dem, was die hier aufgefahren haben. Das war ein richtiger Wettkampf! Aber egal, erzähl ich dir alles, wenn wir wieder daheim sind. Unser Auftraggeber hat uns gestern spontan auf seine Jacht eingeladen. Wir sind gerade in Antibes.«

Marielle hörte förmlich, wie Louise schmunzelte. »Wer ist denn eigentlich *wir*? Mit wem genau schipperst du gerade die Côte d'Azur entlang?«

»Na, wer schon, Mama Lou? Du weißt doch …« Es war ihr unangenehm, offen mit Louise zu sprechen, wenn Bastien neben ihr stand und jedes Wort hörte.

»Also jetzt doch …?« Louise kannte Marielle zu gut, sie verstand auch so, was zwischen den Zeilen stand.

»Ja, jetzt doch.«

Sie lächelte in Richtung Bastien.

»Dann lass ich dich auch schon wieder in Ruhe, ma petite. Ich wünsche dir … also beziehungsweise euch, recht viel Spaß auf dem Boot. Und mach dir keine Gedanken, ich bereite alles für die Ankunft deines Vaters vor. Du genießt jetzt die Zeit!« Louise hörte sich sehr zufrieden an.

»Danke. Ich komme morgen Abend zurück. Am Montag steh ich zur Verfügung, wenn es ums Abholen und so weiter geht«, versprach Marielle noch.

Dann verabschiedete sie sich von Louise.

Sie steckte das Handy wieder in ihre Tasche und lehnte sich an Bastiens Schulter. »Ich bin sehr erleichtert.«

Er strich ihr über den Rücken. »Es findet sich alles irgendwie, oder?«

»Ja.« Sie hob den Kopf und sah ihn an. »Als wäre der Knoten geplatzt. Der Auftrag in trockenen Tüchern – damit ist vielleicht die Kuh noch nicht ganz vom Eis in der Manufaktur, aber es verschafft uns wieder ein wenig Luft. Die Umstellung auf Gérard als Lieferant.« Einen Moment hielt Marielle den Atem an, als ihr Gérards Name so herausgerutscht war. Sie wusste nicht, ob sie damit bei Bastien immer noch einen wunden Punkt berührte. Doch er machte keine Anstalten, deshalb fuhr sie fort: »Ich habe jetzt ein besseres Gefühl, wenn ich daran denke, dass mein Vater nach Hause kommt. Ich glaube, dass er zufrieden mit uns sein wird. Denkst du nicht?«

Bastien nickte. »Doch natürlich. Du hast den verloren geglaubten Auftrag gerettet. Dein Parfüm hat sie überzeugt, so sehr, dass wir heute hier sein dürfen.« Er küsste sie. »Das muss dir erst einmal einer nachmachen!«

»Wenn es ihm nur besser geht. Ich hoffe, nachdem er die Lungenentzündung und das Koma überstanden hat, dass er uns noch eine Weile erhalten bleibt. Ehrlicherweise kann ich mir mein Leben ohne ihn überhaupt nicht vorstellen …« In die fröhliche Stimmung, die sie gerade noch erfüllt hatte, mischte sich Wehmut.

Bastien reagierte auf ihren Stimmungswandel, indem er sie fest an sich zog. »Das hoffe ich auch. Die Zusammenarbeit mit ihm war immer gut. Er ist sehr professionell und trotzdem menschlich nahbar als Chef.«

»Und ich? Bin ich das nicht, professionell und nahbar?« Marielle stützte in gespielter Empörung die Hände in die Seite.

»Also nahbar bist du auf jeden Fall … sehr …« Bastien lachte und übersäte ihren Mundwinkel, das Kinn, den Hals und ihr Schlüsselbein mit Küssen. »Ob das hier professionell ist, darüber könnte man streiten.«

»Stört es dich, dass ich deine Chefin bin?«, fragte sie herausfordernd.

»Nö. Warum auch?« Sie küssten sich erneut, dann grinste Bastien verschmitzt. »Wenn ich privat die Hosen anhabe, reicht mir das vollkommen.«

Er ahnte, dass sie das nicht auf sich sitzenlassen würde und setzte schon vorsorglich zur Flucht an. Entrüstet verfolgt Marielle ihn um das halbe Fort herum, stellte ihn schließlich und bearbeitete spielerisch seine Brust mit den Fäusten, bis er sich lachend ergab.

Leider hatten sie nicht so viel Zeit eingeplant, um in die Stadt richtig einzutauchen. So begnügten sie sich mit dem Spaziergang zum Fort und dem Ausblick.

Wieder auf dem Schiff umrundeten sie das Cap d'Antibes mit seinen prächtigen Villen und Privatstränden, die schon den Schriftsteller Fitzgerald inspiriert hatten. Sie kreuzten zwischen den Îles de Lérins und dem Pointe Croisette, der Halbinsel, die den Hafen von Cannes beherbergte, hindurch und drehten erst danach wieder aufs offene Meer hinaus ab.

Am Spätnachmittag ließen Marielle und Bastien die Jacht vor Anker gehen und sprangen von der untersten Plattform ins Wasser. Mit angezogenen Beinen, die Arme um die Knie geschlungen tauchte Marielle ins kühle Nass. Sie strampelte sich sogleich wieder an die Oberfläche. Prustend tauchte sie auf und ließ sich von den sanften Wellen tragen. Außer dem Rumpf der Vertigo war weit und breit nur das schillernde Blau des Wassers, das sie umgab.

So musste Freiheit sich anfühlen.

Bastien kam mit ein paar Schwimmzügen zu ihr. Auf größere sportliche Aktivitäten hatten sie keine Lust gehabt, aber sie hatten einen riesigen aufblasbaren Flamingo zu Wasser gelassen, der über ein Rettungsseil mit der Yacht verbunden war und den Bastien jetzt zu ihnen heranzog.

»Halt dich daran fest«, empfahl er ihr. »Damit du nicht abtreibst.«

Sie legte dem pinken Plastikvogel die Arme um den Hals und Bastien legte seine um ihre Taille, dort wo zwischen Bikinioberteil und Höschen ein breiter Streifen nackte Haut frei geblieben war. Prompt war da wieder dieses Kribbeln zwischen ihnen und sie konnten die Finger kaum voneinander lassen.

Die nächste Etappe verbrachten sie dann auf dem Sonnendeck, wo sie sich in den bequemen Loungemöbeln von der mittlerweile im Westen stehenden Sonne trocknen und vom umsichtigen Steward der Vertigo ein paar spritzige Cocktails servieren ließen.

Für ein spätes Abendessen ging die Vertigo im mondänen Hafen von Saint Tropez vor Anker. Das unverkennbare Wahrzeichen der Stadt, der zweifarbige kugelige Kirchturm von Notre-Dame-de l'Assomption, grüßte über die sandsteinfarbenen Häuserfronten hinweg. Sie folgten den engen Gässchen über das holprige Kopfsteinpflaster, die noch sehr an die einstige Vergangenheit als Fischerdorf erinnerten, ins Herz der Altstadt. Auf dem Place de Lices, wo tagsüber Markt abgehalten wurde, saßen Marielle und Bastien jetzt am Abend unter Platanen, speisten mediterrane Spezialitäten und beobachteten dabei ein paar alte Herren beim Boules.

Marielle erschrak ein wenig über die Preise der Brasserie, in die sie eingekehrt waren. Aber angesichts des großen Auftrags, den sie gestern perfekt gemacht hatten, konnten sie es heute auch einmal krachen lassen.

Den Rückweg zum Alten Hafen nahmen sie über den pittoresken Friedhof Cimetière Marin.

Zurück am Hafen war es mit der beschaulichen Romantik schnell vorbei. Einige große Jachten hatten angelegt, die die Vertigo schon wieder wie ein Spielzeug aussehen ließen. Aus den Bassboxen drang Techno-Beat auf den Quaì Suffren herunter. Marielle erkannte »Welcome to Saint Tropez«.

Entlang des Kai flanierte das Partyvolk, das sich gleich in einen der elitären Nachtklubs ergießen würde. Auch wenn Saint Tropez schon lange nicht mehr das internationale Zentrum des Jetsets war, so gab es doch immer noch reichlich Möglichkeiten, viel Geld auszugeben und ein wenig in dem verblichenen Ruhm des mondänen Badeorts zu schwelgen, wenngleich auch die Zeit von Brigitte Bardot und Gunter Sachs lange zurücklag.

Den Abend ließen sie wieder an Deck der Vertigo ausklingen, wo sie unter dem ungetrübten Sternenhimmel noch ein Glas Wein genossen. Vom Festland her glitzerten die Lichter der Côte d'Azur herüber.

Als sie am nächsten Morgen spät erwachten, lag die Vertigo bereits im Hafen von Marseille. Im berühmten Vieux Port de Marseille war kein Platz mehr für eine stattliche Jacht wie die Vertigo gewesen. Dort lagen um diese Zeit des Jahres, wenn ein Großteil der Franzosen Urlaub hatte und Touristen aus aller Welt nach Südfrankreich kamen, die Boote dicht an dicht. Deshalb dümpelte ihr geliehenes Schiff jetzt außerhalb des Altstadtbereichs am Quaì des Anglais. Von der einen

Schiffsseite aus hatte man einen weiten Blick über die Kaimauer hinaus auf das Meer, wo in der Ferne die Inseln um das Chateau d'If, das ehemalige Gefängnis von Marseille, zu sehen waren. Auf der anderen Seite breitete sich hinter der Reling die Stadt aus. Im Vordergrund die Kathedrale. Der neobyzantinische Prachtbau thronte ehrfurchtgebietend auf einer kleinen Anhöhe. Das hohe Hauptschiff mit den beiden Türmen in weiß-schwarzem Streifenmuster weckte bei Marielle die Entdeckerlust. Ihr Gastgeber hatte behauptet, sie würde die Stadt nicht wiedererkennen. Das wollte sie jetzt genau wissen!

Sie trieb Bastien zur Eile an, der lieber noch ausgiebig gefrühstückt hätte. »Komm schon, wir haben nicht den ganzen Tag Zeit!«

»Doch, eigentlich schon«, erwiderte er und versuchte, sie zurück zu sich ins Bett zu ziehen.

Marielle ließ sich nur zu einem Kuss erweichen, den sie ihm aber wohlweislich vor dem Bett stehend gab. Sie wusste genau, wenn sie sich jetzt überreden ließ, noch einmal zu ihm in die Laken zu kriechen, war Marseille für sie erledigt. Sie mussten spätestens am Nachmittag den Zug zurück nach Nizza nehmen, um ihre Autos abzuholen und dann den Heimweg anzutreten.

»Nun komm doch«, bettelte Marielle. »Ich will noch ein bisschen durch die Stadt laufen.«

»Marseille hat dir doch nicht gefallen.« Bastien machte überhaupt keine Anstalten, das Bett zu verlassen. Er rutschte ein Stück nach oben, stopfte sich das Kissen unter die Schultern und lehnte sich gemütlich zurück. »Die Zeit ist doch hier besser investiert.«

Er klopfte einladend neben sich auf das Bett.

Marielle raufte sich in nur halb ernsthafter Verzweiflung die Haare. »Du bist unmöglich!«

Dann krabbelte sie doch auf allen vieren über das Bett und

warf sich ihm in die Arme. Darauf hatte Bastien nur gewartet. Er umschlang sie und rollte sich mit ihr herum. Unter ihm begraben, hatte Marielle nun keine Chance mehr, das Bett wieder zu verlassen.

Sie gab auf und ließ sich von ihm küssen.

Es verging noch eine weitere Stunde, ehe sie ihn endlich aus dem Bett locken konnte. Sie duschten, packten ihre Sachen zusammen und verließen die Vertigo.

Zum Bahnhof Marseille-Saint Charles war es nur ein kurzer Fußmarsch. Dort sperrten sie ihr Gepäck in Schließfächer und erkundigten sich nach der Zugverbindung nach Nizza.

Nun blieb ihnen gerade noch Zeit, sich ein wenig in der Altstadt herumzutreiben, bis sie die knapp dreistündige Zugfahrt antreten mussten.

Ein wenig wehmütig nahm Marielle Bastiens Hand, als sie den Bahnhof verließen. »Es hat sich fast ein bisschen wie Urlaub angefühlt«, sagte sie.

»Vielleicht können wir bald mal ein paar Tage freimachen«, schlug er vor. »Wenn es deinem Vater besser geht und die Manufaktur läuft …«

»Also nie …«, Marielle seufzte. Die Unbeschwertheit der letzten beiden Tage löste sich fast gänzlich in Luft auf, wenn sie an die viele Arbeit dachte, die zu Hause auf sie wartete.

Bastien blieb stehen, legte den Arm um ihre Schultern und zog sie an sich. »Dann halt wieder übers Wochenende.« Er küsste sie auf die Nasenspitze. »Was hältst du von Paris?«

Sie lächelte. »Paris ist super. Und du kommst mit nach Kairo, wenn ich meine Doktorarbeit verteidige. Ja?«

Er nickte. »Sehr gern sogar.«

Marielle und Bastien streunten durch Marseille. Sie umrundeten den Alten Hafen über dem die ehrwürdige Basilika Notre-Dame-de-la-Gare thronte, stiegen den Hügel des Quartiers du Panier hinauf und folgten den verwinkelten Gässchen der Altstadt zu der Kathedrale Sainte-Marie-Majeure, die sie schon vom Schiff aus bewundert hatten. Das beeindruckende dreischiffige Gotteshaus mit den beiden Glockentürmen und der Vierungskuppel diente ihnen als Hintergrund für einige verliebte Schnappschüsse.

Mit einem letzten Blick zurück verabschiedeten sie sich von der Vertigo, die gerade den Hafen in Richtung Nizza verließ. Dann bummelten sie zum Bahnhof zurück.

Da bis zur Abfahrt ihres Zuges noch ein wenig Zeit blieb, gingen sie noch den Boulevard Longchamps bis zum Palais Longchamps hinauf. Vor dem pompösen Prachtbau, der das naturhistorische Museum und das Museum der schönen Künste beherbergte, befand sich ein mehrstöckiges Wasserspiel mit Wasserspeiern und Skulpturen. Die Zeit reichte gerade noch, diese zu umrunden, und ein paar weitere Fotos zu knipsen.

Dann bestiegen sie den Zug nach Nizza.

Knapp drei Stunden dauerte die Fahrt, wobei sie einen Teil direkt an der Küste entlangfuhren. Irgendwo da draußen glitt die Vertigo über die glitzernden Wellen. Schade, dass sie nicht mehr länger Zeit gehabt hatten, sonst hätte Marielle gerne noch ein paar Tage an Bord für die Rückfahrt investiert. Doch in Grasse wartete Arbeit auf sie.

»Unser neuer Freund hatte recht«, stellte Marielle fest, während draußen die Küstenstädtchen vorbeiflogen.

»Inwiefern?«

»Marseille hatte ich ganz anders in Erinnerung. Muffiger und schmutzig. Es ist viel passiert in den letzten Jahren. Gefällt mir gut, was sie aus der Stadt gemacht haben.« Marielle lehnte sich im Sitz zurück und lehnte den Kopf an Bastiens Schulter.

»Liegt das an Marseille oder womöglich an den Umständen deines Besuchs?«, fragte Bastien schmunzelnd.

Sie gähnte herzhaft. »Kann auch sein …«

»Mir geht's zumindest so«, fuhr Bastien fort. »Mit dir würde mir jede Stadt gefallen.« Er hob ihre Hand an die Lippen und drückte einen Kuss darauf.

Marielle lächelte mit geschlossenen Augen.

Von Toulon aus führte die Bahnlinie nach Norden ins hügelige Hinterland der Côte d'Azur. Bevor sie erneut Cannes und Antibes erreichten, war Marielle mit dem Kopf an Bastiens Schulter erschöpft eingeschlafen.

Kapitel 17

Wieder zu Hause waren Marielle und Bastien erst einmal ganz mit dem Auftrag beschäftigt, den sie an Land gezogen hatten. Marielle holte ihren Vater vom Krankenhaus ab. Er war noch sehr schwach und konnte nicht lange auf sein. Für seine Rekonvaleszenz wollte er zu seinem alten Freund in die Klinik in die Schweiz fahren. Doch noch war es nicht so weit.

Marielle stand im Morgengrauen auf, versorgte ihr Pferd und kümmerte sich darum, dass in Haus und Hof alles seinen Gang ging. Dann eilte sie in die Fabrik, wo sie die Tage verbrachte. Ihre Zeit reichte oft kaum für eine kurze Mittagspause, an den meisten Tagen hatte sie noch nichts gegessen, bis sie abends spät das Büro und das Labor verließ. Dann hetzte sie nach Hause, um ihren Vater noch kurz wach zu sehen.

Endlich konnte sie die kleinen und großen Probleme des Tages wieder mit ihm besprechen, ihn um seinen Rat fragen, auch wenn sie dazu auf der Bettkante in seinem Schlafzimmer sitzen musste.

Louise päppelte ihn hoch. Sie wuchs in ihrer Küche geradezu über sich hinaus.

»Dein Vater wird langsam wieder kräftiger, sein Gesicht

hat schon wieder eine gesündere Farbe bekommen. Aber an dich bring ich kein Gramm. Du wirst immer dünner, ma petite«, schimpfte sie, als Marielle wieder einmal nur im Vorbeigehen einen Apfel stibitzte, anstatt sich Zeit für das Abendessen zu nehmen.

»Ach, Mama Lou, ich kann gerade gar nicht an Essen denken! Es ist so viel zu tun in der Manufaktur. Der große Auftrag, die Umstellung unserer eigenen Produktlinien, der Lieferantenwechsel, die Kredite, die bedient werden müssen …« Marielle biss herzhaft in den Apfel.

»Ja, ja, Arbeit und Luft und Liebe. Davon lebst du«, seufzte Louise und verdrehte die Augen zur Gewölbedecke.

Leider stimmte das nur zum Teil. Für Zweisamkeit blieb Marielle und Bastien seit ihrer Rückkehr aus Nizza kaum mehr Zeit.

Marielle umarmte die alte Haushälterin, küsste sie auf die faltigen Wangen und sagte trotzdem: »Ganz genau. Und davon lebe ich gut.«

Dann stürmte sie auf den Hof hinaus und zum Stall hinüber.

Bastien betrat das Büro mit einer verschmitzten Miene, die Marielle nicht richtig deuten konnte. Sie hatte den ganzen Schreibtisch voll mit Unterlagen und eigentlich gerade überhaupt keinen Kopf für irgendetwas anderes.

»Was gibt's denn?«, fragte sie und bemühte sich, nicht ungehalten zu klingen.

»Ich würde dir gern etwas zeigen.« Er behielt die geheimnisvolle Miene aufrecht.

Marielle schob die Notizen zusammen. »Na gut. Ich glaube, ich brauche hier nachher auch deinen Rat. Aber erst du.«

Seit sie auch privat ein Paar waren, kamen ihr solche Sätze plötzlich ganz leicht von den Lippen, wofür sie sich noch vor nicht allzu langer Zeit eher die Zunge abgebissen hätte. Tatsächlich profitierte ihre Zusammenarbeit ganz eindeutig von ihrem geänderten Beziehungsstatus.

»Dazu müsstest du aber mitkommen«, sagte er und hielt ihr die Hand hin.

Jetzt hatte er sie doch neugierig gemacht. »Wohin mitkommen?«

»Ins Labor. Komm!« Er hatte die Tür schon wieder geöffnet und hielt sie ihr auf.

Marielle erhob sich von ihrem Schreibtisch und folgte ihm.

»Gibt es ein Problem mit der Produktion für unseren Auftrag in Nizza?«, fragte sie sicherheitshalber, obwohl er nicht so wirkte, als handelte es sich um etwas Dramatisches.

»Nein, nein, die läuft wunderbar. Aber ich habe etwas für dich.« Die Vorfreude war ihm direkt anzusehen.

»Ein Geschenk?«

Er griff nach ihrer Hand, was Marielle sofort den Flur in beide Richtungen scannen ließ. Auch wenn sich solche Neuigkeiten in kleinen Betrieben erfahrungsgemäß sowieso schnell herumsprachen, waren sie übereingekommen, dass sie ihre Beziehung noch nicht sofort öffentlich machen wollten. Aus diesem Grund hielten sie sich während der Arbeitszeit eigentlich mit Berührungen zurück.

Marielle spürte die Aufregung, die von Bastien ausging. Was immer er ihr zeigen wollte, musste ihm enorm wichtig sein.

An der Tür zu den Labors blieb er stehen. Geradezu feierlich öffnete er sie. Zu Marielles Überraschung waren sie allein.

»Wo sind denn alle?«, fragte sie.

»Hab sie in die Pause geschickt«, verriet Bastien und grinste.

»Einfach so?«

»Ja, weil ich das Labor jetzt für mich brauchte. Ich habe etwas vorbereitet, da konnte ich keine Zuschauer gebrauchen.« Er führte sie an einen der Labortische und schob ihr einen Rollhocker heran.

Marielle setzte sich und wartete gespannt, was nun folgen würde. Bastien hantierte hinter ihrem Rücken herum.

»Nicht umdrehen«, befahl er.

»Du machst es aber spannend …«

»Ja … warte … gleich hab ich's …« Er kam um sie herum. Voller Stolz hielt er ihr ein Reagenzglas hin.

»Was ist das?« Marielle wollte das Röhrchen von ihm übernehmen, doch er gab es nicht aus der Hand.

»Ein Parfüm.«

»Welches denn? Unseres? Das, das wir in Nizza verkauft haben?« Sie schnupperte in die Richtung des Reagenzglases.

»Nein.«

Bastien tauchte einen Teststreifen in die Flüssigkeit und wedelte damit vor ihrer Nase herum.

»Jetzt sag schon! Was ist das für ein Duft?«

Mit feierlicher Miene sagte er: »Den habe ich für dich kreiert.« Damit überreichte er ihr endlich den Papierstreifen.

Marielle hielt ihn sich neugierig unter die Nase. »Mhm … blumig … eine holzige Kopfnote … sehr gut. Ein sehr weiblicher Duft. Woran hast du dabei gedacht?«

Bastien grinste. »An dich natürlich.«

»Beschreib mir das Bild, das zu dem Duft gehört«, forderte sie ihn auf.

»Ein Hotelzimmer … irgendwo am Meer. Draußen zirpen die Zikaden, es ist Nacht, aber immer noch tropisch heiß. Eine elegante Frau steht am Fenster, ein durchscheinendes Tuch umhüllt ihren nackten Körper, das mehr preisgibt, als es verbirgt …«, beschrieb er.

Er streifte sie mit einem vielsagenden Blick.

Marielle kicherte. »Soso …«

Er nahm ihr den Teststreifen aus der Hand und stellte das Röhrchen mit dem Parfüm in eine Halterung. Dann küsste er sie, während er weitersprach: »Der Duft soll eine verführerische, selbstbewusste Frau verkörpern. Elegant und sinnlich und von einer Anziehungskraft, der man sich kaum entziehen kann.«

Er schmeichelte ihr. Sie wollte ihn küssen, doch er hielt sie auf Abstand.

»Kommst du auf die Inhaltsstoffe?«, fragte er, ohne sie aus seinen Armen zu lassen.

Sie schnappte sich hinter seinem Rücken noch einmal den Teststreifen und sog mit geschlossenen Augen den Duft ein. Er war wirklich betörend. Nichts für graue Mäuschen. Dieser Duft brauchte eine Frau, die sich ihrer femininen Ausstrahlung voll bewusst war.

»Ich glaube, die holzigen Aromen sind Vetiver. Dieses Öl besitzt einen ganz speziellen intensiven und lang nachhallenden holzig-balsamischen Duft mit stark erdigen bis rauchigen Noten. Vielleicht ist es sogar Vetiverylacetat, das ist noch intensiver holzig, wurzelartig. Ja, ich würde sagen, das ist die Kopfnote. Richtig?«

Marielle öffnete die Augen und sah Bastien gespannt an. Lag sie richtig?

Er nickte. »Und was weiter?«

»Auf jeden Fall Patschuli«, sagte Marielle weiter. »Diese Tiefe verleiht nur Patschuliöl. Das hast du gut dosiert, zu viel davon lässt ein Parfüm schnell altbacken erscheinen. Patschuli findet man in rauen Mengen in den Düften der 70er- und 80er-Jahre, aber hier ist es gerade so viel, dass seine vibrierende Intensität angedeutet wird, ohne die anderen Komponenten zu überlagern.«

Wieder nickte Bastien. »Eine Hauptnote fehlt noch. Kommst du darauf auch?«

Marielle nahm noch einmal einen tiefen Atemzug. »Es ist auf jeden Fall eine Blume. Lilie? Nein … Für Rose ist es zu schwer. Maiglöckchen? Nein, das ist es auch nicht. Es ist etwas Geheimnisvolles, das in der Intensität mit Patschuli und Vetiver mithalten kann, ohne als Dreiklang dann zu überladen zu wirken. Je mehr ich davon rieche, umso deutlicher tritt die Raffinesse deiner Kreation zu Tage.«

Marielle war ehrlich beeindruckt. Sie versetzte ihm einen sanften Stoß gegen die Brust. »Du bist ein Lügner, Bastien Darrieux!«

Er zuckte zurück, für einen Augenblick sah Marielle in seinem Blick, dass er den Vorwurf persönlich nahm. »Wieso das denn?«

»Du hast behauptet, du bist kein Parfümeur. Dass die kreative Arbeit mein Vater gemacht hat und du nur die Kopien angefertigt hättest im Labor. Das kann nicht sein. Jemand, der so ein Parfüm kreieren kann, muss ein Meister seines Fachs sein! Das schüttelt man nicht einfach so aus dem Ärmel.«

Jetzt grinste Bastien seinerseits geschmeichelt, und seine Selbstsicherheit, die Marielle am Anfang als Arroganz fehlinterpretiert hatte, kehrte in seine Mimik zurück. »Ich habe nie behauptet, kein Parfümeur zu sein. Lediglich, dass ich hier nicht in erster Linie für die Kreation neuer Düfte zuständig bin, das habe ich gesagt.«

»Jetzt verrate mir den Trick. Was ist die dritte Komponente?«

»Nachthyazinthe«, erwiderte Bastien mit vernehmlichem Stolz in der Stimme.

»Nachthyazinthe! Tuberosen-Absolue. Natürlich, dass ich da nicht selbst drauf gekommen bin. Durch die Extraktion entsteht dieser betäubend süße, honigartige Blütenduft, Tuberosen-Absolue. Es gibt kaum ein betörenderes, verführerischeres Blütenöl. Und jetzt weiß ich auch, woran mich dein Duft vage erinnert. Es gibt einen Dior-Duft mit Tuberose, der hat eine ähnliche Intensität, ist aber bei Weitem nicht so fein wie deiner.«

»Es freut mich, dass es dir gefällt«, sagte Bastien. »Ich hab es für dich entworfen. Der Duft gehört dir.«

»Wir müssen es meinem Vater vorführen. Ich finde, es gehört in unsere neue Produktlinie. Ein hübscher geschwungener Flakon dazu, die Verpackung müsste lila sein. Ein verruchtes, schimmerndes Purple.« Marielle war sofort ganz in ihrem Element. »Wie soll er heißen, dein Duft?«

»Marielle. Wie die Frau, die Patin dafür stand. Marielle de Montaux. Die Frau, die ich liebe.«

»Marielle ist zu profan. Es müsste etwas Geheimnisvolleres sein. Vielleicht … *M.* Was hältst du davon? Einfach M.«

Er griff nach ihren beiden Händen, mit denen sie herumgestikulierte, und hielt sie fest. »Hörst du mir eigentlich zu, sag mal?«

Tatsächlich war sie gedanklich schon voll in der Entwicklung einer Marketingstrategie gewesen. Ein wenig überrascht kehrte sie aus ihren Überlegungen zurück. »Ja. Ich hör dir doch zu.«

»Ich liebe dich«, wiederholte er.

»Ich liebe dich auch.« Marielle sah ein, dass das Geschäftliche warten musste. Sie befreite ihre Hände aus seinem Griff und schlang ihm die Arme um den Hals. »Dann küss mich doch endlich.«

Mit Bastiens neuem Parfüm im Gepäck und einer gehörigen Portion Aufregung traten Marielle und Bastien auf die Terrasse. Nur an den Sonntagen war es Marielle zuletzt gelungen, sich von ihren Pflichten ein wenig freizumachen. Bevor ihr Vater in die Schweiz reisen sollte, um sich von seiner schweren Erkrankung zu erholen, hatte sie Bastien, Amélie und ihren Yves an den Pool des Chateaus eingeladen. Sie wollte die Gelegenheit nutzen, ihrer Familie den Mann an ihrer Seite als solchen vorzustellen. Bisher wusste nur Louise, dass sie als Paar aus Nizza zurückgekehrt waren.

Amélie und Yves waren bereits da.

Raphaël saß in eine leichte Decke gewickelt in einem der Deckchairs. Er sah blass aus. Sein Körper hatte an Fülle verloren und auch im Gesicht konnte man ihm die schwere Krankheit ansehen. Aber Dank Louises guter Küche erholte er sich langsam ein wenig.

»Papa, ich habe noch einen Gast mitgebracht«, sagte Marielle und führte Bastien auf die Terrasse.

Er trug einen hellen Anzug und ein veilchenblaues Hemd mit gleichfarbiger Krawatte. Inzwischen wusste Marielle, dass es durchaus auch legerere Kleidungsstücke in seinem Schrank gab, gleichzeitig musste sie eingestehen, dass er in seinen Maßanzügen einfach unwiderstehlich aussah.

Sogar ihre Mutter hatte sich aus ihrem Bett erhoben und war zur Feier des Tages auf der Terrasse erschienen. Bastien schüttelte ihr die Hand und deutete sogar einen Handkuss darauf an, ehe er ihr die mitgebrachten Blumen überreichte. Einen üppigen, aufwendig arrangierten Wiesenblumenstrauß mit Margariten, Mohn und Kornblumen in den Farben der Trikolore.

Marielle registrierte, dass er Camille damit schon im Sturm erobert hatte. Auf solche Gesten legte sie großen Wert.

»Monsieur Darrieux ist doch kein Gast, chérie«, schmeichelte Camille und hielt Louise den wunderschönen Strauß hin, damit sie ihn ins Wasser stellte. »Wunderschöne Blumen, vielen Dank.«

»Bastien, schön, dass Sie es einrichten konnten«, begrüßte Raphaël ihn. Die beiden Männer gaben sich die Hand. »Sie müssen entschuldigen, dass ich zu Ihrer Begrüßung nicht aufstehe.«

»Ich bitte Sie, bleiben Sie sitzen. Sie sehen aber schon ein wenig erholter aus«, setzte Bastien den Small Talk locker fort.

Marielle war trotzdem nervös. Sie hatte bisher selten Männer mit nach Hause gebracht, und schon gar nicht hatte sie einen offiziell ihren Eltern vorgestellt.

Sie stellte Amélie, Yves und Bastien einander vor. Dann setzten sich alle um Raphaëls Krankenlager herum. Louise brachte auf einem Servierwagen Getränke.

Als jeder sein Glas hatte, befand Marielle, dass es an der Zeit war, Ansagen zu machen. Sie schnipste mit den Fingernägeln gegen ihr Glas, um die Aufmerksamkeit auf sich zu lenken.

»Eine Rede?«, fragte Raphaël amüsiert. Er rückte seinen Oberkörper auf der Liege gerade und sah seine Tochter erwartungsvoll an.

Die erhob sich.

»So was in der Art …« Marielles Mund fühlte sich plötzlich sehr trocken an. Sie hatte sich ungefähr hundertmal überlegt, was sie sagen wollte. Aber jetzt wusste sie trotzdem nicht, wie sie anfangen sollte.

»Papa, bevor du in die Schweiz fährst, um hoffentlich ganz schnell wieder richtig fit zu werden, muss ich dir noch etwas sagen … also wir … ich meine, wir möchten dir etwas sagen …« Sie warf Bastien einen Hilfe suchenden Blick zu.

»Ihr habt hervorragende Arbeit geleistet«, versicherte ihr Vater. »Dass es dir gelungen ist, ein Parfüm zu entwerfen, das diese Großkotze in Nizza überzeugt. Wirklich gute Arbeit. Ich könnte die Manufaktur gar nicht in bessere Hände übergeben, Marielle.«

Seine Stimme klang immer noch rauer als normal.

»Danke, aber damit hat es gar nichts zu tun.« Sie sah noch einmal zu Bastien hin, der keine Anstalten machte, ihr die Verkündung abzunehmen, dann legte sie einfach ihre Hand in seine und fuhr fort: »Papa, Maman, wir wollten euch eigentlich nur wissen lassen, dass wir inzwischen nicht nur geschäftlich an einem Strang ziehen.«

Camille entfuhr ein freudiges Seufzen, Raphaël ließ ihr aber keine Gelegenheit, etwas zu sagen.

»Mes enfants, das freut mich. Es freut mich wirklich außerordentlich. Eigentlich hatte ich insgeheim darauf gehofft, aber leider habt ihr euch ja zunächst auf dem falschen Fuß kennengelernt, nicht?«

Marielle und Bastien wechselten einen Blick und mussten lachen.

»Ja, tatsächlich. Am Anfang war irgendwie der Wurm drin.« Bastien streichelte über Marielles Hand.

»Und was hat dann zu dieser neuen Erkenntnis geführt?«, wollte Marielles Vater wissen.

»Nizza«, antworteten Marielle und Bastien wie aus einem Mund.

»Na, dann bin ich aber froh, dass ihr diesen erneuten Termin bekommen habt. Das wäre ja nicht nur für die Manufaktur schade gewesen, wenn nicht.« Raphaël hob sein Glas und prostete in die Runde. »Auf euch, mes enfants.«

»Auf euch!«

Die Gläser klangen. Amélie zwinkerte Marielle verschwörerisch zu.

Nachdem alle getrunken hatten, sagte Marielle: »Und Papa, Bastien hat ein ganz betörendes neues Parfüm kreiert. Willst du es testen?«

Sofort holte Bastien eine Phiole mit dem Duft *M* und Teststreifen aus seinem Jackett. »Bitte sehr, ich hoffe, es sagt Ihnen zu.«

»Wollen wir nicht Du sagen?«, unterbrach Raphaël die Vorführung. »Wenn du schon mein Schwiegersohn wirst!«

Marielle sog hörbar die Luft ein. »Also von Hochzeit hatten wir nicht gesprochen, Papa.«

»*Noch* nicht«, korrigierte Bastien und zwinkerte ihr zu.

Perplex ließ Marielle sich wieder auf ihren Stuhl fallen.

Amélie beugte sich zu ihr und flüsterte. »Das war ja schon fast ein Antrag, was?«

Louise kam aus dem Haus und ersparte Marielle dadurch eine Erwiderung. Sie hatte Gérard im Schlepptau.

»Hier kommt noch ein verspäteter Gast«, sagte sie.

Marielle übernahm die Vorstellung. »Das ist Gérard Rocher, Papa, ich hatte dir von ihm erzählt. Wir haben fast alle unsere Rohstoffe, die wir selbst destillieren, jetzt von ihm. Und ich würde gern mit seiner Hilfe die Produktion auf unserem Gut auf biologisch-dynamischen Anbau umstellen.«

Gérard und Raphaël gaben sich die Hand. Dann stellte sie die Übrigen einander vor. Bastien schüttelte Gérard ebenfalls die Hand. Marielle hatte das Gefühl, dass um Bastien die Luft plötzlich drei Grad kälter wurde. Er mochte ihr inzwischen glauben, dass sie kein Interesse an dem anderen hatte, aber Gérard traute er trotzdem nicht über den Weg. Rasch nahm sie Bastiens Arm und schmiegte sich an ihn.

»Wir waren gerade dabei ein neues Parfüm vorzustellen«, sagte sie zu Gérard. »Bastien hat es entworfen.«

»Oha. Ich dachte, du bist das kreative Großhirn der Manufaktur.«

»Er hat mich die ganze Zeit in dem Glauben gelassen, er verstünde nichts von der Parfümkreation«, erwiderte Marielle rasch. »Dabei ist er ein begnadeter Kreateur. Überzeugt euch selbst!«

Sie nahm die Teststreifen und hielt sie ihm hin. Bastien wirkte immer noch leicht verstimmt, doch er öffnete die Phiole und ließ sie die Streifen eintauchen.

Raphaël nahm den ersten Streifen entgegen und prüfte mit fachmännischer Miene den Duft.

»Sehr gut. Wirklich. Ich wusste tatsächlich auch nicht, dass du so gut bist. Da passt es, dass ich mir vor meiner Abreise auch noch etwas überlegt habe.« Raphaël machte eine kunstvolle Pause. »Was ich heute gehört habe, erfüllt mich mit großer Freude, weil es mir eine Entscheidung erleichtert, die ich schon längst hätte treffen sollen. Marielle, mein liebes Kind, ich bin dir sehr dankbar, dass du deine Studien beendet hast und nach Hause zurückgekehrt bist, als ich dich darum gebeten habe. Ich hätte es lieber gehabt, dass du noch eine Weile in aller Welt Erfahrung hättest sammeln können und wir dann Seite an Seite gemeinsam die Fabrik geführt hätten. Aber leider soll es wohl so nicht sein. Umso mehr erfreut es mich, dass du auf dem nächsten Stück Weg nicht allein bist. Du hast natürlich die Angestellten in der Manufaktur und hier auf dem Hof, du hast Monsieur Rocher, der sich mit dem ökologischen Landbau auskennt, aber das Wichtigste ist, dass du nun auch außerhalb der geschäftlichen Felder einen verlässlichen Begleiter gefunden hast. Ich schätzte Bastien schon, als er nur mein Assistent und Mitarbeiter war. Er ist ein akribischer Zahlenakrobat und versteht mehr von Unternehmensführung als ich, das gebe ich gern zu. Dass er auch noch Parfümeur ist, haben wir heute erfahren. In dieser Hinsicht kann ich dir auch nichts mehr mitgeben, meine liebe Tochter, du hast mich an Kreativität und Erschaffungsgeist längst überholt. Ihr werdet zusammen die Manufaktur in ein neues Zeitalter führen, den Grundstein habt ihr bereits gelegt. Und was den Hof betrifft, so bin ich überzeugt, dass du auch hier die richtigen Entscheidungen treffen wirst. Deshalb ziehe ich mich komplett zurück und möchte dir endgültig die Leitung der Manufaktur und des Hofs übertragen, Marielle.«

Es war der Moment, vor dem sie sich die ganze Zeit gefürchtet hatte. Sie schluckte. Ihre Augen fühlten sich feucht an.

Bastien legte ihr den Arm um die Taille.

Daraus zog Marielle die Kraft, um zu erwidern: »Danke, Papa. Ich übernehme diese Aufgaben gern, wenn ich auch noch lange nicht auf deine Ratschläge und deine Erfahrung verzichten will. Die Ärzte in der Schweiz sollen unbedingt dafür sorgen, dass wir dich noch ein wenig behalten dürfen. Sag ihnen das!«

Sie hob ihr Glas erneut. »Auf uns alle und auf die Manufaktur!«

»Auf die Liebe«, schlug Camille vor und alle stimmten mit ein: »Auf die Liebe!«

Ende.

Nachwort & Danksagung

Die Idee zu diesem Buch entsprang einer Kosmetikwerbung, die uns in den Briefkasten geflattert ist. Neben den bekannten Lavendelfeldern der Provence zeigte der Prospekt auch Felder voller Ringelblumen und andere Duftpflanzen. Daraus entstand die Grundidee zu diesem Roman.

In Südfrankreich war ich schon ein paarmal, zuletzt in Marseille, das ich tatsächlich kaum wiedererkannt hätte. Auch in der Provence um Grasse war ich vor etlichen Jahren schon und an der Côte d'Azur. Die eigenen Erfahrungen auf diesen Reisen sind wie üblich in die Erzählung eingeflossen.

Bei meinen Figuren inspirieren mich – bewusst oder unbewusst – häufig Menschen aus meiner Umgebung. Dabei, hoffe ich, vermischen sich verschiedene Eigenarten und Charaktermerkmale jedoch so stark, dass sich niemand persönlich wiedererkennt. Trotzdem lebt man in meinem Umfeld besser mit der ständigen Angst, irgendwann auf die eine oder andere Weise Teil eines Romans zu werden.

Wie bei jedem Buch wäre die Fertigstellung nicht denkbar gewesen, ohne die Unterstützung lieber Menschen. Dank gebührt daher:

meiner Familie
meiner »Zweit-Familie« im GBR
meinen Testleserinnen Carola und Christina
meiner Autor*innen-Bubble
meinen Lektorinnen Diana und Steffi
meinem Verlag beHeartbeat
und nicht zu vergessen dir, geschätzte Leserin oder ge-

schätzter Leser, ohne dich würde das Schreiben nur halb so viel Sinn machen.